제2회 | 이폴연구소 죽음논문집

우리는
왜 죽음을
두려워하는가?

제2회 이폴연구소 죽음논문집
우리는 왜 죽음을 두려워하는가?

발행인 황명환
편집인 김상만
펴낸이 성상건
편집디자인 자연 DPS

펴낸날 2021년 1월 13일
펴낸곳 이폴출판사
등 록 제2019-000063호
주 소 (우) 06356 서울특별시 강남구 일원동 120 샘터마을아파트 101동 1203호
전 화 02-451-0620   팩 스 02-2226-3435
이메일 hmh54@hanmail.net
심사위원 위원장 황명환
       위 원 곽혜원, 노영상, 유영권, 정종훈
운영위원 김상만, 윤상철, 이승연
편집책임 성항건

ⓒ 황명환 외, 2021

ISBN 979-11-966460-1-1 93230

값 20,000원

※ 본 도서에 실린 글은 수서문화재단 이폴연구소 이폴출판사에 판권이 있습니다.
  무단으로 복사 혹은 전재하여 사용할 수 없습니다.

제2회 | 이폴연구소 죽음논문집

우리는 왜 죽음을 두려워하는가?

황명환 외 | 지음

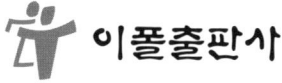
이폴출판사

목 차

◆ 발간사 | 황명환 소장 ······ 6

기·조·강·연

황명환 우리는 왜 죽음을 두려워하는가? ······ 9
　　　　　-기독교 죽음이해를 중심으로-

주·제·논·문

박인조 불멸을 통한 죽음의 두려움 극복에 대한 비판적 고찰 ······ 30
최성수 죽음을 두려워할 이유와 두려워하지 않을 이유 ······ 79

특·별·기·고

곽혜원 존엄한 죽음(두렵지 않은 죽음), 어떻게 실현할 것인가? ······ 128
노영상 안락사의 개념 정의에 따른 기독교 윤리적 고찰 ······ 166
윤상철 품격 있는 죽음 준비 ······ 198

우리는 왜 죽음을 두려워하는가?

CONTENTS

기·획·논·문

황명환   한국교회 발전방안을 위한 수서교회
10억 공모전 평가와 분석 …… **230**

부·록

◆ 1~6차 죽음세미나 광고 …… **262**
◆ 1~3차 죽음워크북세미나 광고 …… **268**
◆ 제1회~3회 논문현상공모 광고 …… **270**
◆ 10억/1억 공모전 광고 …… **273**
◆ 수서문화재단 & 이폴연구소 소개 …… **275**

| 발 간 사 |

황 명 환 소장
(이폴연구소)

　　이폴 연구소 죽음논문집 제 2권 "우리는 왜 죽음을 두려워하는가?" 발간을 진심으로 축하합니다. 죽음논문집을 발간하는 일은 생각보다 쉽지 않습니다. 전문가들은 같은 주제의 논문을 다른 분들과 같은 지면에 올리는 것을 부담스러워 할 수 있고, 죽음을 연구하는 과정에 있는 분들은 이 주제를 논리적으로 설명하는 것이 어렵기 때문입니다. 그래서 논문공모전 입상자들의 작품과 함께 전문가들의 죽음과 관련된 연구물을 게재함으로써 논문집을 구성했습니다.

　　죽음에 대한 수많은 주제와 그에 따른 이론들을 다 모을 수는 없지만, 중요한 주제들을 설정하고 그에 대한 연구 결과물을 축적하는 일은 죽음에 대한 관심을 불러일으키고, 죽음연구자들을 길러내며, 죽음연구의 흐름을 파악하고, 죽음연구의 미래를 개척하는 디딤돌이 될 것을 확신합니다. 비록 처음은 미약하나 갈수록 더 나은 결과물을 제시하게 될 것을 기대합니다.

작년에 출판된 처음 논문집은 "과학은 죽음을 극복할 수 있는가?" 하는 것이었습니다. 이것을 통해 죽음과 과학의 상호관계, 다시 말하면 죽음에 대한 과학의 현주소를 살펴보려고 했습니다.

두 번째 주제인 "우리는 왜 죽음을 두려워하는가?"를 통해서는 죽음에 대한 사람들의 일반적인 감정을 점검하고, 그럼에도 불구하고 죽음을 두려워하는 논리적 이유를 살펴봄으로써 우리가 죽음에 직면해보고, 죽음 앞에 선 인간을 더 깊이 이해하고, 두려움을 극복하는 방법을 다뤄보고자 했습니다. 모든 사람이 죽음에 대해 느끼는 그 감정을 논리적으로 분석하고 원인을 설명하는 작업이야말로 우리가 죽음을 이해하는 아주 소중한 방법이 될 것이라고 확신합니다.

두 번째 논문 공모전 응모작이 많지는 않았습니다. 그도 그럴 것이 우리나라에서 죽음에 관해 논문을 쓰는 분위기가 아직 축적되지 않았고, 그런 역량도 아직은 부족하다고 생각합니다. 죽음을 연구해서 발표하거나 그런 논문을 공모하는 곳이 없었으니까요. 그러나 이 폴연구소에서는 계속 죽음에 대한 논문을 공모할 것이고, 그러다보면 죽음을 연구하는 층이 좀 더 두꺼워질 것이라고 확신합니다.

제출된 논문을 읽으면서 가졌던 생각은 죽음에 대하여 관심은 많은데, 아직은 죽음에 대해서 머리로만 생각하고 정작 죽음이라는 엄청난 현실 앞에 부딪혀보고, 마음으로 느끼고 고민했던 흔적은 그리 많지 않았습니다. 머리로 이해하는 죽음이 아니라 진지하게 느끼고, 그 앞에 직면하고, 그렇게 살아가는 모습을 보여주는 작품들이 많아지기를 기대합니다.

제출된 논문 중에는 볼펜으로 직접 기록한 것도 있었습니다. 또한 논문의 형식을 전혀 갖추지 않은- 각주도 없고 수필과 같은 - 글도 있었는데, 접수를 하지 말까 하다가 일단 다 받았습니다. 왜냐하면 "우리는 왜 죽음을 두려워하는가"라는 주제는 꼭 전문가만 쓸 수 있는 것은 아니기 때문입니다. 지금까지 논문을 써본 적이 없는 분이라도 죽음을 두려워하는 이유에 대해서 일관적인 논지와 집중력을 가지고 썼다면 나름 가치가 있겠다 생각했고, 그런 작품도 한두 편 나오다보면 일반인들도 죽음 연구에 동참하는 기회가 되지 않을까 생각했기 때문입니다. 그래서 다 받아서 읽어보았지만, 내용이 정리되지 않았고, 논지의 일관성이 부족하고, 주제와 관련 없는 부분이 너무 많아서 입상작은 없었습니다. 그러나 형식과 상관없이 내용과 주제가 잘 정리된 작품이라면 언제라도 선택할 수 있다는 것이 이폴연구소의 입장입니다.

앞으로도 이폴연구소는 죽음에 대한 중요한 이슈들을 주제로 공모를 계속할 것이고, 죽음에 대한 논문집 발간을 이어감으로써 우리에게 아직은 낯설은, 그러나 꼭 알아야만 하는 죽음을 이해하는데 도움을 드리려고 합니다.

논문공모에 응해주신 모든 분들께 감사드립니다. 입상한 분들에게 진심으로 축하를 드리며, 좋은 글을 써주신 교수님들께도 감사의 마음을 전합니다. 앞으로 더 많은 사람들이 죽음에 대한 관심을 가지고, 그것을 자기의 논리로 정리하고 학문적으로 규명해가며, 그런 과정을 통해 우리의 삶이 성숙해지는 변화가 있기를 기대합니다.

2020년 11월 이폴연구소장 황명환 박사

| 기 조 강 연 |

황 명 환 박사
(이폴연구소)

우리는 왜 죽음을 두려워하는가?
- 기독교 죽음이해를 중심으로 -

1. 죽음 분야는 영적인 전쟁터가 될 것이다.

올해 봄부터 지금까지 출판된 책을 보면서 느끼는 것은 죽음에 대한 책들이 엄청나게 쏟아져 나온다는 것입니다. 너무 많아서 다 읽기도 어렵습니다. 이것을 보면서 확실히 말할 수 있는 것은 앞으로 죽음 분야는 영적인 전쟁터가 될 것입니다. 죽음에 대한 이론들이 더욱 치열해지고, 죽음에 대한 다양한 주장들이 난무할 것입니다.

왜냐하면 종교는 죽음 문제를 해결하려고 존재하는데, 어디서 종교가 격돌할 것인가? 결국은 죽음 문제를 놓고 모든 철학과 종교가 각축전을 벌이게 될 것입니다. 다양한 종교적 배경을 가진 사람들이 계속 죽음에 관한 책을 낼 것이고, 일반 독자들은 어떤 내용이 맞고 틀리는지 구분할 능력이 없는 상태에서 아주 상반된 내용의 책들을 만나게 될 것입니다.

예를 들면 "죽음은 두렵지 않다. 죽은 다음에는 좋은 일만 있다"는 내용을 전하는 분들도 많습니다. 내가 의사였는데 어떤 체험을 한 후에 죽음 전도사가 됐다는 그런 얘기를 들어보면 근사체험입니다. 다시 말하면 어떤 사람이 죽자마자 자기 시체를 보면서 깊은 통로를 빠져나갔고, 그 끝에서 빛의 존재가 나를 맞아주었는데, 그 사람은 나를 따뜻한 사랑으로 영접했고, 나는 정말 행복했고, 대화를 나누는 중에 내 삶의 모든 상처가 치료되었고, 그 사람은 나에게 돌아가라 했고, 돌아온 후에 내 삶은 변화되었고 죽음을 전혀 두려워하지 않는 사람이 되었다… 등등. 이런 근사체험 이론이 자주 등장합니다. 그 전까지 나는 죽음을 두려워했는데, 이제는 죽음은 결코 두려운 것이 아니라고 말하는 분들이 너무나 많습니다.

이런 주장을 펴는 분들이 일반인이라면 그럴 수도 있다고 하겠는데, 요즘은 목사님들도 이런 말을 하는 분들이 있습니다. "내가 목회만 하다가 죽음 전도사가 된 이유는 죽음을 두려워하지 말라는 것입니다. 왜냐하면 죽은 후에는 이런 일이 있기 때문에" 하면서 근사체험 이론을 근거로 내세우는 목사님들도 있어서 걱정입니다. 왜냐하면 근사체험 이론이 얼마나 다르게 해석될 수 있는지 검증되지 않았거든요. 그런 주장은 뉴 에이지의 가르침을 그대로 반복하는 것이기 때문에 조심해야 합니다.

2. 근사체험 이론의 문제점-루시퍼 입문(The Lucifer initiation)

여러분, 뉴 에이지에서는 그 빛나는 존재, 우리가 근사체험을 할 때 만나게 되는 그 존재를 뭐라고 부르는지 아세요? 루시퍼입니다. 루시퍼는 성경에 나오는데, 사탄의 이름입니다. 이사야 14장 12절에 나오는 사탄의 이름이 루시퍼입니다.

뉴 에이지 운동가인 슈펭글러는 루시퍼를 이렇게 찬양합니다. "루시퍼는 우리들 각자의 내면에서 활동하여 우리로 하여금 온전함에 이르도록 한다. 이제 새로운 시대를 향해 다가가고 있는 지금 - 그리고 이 새로운 시대는 온전한 인간의 시대가 될 것인데 - 우리 각자는 어떤 식으로든 그 온전함, 내가 루시퍼 입문(The Lucifer initiation)이라고 이름 붙인 그 상태에 도달할 것이다. 이 루시퍼 입문이란 한 개인이 스스로의 빛과 온전함에 이르기 위해서 반드시 통과해야 하는 문이다. 루시퍼는 우리에게 온전함이라는 최종의 선물을 주기 위해 우리를 찾아온다. 우리가 그 선물을 받아들이기만 한다면 루시퍼도 자유로워질 것이요, 우리도 자유로워질 것이다. 이것이 바로 루시퍼 입문이다."*

기독교 영성가 린트(Mary Ann Lind)는 이렇게 말했습니다. "뉴 에이지 운동에 대해 확실하게 말할 수 있는 사실은 뉴 에이지 영성이 기독교 신앙과 전혀 맞지 않다는 것이다. 루시퍼가 천상에서 축출된 이래로 사탄은 창조주께 반역하며 심지어 '지극히 높은 자'와 같아지려는(이사야 14: 14) 계획을 품어왔다. 그 원칙과 교리들이 성경에 정

---

* Oswald Spangler. *Reflections on the Christ*(Scotland: Findhorn Community Press, 1978), pp. 40- 44.

면으로 위배되기 때문에, 뉴 에이지 운동은 '예수 그리스도의 나라를 멸하려는…사탄의 계획을 유지시켜주는' 중요한 도구역할을 한다.*

그 빛의 존재는 나를 '있는 그대로' 용납합니다. 그러나 성경은 회개할 때 용서하지, 살인자나 도둑이나 어떤 뉘우침도 없는데 "너는 훌륭하다, 너는 아무 잘못도 없다"고 하지 않습니다. 그러니까 근사체험의 이론은 성경적으로도, 윤리적으로도 납득할 수 없는 내용입니다.

더 중요한 것은 근사체험에 대해서 이론이 두 가지입니다. 죽은 다음에 빛만 보는 것이 아니고, 어둠에 붙들려서 엄청난 고통을 경험하고 온 사람들도 많습니다. 그러나 그런 기록들은 삭제합니다. 좋은 것만 채택해서 그것을 근거로 이론을 세운 것이 근사체험이론입니다. 그러므로 근사체험이론을 근거로 죽음을 두려워하지 말라. 죽음 뒤에는 빛나는 존재를 만나고 우리가 엄청난 사랑 안에서 용납된다는 주장은 기독교적 관점에서 볼 때는 잘못된 것이 분명합니다. 그런데 이런 배경을 가지고 있지 않다면 어떤 근거로 비판할 수 있겠습니까? 무비판적으로 받아들일 수밖에 없습니다. 그래서 우리는 성경이 말하는 죽음에 대해 알아야 합니다. 더 나아가서 모든 철학과 종교가 말하는 죽음이 무엇인가? 이것을 기본적으로 이해해야 합니다.

제가 쓴 책 『죽음 인문학』을 보면 모든 종교는 죽음을 어떻게 이해해왔는가에 대한 역사적인 배경과 함께 그 내용이 정리되어 있기

---

* Mary Ann Lind, *From Nirvana to the New Age* (Grand Rapids, MI: Fleming H. Revell Co. Publishers, 1991), pp. 52-53.

때문에, 그 내용을 숙지하면 죽음에 대한 잘못된 가르침에 속지 않을 수 있습니다. 앞으로 많은 사람들이 가치관의 혼란에 빠지게 될 것입니다. 이 시대가 포스트모더니즘이니까 가치관의 혼란이 많겠지만, 특별히 죽음에 관한 가르침에 대해서는 그 혼란이 더욱 극심해질 것입니다.

죽음에 관한 책을 쓰는 분들도 죽음이 뭔지 잘 모르는 경우가 많습니다. 그리고 죽은 다음에 어떻게 되는지 누가 알겠어요? 그러니까 이런 저런 주장들이 난무하는 것입니다. 어느 것이 옳은지 모르니까 다 받아들이자는 것입니다. 다 받아들이고, 그걸 의식하며 살자. 그러면 성숙해진다는 것인데, 다 옳다는 것이 문제입니다. 이 주장과 저 주장이 정반대인데 어떻게 다 받아들입니까? 그래서 죽음에 대한 가르침에는 속임수가 많고, 그래서 죽음은 영적인 전쟁터가 되고, 그래서 아무 내용이나 붙잡으면 안 되고 정말 어떤 주장이 맞는가를 선택해야 하는 것입니다.

3. 사람들은 죽음을 왜 두려워하는가?

여러분! 사람이 죽음을 두려워하는 것은 정상일까요, 비정상일까요? "용기 있는 사람은 죽음을 두려워하지 않아. 좀 어리석고 심장약한 사람이나 죽음을 두려워하지, 믿음이 좋은 사람이 왜 죽음을 두려워하겠어?" 이렇게 생각하시나요? 아닙니다. 죽음을 두려워하는 것은 인간에게는 지극히 정상입니다. 그리고 죽음을 두려워하는 것이 항상 나쁘기만 한 것도 아닙니다. 왜냐하면 두려움이 주는 유익도 있기 때문입니다. 그 유익으로는 어떤 것이 있을까요?

죽음에 대한 공포는 역설적으로 자기 존재의 영속성을 추구하며 영원한 삶을 소망하게 만듭니다. 그리고 삶에 대한 애착과 도전의식도 생겨납니다. 예를 들면 좋은 약을 개발하려는 몸부림, 건강을 돌보면서 오래 살고자 하는 마음, 예술을 발전시키고, 철학을 연구하고, 신앙생활을 더 적극적으로 하게 하는 긍정적인 요소도 있습니다.

그렇다면 신앙을 가진 사람과 그렇지 않은 사람이 죽음에 대하여 두려워하는 정도는 같을까요, 다를까요? 독일의 대표적인 시사주간지 슈피겔에서 "종교 뇌 행동"이라는 학술지에 게재된 연구 보고서를 기사화했습니다. 주제는 사후세계를 믿는 종교인들과 그렇지 않은 사람들이 죽음에 대하여 가지는 태도와 마음가짐을 조사한 것인데, 1961년부터 2014년까지 두려움과 종교와의 상관관계 논문 106편, 전 세계 2만 6000명이 참여했고, 영국 미국 호주 뉴질랜드의 학자들이 공동 연구했습니다. 결론은 죽음에 대한 두려움에 관련해서 사후세계를 믿는 종교인들이 그렇지 않은 사람과 비교할 때 더 나은 점이 없었다는 것입니다.

신앙이 없는 사람들 중에도 죽음을 두려워하지 않는 사람도 있었고, 잘 믿는 것 같은데 굉장히 두려워하는 사람이 있었다는 것입니다. 저는 이 기록을 읽으면서 민망했습니다. "신앙을 가졌다는 사람들이 왜 다 이럴까?" 그런데 성경에 보면 신앙이 좋은 분들도 죽음을 두려워했습니다. 욥기 18장에 보면 죽음을 "공포의 왕"이라고 불렀어요. 다윗도 죽음 앞에서 얼마나 두려워했는지 모릅니다. 심지어 예수님도 십자가 앞에서 힘들어하셨습니다. 히브리서 2, 15입니다. "또 죽기를 무서워하므로 한 평생 매여 종노릇하는 모든 자들을 놓아주

려 하심이니" 한평생 죽음의 두려움에 붙들러 사는 것이 인생이라는 말입니다. 일단 죽음에 대해 두려워하는 것은 정상이고, 신앙인이나 비 신앙인도 비슷하다는 말입니다.

이제 본론으로 들어가서 왜 사람은 죽음을 두려워하는지 논리적으로 설명해보겠습니다. 죽음은 모든 것을 다 상실하게 만듭니다. 모든 소유, 모든 관계가 다 끊어지고 또한 평생 가졌던 꿈도 다 깨집니다. 또한 죽음은 처음으로 가는 길이니 그 뒤에 어떤 일이 일어날지 알 수도 없고, 그 길을 아무하고도 같이 갈 수 없고, 같이 죽는다고 같은 곳으로 가는 것도 아니고, 더 답답한 것은 죽는다는 것이 뭔지를 설명할 수 없습니다. 우리는 이성적인 존재이기 때문에 어떤 일에 대해서 그 이유와 결과를 논리적으로 설명하면 받아들일 수 있는데, 죽음은 그것이 불가능합니다. 그래서 죽음 앞에서 인간은 뼈저리게 자기 한계를 느끼고, 두려움을 느끼는 게 정상입니다. 이런 말도 합니다. 죽음은 내가 없어지는 건데 그것이 또 뭔지 경험해 본 적이 없습니다. 그래서 죽음의 두려움은 우리를 힘들게 합니다. 그래서 많은 사람들이 최후의 순간까지도 죽음을 받아들이지 못하고, "내가 왜 죽어?" 이러다가 죽는 분들이 너무 많습니다.

4. 죽음 극복을 위한 몸부림들 - 심리학과 철학

심리학과 철학에서는 죽음 극복을 위해 어떤 몸부림을 치고 있는가? 내용이 많지만 간단히 설명하겠습니다. 현대 심리학이 발견한 업적 중에 하나는 인간의 심리현상 중에서 가장 중요한 행동기제가 죽음의 공포라는 것입니다. 옛날에는 이런 생각을 하지 않았습니다.

프로이드는 욕망을 중심으로 설명하는데, 이제는 죽음에 대한 공포가 사람들의 행동에 지대한 영향을 끼친다는 것을 밝혔습니다.

① 어니스트 벡커

어니스트 벡커는 『죽음의 부정』이라는 책을 썼습니다. 죽음의 공포는 인류 역사에 얼마나 큰 영향을 미쳤는가? 인간은 죽음의 공포를 어떻게 억누르고 살아가는가? 그것을 어떤 방법으로 표출하는가? 이것에 대한 연구서가 『죽음의 부정』입니다. 인간은 자연과 구별되는 존재인데 죽으면서 흙으로 돌아가는 이질적인 경험, 뭔가를 많이 가졌다고 생각했는데 아무것도 할 수 없는 죽음 앞에서 느끼는 갈등, 이것이 공포의 근원이라는 것입니다.

죽음의 공포는 모든 인간에게 다 있는데, 이것이 얼마나 크고 무거운지 감당할 수가 없어서 이 공포를 무의식 안으로 집어넣습니다. 그러니까 의식은 못하지만 죽음의 공포에서 나오는 행동들이 많습니다. 그 방법은 죽음을 초월하는 가치를 만들어서 죽음을 극복하려는 것입니다. 그 영역은 문화, 예술, 철학, 종교… 그러니까 우리가 의식하지 못하는 모든 분야에서 예를 들면 정신병 신경증 노이로제… 이런 것도 파고 들어가면 죽음에 대한 두려움이 근본 원인인 경우가 많습니다. 다시 말하면 죽음에 대한 두려움은 인간의 무의식을 형성하고, 그 무의식이 우리의 생각과 행동을 지배한다는 것입니다.

② 키에르케고르

철학자 키에르케고르는 "죽음의 불안"에 대해서 많이 연구했는데, 분리불안과 융합불안이라는 개념으로 설명합니다. 성경에 보면 하나님이 선악과를 먹지 말라고 했습니다. 이 금지명령 앞에서 인간은 갈등합니다. 금지명령을 받아들이면 자유인이 되지 못합니다. 그런데 절대자유를 추구하면 하나님과 멀어집니다. 이것이 인간의 딜레마입니다. 인간에게 주어진 것은 선택적 자유뿐입니다. 그런데 인간 속에는 절대 자유에 대한 갈망이 있습니다. 그런데 절대 자유란 선악과를 먹지 말라는 말을 어기는 것입니다. 그러므로 선악과를 먹으면 자유인이 되는 동시에 하나님과는 멀어집니다. 그 사이로 죽음이 파고 들어온 것입니다. 그러니까 절대 자유를 욕망하는 인간과 선택적 자유 속에 놓인 인간의 실존 사이에 분열이 일어나고, 그 사이로 죽음이 들어왔다는 것입니다. 그래서 키에르케고르는 불안이 원죄의 결과라고 주장합니다.

선악과를 따먹고 자유로운 존재가 되었지만, 그로 인하여 느끼는 죄의식이 불안입니다. 이것이 분리불안입니다. 다시 말하면 죽음에 대한 두려움은 일종의 분리불안이라는 것이지요. 신으로부터 멀어진 불안! 그것을 우리는 언제 몸으로 경험했는가? 어머니의 자궁에서 빠져나올 때입니다. 이 분리불안의 극대화를 죽음의 현장에서 느끼는 것입니다.

그런데 이 분리 불안의 반대쪽에는 융합 불안이 있습니다. 자유로워진 인간은 절대 타자인 신에 맞서서 자유롭고 싶지만, 관계가 깨어짐으로 인하여 죽을지도 모른다는 불안을 동시에 가집니다. 그래서 죄로 말미암아 하나님께 쫓겨난 인간은 두려움에 빠지는데, 가인이 하나님 앞에 범죄하고 에덴동산에서 쫓겨나면서 뭐라고 했는가? "... 무릇 나를 만나는 자마다 나를 죽이겠나이다."(창 4, 14) 가인은 죽음의 공포를 느낀 것입니다. 그래서 그가 한 일이 성을 쌓았습니다.

두렵기 때문에 자기를 보호하기 위해서입니다.

하나님과 멀어진 인간은 하나님의 보호의 은총을 포기했기 때문에 두려워합니다. 이 두려움은 단순한 상실에서 오는 것을 넘어서서 존재론적인 불안이 됩니다. 그런데 하나님으로부터 멀어진 분리불안은 어디를 향하는가? 융합 불안으로 나아갑니다. 다시 말하면 하나님과 하나가 되고자 하는 갈망으로 나가는 것입니다. 결국 두려움은 하나님으로부터 멀어진 결과이지만, 그 두려움은 다시 하나님과 결합하려는 힘으로 작동할 수도 있다는 것입니다.

③ 하이데거

하이데거도 죽음에 대해서 많은 연구를 했습니다. 그는 이런 말을 했습니다. "죽음은 인간 존재의 구조이다." 죽음은 인간과 분리할 수 없다. 죽음은 인간의 동반자이며 현실이다. 나이를 먹어서가 아니라, 태어날 때부터 인간은 죽음과 분리시킬 수 없다는 말입니다. 그런데 인간은 죽음을 두려워해서 자꾸 회피합니다. 그러나 회피하면 할수록 제대로 된 인생을 살 수 없습니다. 그러므로 죽음을 은폐하거나 도피하지 말고 내가 죽는다는 사실을 직시하고, 죽음 속으로 들어가서 죽음의 불안을 받아들이고 극복하라는 것입니다. 그는 이것을 "죽음으로의 선구(先驅), 미리 달려감)라 했습니다. 인간은 자기가 죽을 수밖에 없는 존재이며, 그걸 인정할 때 새로운 삶을 살 수 있다는 것입니다. 결국 죽음에 대한 두려움은 우리 모든 인간에게 있다는 것을 철학은 인정하는 것입니다.

5. 죽음 극복을 위한 몸부림들- 무신론과 범신론

이제 종교로 가봅시다. 무신론에서는 죽음의 두려움을 어떻게 이기려고 하는가? 무신론에는 신이 없습니다. 그런데 어떻게 죽음의 두려움을 극복할 수 있을까요? 여기서 강조하는 것은 죽은 뒤에는 아무것도 남지 않는다는 주장입니다. 나라고 하는 존재가 없어지는데 두려워할 이유도 없다는 것입니다. 무신론에서 인간은 기계입니다. 기계가 고장이 나면 버리듯이 죽으면 육체도 사라지기 때문에 두려워할 것도 없다는 것입니다.

그렇다면 내 인생은 어떤 가치가 있을까요? 나는 죽지만 내가 존재했기 때문에 인류에 뭔가 기여했다는 것, 나라고 하는 개체는 죽지만 인류라는 種의 발전에 기여했다는 것입니다. 내 인생을 통해 더 나은 세상을 만드는 데 기여했다면 그것이 구원이고, 그것이 영원히 사라지는 존재에 대한 위로라고 생각합니다.

그러나 인간은 단순한 물질이 아닙니다. 인간은 물질을 넘어서는 존재입니다. 개체 인간은 죽어도 그 존재는 사라지지 않는다고 생각하는 범신론에서는 어떻게 죽음을 극복하려고 하는가? 내 존재가 죽음으로 끝나지 않는다면, 다른 삶으로 이어진다면 그 근거가 무엇인가? 예를 들면 윤회를 주장한다면 내가 다른 존재로 변하는 근거가 무엇인가? 자기 인생에 대한 평가입니다. 내가 어떻게 살았는가? 그 결과에 따라 윤회가 이루어지니까요. 그런데 내 삶을 평가할 평가자가 있는가? 또한 평가했다면 나는 몇 점이나 될까? 어떤 기준에 의해 이루어지는가? 대답할 수 없습니다. 다시 말하면 내 인생을 평가할 인격적 평가자와 그 기준이 없다는 것입니다. 그래서 평가의 굴레를 벗어나는 것을 해탈이라고 합니다.

그런데 기독교적 입장에서 볼 때는 이것은 일종의 마취제와 같습니다. 마취제를 맞으면 아프지 않습니다. 잘못된 가르침도 굳게 믿으면 죽음을 두려워하지 않는데 기여할 수 있습니다. 그러나 마취제는 치료약이 아닙니다. 잘못된 신념이나 신앙이나 철학에서 오는 두려움 극복도 이것과 같습니다.

그리고 뉴 에이지의 경우는 죽은 후에 나를 무조건 영접해주는 빛의 존재가 있기 때문에 두려워하지 말라는 것인데, 그 존재는 사실은 루시퍼입니다. 그 빛의 존재를 믿고 안심해도 될까요?

6. 죽음 극복을 위한 몸부림 - 기독교

기독교는 어떻게 죽음의 두려움을 극복하는가? 성경은 죽음이 죄로부터 온 것으로 봅니다. 신학자 중에서 죽음에 대해 많이 연구하신 분이 종교개혁자 마르틴 루터입니다. 원래 그는 법학도였는데, 어느 날 친구하고 길을 가다가 친구가 벼락에 맞아 죽었습니다. 너무 놀란 그는 살려주시면 신부가 되겠다고 서원합니다. 그러니까 죽음에 대한 두려움이 많았습니다. 왜냐하면 그 자신이 죽음의 두려움에 많이 시달렸기 때문입니다.

보통 사람들은 죽음을 자연적인 사건이라고 봅니다. 죽음은 자연적인 것이다. 태어난 인간은 죽는 것이 당연하다. 이것은 모든 피조물의 운명이다. 20세기에 들어와서 이런 사상은 자연스럽게 받아들여졌습니다.

그러나 성경에 의하면 죽음은 단순한 생물학적 현상이 아닙니다. 왜냐하면 인간은 하나님의 형상으로 창조되었기 때문에, 다시 말하면 하나님과의 영원한 교제 속에서 살도록 되어 있는 존재이기 때문에 인간의 죽음은 자연스러운 것이 아니라 인간의 죄에 대한 하나님의 진노의 결과라는 것입니다. 그렇기 때문에 사람은 죽음 앞에서 기겁을 하고 두려워하고, 다른 생물이 경험하지 못하는 공포를 느끼는 것입니다. 그러니까 인간의 죽음은 하나님과 인간 사이에 벌어진 사건 안에서 해석해야 한다는 것이 루터의 주장입니다. 그러니까 죽음은 자연스러운 사건이 아니라 우리 존재의 한 가운데서 벌어지는 중요한 사건이며, 어느 누구도 두려움과 전율 없이는 죽음을 대면할 수 없는 것입니다.

더 구체적으로 말하면 죽음은 죄와 율법의 관계를 보여줍니다. 그래서 죽음 앞에서 죄인들은 하나님의 진노를 느끼고, 심판을 무의식적으로 체험합니다. 루터는 모든 생물보다도 인간이 죽음을 더 두렵게 느끼고, 다른 종교를 믿거나 신앙이 없는 사람들보다도 하나님을 믿는 신앙인들이 죽음의 깊이를 완전하게 이해하기 때문에 더 두려워할 수 있다고 했습니다. 성도들의 죽음은 다른 생물의 죽음뿐 아니라 다른 모든 사람들의 고통과 죽음보다도 더 무서운 것입니다. "에피쿠로스가 죽을 때 어떻게 말했는가? 죽음은 우리에게 아무것도 아니다. 왜냐하면 우리가 존재하는 한 죽음은 우리와 함께 있지 않고. 죽음이 왔을 때 우리는 존재하지 않기 때문이다. 왜냐하면 에피쿠로스는 하나님이 계신 것을 알지도 못했고, 자기가 죄인이라는 것도 알지 못했고, 죽음이 왜 왔는지도 알지 못했다. 그러므로 그렇게 말한 것이다. 그러나 그리스도인들은 자기의 죽음이 하나님의 진노의 결과라는 것을 알고 있다. 오직 그리스도인들만이 하나님 말씀에 의하여 죽음의 원인과 두려움을 완전하게 이해한다." 우리가 성경을 알면 일단 다른 모든 사람들보다 죽음을 더 두려워하게 되어 있다는 것입니다. 왜냐하면 죽음의 본질이 뭔가를 알기 때문입니다.

그러나 그리스도인은 율법 아래에 있을 뿐 아니라 동시에 복음의 말씀도 듣게 됩니다. 복음은 죽음을 포함하여 모든 하나님의 진노의 체험을 변화시킵니다. 하나님을 거역하는 사람은 죽을 때 하나님의 진노를 느낍니다. 그러나 죽음 앞에서 그가 겸손하게 복음으로 피할 때, 십자가의 복음으로 피할 때, 그는 하나님의 진노가 아닌 그리스도 안에서 베푸는 긍휼을 얻게 되는 것입니다. 하나님의 거절이 하나님의 용납과 환영으로 전환되는 것입니다.

죽음을 통하여 한 평생 지속되었던 죄인의 본성이 제거되고, 그리스도를 통하여 새로운 본성을 제공받습니다. 그래서 죽음은 자식에게 벌을 주는 아버지의 사랑의 채찍이 되는 것입니다. 그러므로 죽음은 그들의 죄가 죽음에 처해지는 것을 성취합니다. 이것은 죽음의 은혜로운 의미를 시인하는가에 달려있습니다.

좀 더 쉽게 얘기해볼까요? 죽음에서 일어날 수 있는 최선의 것, 우리가 가장 잘 죽는 방법은 우리가 그것을 믿음으로 받아들이는 것입니다. 그런데 이것은 혼자 힘으로는 안 됩니다. 십자가에서 죽임을 당하신 그리스도 예수의 죽음 안에서만 가능합니다. 그렇게 될 때,

이전에는 죄의 형벌이었던 죽음은 이제 죄를 치료하는 수단이 됩니다. 따라서 죽음은 복된 것으로 바뀝니다. 어서 오라고 부르는 하나님의 초대가 되는 것입니다. 그러니까 십자가 안에서 죽음의 성격이 바뀌는 것입니다.

루터는 1519년에 작성한 "죽음을 준비하는 것에 관하여"라는 논문에서 이렇게 말합니다. "죽음은 어린애가 어머니의 몸에서 이 세상으로 태어날 때 통과하는 좁은 출구와 같은, 생명으로 들어가는 좁은 출구와 같다. 따라서 사람이 죽을 때, 그는 장차 올 세상으로 태어나는 불안의 협곡을 통과한다. 그러므로 죽는 사람은 죽음 이후에 거대한 공간과 큰 기쁨이 있을 것이라는 지식과 믿음을 가지고 용기 있게 두려움 속으로 들어가야 한다. 이것이 복음의 빛 가운데서 보는 죽음이다." 아기가 태어날 때 어머니의 뱃속을 빠져나오면 어마어마하게 큰 세계가 있는 것처럼 생명으로 들어가는 좁은 출구, 이것이 죽음이라는 것입니다. 이것이 복음의 빛 가운데서 보는 죽음입니다.

그리스도인은 아직 몸을 가지고 있습니다. 아직 우리는 율법 아래 서있고, 율법의 소리를 들으면서 복음의 소리를 듣는 것입니다. 이것은 우리가 신앙을 가지고 있지만 율법과 계속 싸워야 한다는 것을 의미합니다. 그러므로 그리스도인은 죽음을 단번에 복음 안에서 보지 못합니다. 우리는 몸을 가진 존재이기 때문에 일단은 율법 아래에서 죽음을 보고, 그 다음에 은혜 안에서 죽음을 봅니다. 복음을 듣고 그리스도인이 되었지만 죄로부터 완전히 자유로워지지 않았습니다. 그래서 율법은 오늘도 우리에게 작동합니다. 그러므로 일단 율법적 관점에서 죽음을 보고, 그 다음에 계속해서 복음으로 죽음을 해석하는 과정에 있는 것입니다. 신앙은 항상 첫 번째 입장에서 시작해서 두 번째 입장으로 끝납니다.

　다시 말하면 죽음 앞에서 신앙인은 하나님의 진노에 따른 공포를 느낍니다. 이것은 피해갈 수도 없고 그래서도 안 됩니다. 그러나 그 속에서 끊임없이 하나님의 은혜의 약속을 붙들고 긍휼의 복음 안으로 인도함을 받습니다. 이것이 우리의 실존입니다. 우리가 신앙을 가졌다고 해서 죽음의 두려움이 없어지는가? 아닙니다. 육체를 가진 인간인 이상 죽음은 두려운 것입니다. 하나님의 진노가 죽음 안에 있다는 것을 알기 때문입니다. 그러나 그것을 넘어서는 복음의 은혜를 계속 적용하는 것이 그리스도인입니다. 두려워하면서 죽음을 넘어서는 약속을 신뢰하며 나가는 것입니다. 그럴 때 성령께서 우리를 위로하고 확신을 주십니다. 그래서 바울은 고린도전서 15, 55에서 이렇게 외쳤습니다. "사망아 너의 승리가 어디 있느냐 사망아 네가 쏘는 것이 어디 있느냐" 사망의 독침은 예수의 십자가와 부활로 인하여 무너졌습니다. 그럼에도 불구하고 죽음은 우리를 두렵게 한다는 것입니다.

　그래서 죽음에 대해 두려울 때마다 기억할 말씀이 있습니다. 요한복음 14, 1입니다. "너희는 마음에 근심하지 말라 하나님을 믿으니 또 나를 믿으라" 근심하거나 두려워하지 않는 방법은 믿음입니다. 하나님에 대한 믿음, 그 하나님은 나를 위해 아들까지 주신 분입니다. 또 나를 믿으라고 했는데, 예수님은 나를 위해 십자가를 지셨습니다. 그래서 내 죄를 용서하고 영원한 생명을 주셨습니다. 그리고 영원한 생명이 무엇인지를 부활로 보여주셨습니다. 그분을 믿을 때 두려움과 근심에서 벗어나는 것입니다.

7. 인간 노력의 한계

　　사람들은 죽음의 두려움을 자기 노력으로 극복하려고 애를 씁니다. 그런데 인간의 노력에는 한계가 있습니다. 옛날에 어떤 왕이 가문이 좋고 아름다운 처녀 백 명을 뽑아가지고 테스트를 해서 합격하면 왕자의 아내로 삼으려고 했습니다. 어떻게 뽑을까? 하다가 꽃씨를 나누어 주면서 가장 아름다운 꽃을 피운 처녀를 세자의 아내로 삼겠다고 했습니다. 꽃을 피우려면 많은 정성과 사랑과 섬세함이 요구되기 때문에, 그것을 통해 사람의 됨됨이를 알 수 있다는 것이지요. 그래서 얼마 후에 자기가 피운 꽃을 가지고 오게 했습니다. 많은 처녀들이 내 꽃이 가장 예쁠 것이라고 기대하며 바라보고 있는데, 왕은 아름다운 꽃을 보면서 별로 감동이 없었습니다. 그런데 구석에서 어떤 처녀가 고개도 못 들고 울상이 된 채, 꽃이 피어 있지 않은 빈 화분을 들고 있었습니다. 왕은 그 처녀에게 다가가서 이렇게 말했습니다. "네가 1등이다. 가장 아름다운 꽃을 피웠구나. 내 수레에 올라 타거라!" 모두가 놀랐습니다. "아니, 내가 얼마나 예쁜 꽃을 피웠는데, 어째서 꽃을 피우지 못한 저 여자를 선택하시는가?" 왕은 그 마음을 알고 이렇게 말했습니다. "내가 나누어 준 씨는 물에 삶은 것이니 절대로 꽃이 필 수 없다."

　　여러분! 왕이 원하는 것은 아름다운 꽃이 아닙니다. 자기 스스로 꽃을 피울 수 없다고 고백하면서 빈 화분을 들고 오는 정직한 마음, 그 솔직한 태도를 원했던 것입니다. 그것이 꽃보다 더 아름다운 것입니다.

인간의 업적과 선행이란 죽은 꽃씨와 같습니다. 이것을 심으면 뭐가 나올 것 같지만 그것을 가지고는 절대로 구원을 성취할 수 없습니다. 내 선행과 업적을 쌓아서 하늘에 닿을 것 같지만 불가능합니다. 내가 땅에서 아무리 까치발을 들어도 하늘에 닿을 수 없습니다. 하나님이 원하는 것은 자기 의에 대한 철저한 포기입니다. 그리고 겸손과 감격으로 하나님이 주시는 의를 받아들이는 것이 구원입니다. 그런데 많은 사람들은 죽은 꽃씨를 가지고 자기 노력으로 예쁜 꽃을 피웠다고 자랑하는 여인들처럼 행동하는 것입니다.

그래서 루터는 이렇게 결론을 내립니다. "행함으로 구원받는다는 것보다 믿음으로 구원받는다는 진리가 더 어렵다." 저는 100% 동의합니다. 왜 그럴까요? 행함 속에는 자기의 몸부림과 가능성이 남아 있어요. 그러나 믿음으로 구원을 받으려면 나의 공로, 자존심, 명예, 그리고 가능성을 깨끗하게 포기해야 합니다. 이것이 더 어렵습니다.

여러분! 사람이 죽는다는 것은 내가 내 생명의 주인이 아니라는 뜻입니다. 내가 내 생명의 주인이라면 왜 죽겠어요? 내가 주인이 아니니까 생명의 주인이신 하나님을 신뢰와 소망을 가지고 바라보아야 합니다.

서커스에서 공중그네를 타는 곡예사가 있다고 합시다. 여기서 저기까지 가는데, 줄을 잡고 갑니다. 그런데 어느 순간에는 잡았던 줄을 놓고, 다른 줄을 잡아야 합니다. 그 순간은 아무리 노련한 곡예사라도 두려워합니다. 죽음의 순간은 한 줄을 놓고, 또 다른 줄을 잡기 전과 같습니다. 그래서 거기에 따르는 불안과 두려움이 있는 것입니다.

그래서 앞에 있는 약속을 믿고 신뢰하는 만큼 두려움에서 벗어납니다. 우리가 육체를 가지고 있는 한, 두려움으로부터 완전히 자유로워질 수는 없습니다. 그러나 점점 두려움이 작아질 수는 있습니다. 믿음과 소망이 필요합니다. 하나님의 약속을 신뢰하는 만큼, 그리고 미래에 대한 소망이 커지는 만큼 두려움은 점점 우리에게서 힘을 발휘하지 못합니다. 그러나 우리가 육체를 가진 인간인 이상 두려움이 전혀 없을 수는 없는 것입니다.

결론 - 무엇을 붙잡을 것인가?

결론으로 주어진 성경 구절을 읽겠습니다. 롬 5, 21 "이는 죄가 사망 안에서 왕 노릇 한 것 같이 은혜도 또한 의로 말미암아 왕 노릇 하여 우리 주 예수 그리스도로 말미암아 영생에 이르게 하려 함이라"

죄 때문에 사망이 들어왔습니다. 그래서 사망이 왕 노릇을 합니다. 이것이 율법의 작동 원리입니다. 그렇다면 율법의 반대는 무엇일까요? 복음이고, 다른 말로는 은혜입니다. 은혜는 어떻게 작동되는가? 죄 대신에 의, 사망 대신 영생입니다. 이 구조를 이해하시겠습니까? 죄로 인하여 사망이 왔습니다. 이것이 율법입니다. 그러나 예수 그리스도 때문에 죄가 의로 바뀝니다. 우리가 죄인이지만 예수님 때문에, 예수님의 의를 힘입어 의를 얻습니다. 그 의로 말미암아 영생이 옵니다. 이것이 복음입니다.

인간은 자기 힘으로는 죽음을 극복하지 못하기 때문에 뭔가를 붙잡아야 합니다. 그렇다면 무엇을 붙잡을 것인가? 율법인가, 아니면 자기 신념인가? 아니면 은혜와 복음인가? 길은 오직 하나입니다. 은혜를 붙들어야 생명이 선물로 주어집니다. 보이는 육체도 우리가 만든 것이 아니라 선물로 주어진 것입니다. 영원한 생명도 마찬가지입니다. 은혜 안으로 들어올 때 죽음의 두려움을 극복할 수 있습니다.

저는 이 강의를 준비하다가 질문했습니다. '나는 목사인데, 죽음을 연구하는 사람인데 나에게는 정말 죽음의 두려움이 없는가?' 없다고 할 수는 없겠지요. 그래서 죽음을 연구하고, 성경을 읽고, 강의안을 만들면서 죽음에 대한 두려움은 인간의 현실이라는 것을 인정하고, 수용하기로 했습니다. 그러나 더 큰 믿음과 소망을 가지고 나갈수록 죽음에 대한 두려움은 약해지고 그날이 가까울수록 더 큰 소망을 가질 수 있습니다. 여러분 모두 점점 더 죽음의 두려움에서 영생의 소망으로 충만해지기를 바랍니다.

주·제·논·문

1. **박인조** 불멸을 통한 죽음의 두려움 극복에 대한 비판적 고찰

2. **최성수** 죽음을 두려워할 이유와 두려워하지 않을 이유

주·제·논·문 ①

불멸을 통한 죽음의 두려움 극복에 대한 비판적 고찰

박 인 조*
(예수소망교회 부목사)

[국문 초록]

인간의 역사는 수많은 두려움을 극복하기 위한 도전의 역사로 인간은 두려움에도 불구하고 미지의 세계에 대한 도전의 여정에서 과학의 발달과 의식의 확장으로 삶의 풍요로움을 이루었다. 또한 심리적이고 영적인 두려움을 극복하는 과정에서 문화와 종교의 영향력이 확대되었다. 마지막 남은 두려움이라고 할 수 있는 죽음에 대한 두려움을 극복하기 위해 특히 현대에는 의학과 기술의 발달을 통해 생명연장을 이루었고 이제는 불멸을 추구하기까지 이르렀다. 이처럼 인간은 죽음의 두려움에서 벗어나고자 죽음의 이유를 밝히고 죽음을 정복함으로 불멸을 이루려는 시도를 해왔고 동시에 죽음 이후의 세계에 대한 의문을 풀기 위한 도전을 이어왔다.

---

*논문 투고일: 2019년 10월 28일 *논문 수정일: 2020년 9월 25일
*게재 확정일: 2020년 11월 12일
*(재)에덴낙원 담당목사

하지만 인간은 죽음을 품은 존재로서 불멸이라는 것은 본래적으로 불가능하고, 그래서 인간은 죽음에 대한 두려움을 여전히 가지고 살아야 하는 존재이다. 인간이 죽음을 두려워하는 원인으로는 죽음에 이를 때의 고통이나 관계의 단절에 대한 불안과 함께 죽음 이후 어떤 세계를 마주하게 될지 모르는 불확실성이라는 유한성을 꼽을 수 있다. 이러한 인간의 불완전성으로 인해 필연적으로 직면하게 되는 죽음에 대한 두려움 앞에서 인간은 죽음을 부인하거나 무시, 은폐하는 등의 다양한 양상을 보인다.

죽음은 죄로 인해 하나님과 깨어진 관계에서 피조물의 현실이 되었고 이제 인간은 죽음으로 인한 두려움을 품고 살아가야 하는 존재이다. 그런데 죽음의 두려움은 인간이란 불멸할 수 없는 죽음을 품은 유한성을 지닌 피조물임을 인식하게 한다. 언제 다가올지 모르는 죽음에 직면하는 삶이야말로 인간으로 하여금 삶의 의미와 가치를 찾아가게 하는데, 여기로부터 죽음의 두려움은 공포와 절망이 아닌 새로운 소망의 요인이 될 수 있다. 이제 죽음의 두려움은 생명의 소멸을 넘는 예수 그리스도를 믿어 이르게 되는 영생을 소망하게 한다. 그래서 성경은 죽음 이후의 삶과 영생에 대해 보여줌으로 두려움을 넘는 평안과 안식을 경험하게 한다.

그리고 다른 사람을 위해 주도적으로 자신의 목숨을 내어주는 사랑의 관계성에서 죽음의 두려움을 이기는 창조적인 새로운 삶이 시작된다. 즉 또 다른 생명의 삶이 시작되는데, 이것을 통해 누군가의 죽음은 끝이 아니라 새로운 시작이 된다. 죽음의 두려움에 얽매인 삶이 아니라, 또 다른 생명을 낳는 자유를 만나게 된다. 예수 그리스도의 삶이 이에 대한 분명한 예표로 우리에게 이 사실을 증거 한다.

| 주제어 |
불멸, 죽음의 두려움, 죽음 이후, 영생, 유한성, 관계, 사랑, 창조적인 삶, 생명

들어가는 글

레프 톨스토이(Lev Tolstoi)의 작품 『이반 일리치의 죽음』에서 주인공 이반 일리치가 의사로부터 죽어간다는 이야기를 들었을 때, 그가 보인 첫 반응은 도저히 이해할 수 없고 받아들일 수 없다는 것이었다. 죽음을 자신의 일로 여기지 못했는데, 곧 이어서 그에게 죽음의 두려움과 무력감 그리고 고독감과 같은 절망적인 생각이 몰려왔다.

> "그는 서재로 돌아가 자리에 누워 다시 혼자 죽음과 대면해야 했다. 죽음과 시선을 마주하고 있었지만 할 수 있는 것이라곤 아무것도 없었다. 그저 죽음을 바라보며 두려움에 젖어들 뿐이었다."[1]

반면에 주변 사람이 보인 반응은 지극히 현실적이며 이반 일리치를 슬프게 하는 것이었다. 법원 동료들은 자리 이동과 보직 변경 등에 대해 생각하면서 동시에 죽은 것은 이반이고 자신들은 여전히 살아 있다는 것에 대해 안도했다. 예의상 어쩔 수 없이 참석해야 할 추도식과 미망인에게 위로의 말을 건네야 하는 귀찮은 의무에 대해 떨떠름한 상태였다. 톨스토이의 이 작품은 죽음에 이르는 사람이 경험하는 총체적인 상황을 보여준다.

---

1) Lev Nikolaevich Tolstoi, *The Death of Ivan ilyich*, 이강은 역, 『이반 일리치의 죽음』 (파주: 창비, 2012), 76.

죽음에 대한 사람의 반응은 먼저 두려움이다. 무의식에라도 죽음은 항상 불길한 일과 연관되어 혐오의 대상이자 피하고 싶은 무서운 사건으로 여겨진다. 그래서 거부나 무시의 반응이 일반적이다. 특히 자신이 죽는다는 생각이 들 때에는 지난 삶에 대한 후회가 밀려오거나 그로 인한 벌과 심판에 두려워 떨기도 한다. 그래서 일상에서 자신의 죽음을 좀처럼 생각하려 하지 않을 뿐 아니라, 다른 사람의 죽음에 대해서도 비슷한 불편한 감정을 들어낸다.

현대 사회에서 의학의 발달은 죽음에 이르는 방식과 죽음을 대하는 태도를 실용적이며 세련된 형태로 바꾸어 놓았다. 하지만 과거에 비해 비인격적 형태로 변하면서 죽음에 대한 두려움이 더욱 커졌다. 죽음을 앞둔 환자가 익숙한 환경을 떠나 응급실로 내몰리고, 시한부 환자가 아무런 권리도 없는 사람처럼 취급당하는 현실이 그 예이다.[2] 또한 전쟁과 분쟁으로 인한 대량학살의 위협과 원인을 알 수 없는 질병에 대한 불안감도 죽음의 두려움을 더욱 가중시켰다. 그리고 경제적인 이익을 최우선으로 하는 물질중심 세계관의 팽창과 죽으면 모든 것이 끝이라는 자연주의적 죽음 이해[3]도 죽음 이후의 세계에 대한 무관심과 부정을 더욱 확대시켰다.

성경은 "한번 죽는 것"(히 9:27)[4]은 정해진 것임을 말한다. 하나님

---

2) 현대인에게 삶의 아름다운 마무리를 위한 준비가 더욱 중요해진 이유가 여기 있다. 현대인의 죽음의 특징을 살펴보면 오히려 과거보다 생애 말기를 미리 준비하며 삶을 정리하는데 어려움을 겪고 있음을 알 수 있다. 박인조, 『성경에서 찾은 아름다운 마무리』(파주: 지혜의샘, 2019), 11-12.
3) 박충구, 『인간의 마지막 권리』(파주: 동녘, 2019), 153. 박충구는 종교사회학자 주커먼(P. Zuckerman)이 종교를 갖지 않는 미국인 비율이 지난 25년 동안 5%에서 30%로 늘어난 탈종교화 현상을 통해 오늘날은 무종교로 살아가면서 죽으면 모든 것이 끝이라는 자연주의적 죽음 이해를 갖는 경향을 보인다고 설명한다. 위의 책, 152-53.
4) 27.한번 죽는 것은 사람에게 정해진 것이요 그 후에는 심판이 있으니(개역개정, 이하 동일)

이 인간존재를 만드시고 그 연대를 정하셨음을, 한 번 죽는 것은 하나님이 정하신 일이고 반드시 있는 것임을 밝힌다. 다시 말해 죽음이란 피조물 됨의 근원이며 인간실존의 근거이기에 부정하거나 회피할 것이 아니라, 인정해야 할 부분이다. 그것을 인정하는 것이야말로 피조물 됨을 회복하는 것으로 인간은 피조물로서의 존재됨을 인식할 때 평안과 안식을 경험할 수 있다. 또한 삶의 시간에 죽음이 있음을 받아들이고 살아갈 때, 궁극적으로 일상의 삶에 있어서도 변화와 성숙이 일어난다.

    인간은 죽음의 두려움을 극복하고자 죽음 없는 불멸을 추구하며 다양한 시도를 통해 생명연장을 이루었지만, 실질적인 불멸을 이루지 못하고 여전히 죽음의 두려움 속에 살아간다. 불멸에의 좌절은 죽음의 두려움을 더욱 확대시켰고 동시에 철저히 죽음을 은폐하거나 또는 미화시키는 태도를 낳았다. 하지만 피조물인 인간에게 죽음의 두려움은 인간의 유한성을 깨닫게 하는데, 죽음의 두려움을 품은 인간존재의 현실을 직시하는 것이 중요하다. 본 논문은 여기서부터 죽음의 두려움의 의미를 밝힌다. 그리고 예수님이 죽음 이후의 영광을 생각하며 끝까지 하나님의 뜻에 순종하시고 자신을 전적으로 죽음에 내어주심으로 구원의 역사를 이루었듯이, 죽음 이후의 삶과 영생이 죽음의 두려움을 극복하는 길임을 설명한다. 또한 사나 죽으나 예수 그리스도께 순종하며, 위하여 죽으신 형제를 위해 자신의 삶을 내어주는 사랑이야말로 죽음의 두려움을 극복하는 새로운 길임을 본 논문에서 밝히고자 한다.

I. 죽음 없는 불멸을 통한 죽음의 두려움 극복

　　죽음만큼 일상에 널려있어 두려움과 불안을 불러오는 것도 없다. 공포영화에서 느끼는 불안이란 주인공에게 점점 다가오는 죽음의 공포를 내가 느끼기 때문이다. 반면 높은 곳에서 뛰어내리는 번지점프와 같은 활동을 통해 느끼는 짜릿함이나, 암벽등반과 같은 극한의 순간에 도전함으로 얻는 희열도 사실 죽음에 맞닿음으로 경험하는 것이다. 이처럼 두려움과 불안이란 내가 꼭 죽어서만이 아니라, 죽음의 위협이나 또는 단지 죽음을 상상하는 상황에서도 느낄 수 있는 것이기에 인간 존재의 근본적인 감정이다. 그리고 그 뿌리는 죽음이다.

　　인간의 역사는 수많은 두려움을 극복하기 위한 도전의 역사라고 할 수 있다. 인간은 두려움에도 불구하고 미지의 세계에 대한 도전의 여정에서 과학의 발달과 의식의 확장을 이루었다. 동시에 심리적이고 영적인 두려움을 극복하는 과정에서 문화와 종교의 영향력이 확대되었다. 마지막 남은 두려움이라고 할 수 있는 죽음에 대한 두려움을 극복하려는 의학과 기술의 발달을 통해 생명연장을 이루었고 이제는 불멸을 추구하기에까지 이르렀다. 하지만 죽지 않는다면 두려움도 존재하지 않을 것이라고 생각하고 추구한 불멸로도 죽음에 따라붙는 두려움을 떼어놓을 수 없다. 과학기술은 불멸의 성취는 물론, 죽음을 통제하고 관리하려하지만 그것은 불가능한 일이며 그래서 인간은 여전히 죽음의 불안과 공포에 두려워한다.

이처럼 인간은 반드시 닥쳐오는 죽음이지만 여전히 '당장' 닥쳐오는 것은 아니라고 또 누구에게나 찾아오는 죽음임에도 '나에게만'은 오지 않을 것이라고 생각한다. 누군가의 죽음을 보면서도 그것은 나와 상관없는 것으로 여기는데, 이것이 죽음에 대한 대부분의 사람의 태도이다. 어느 누구도 죽음과 죽음 이후에 대한 경험적 지식을 갖거나 구체적인 설명을 듣지 못했기 때문이다. 특히 죽음과 관련된 두려움에는 죽음에 이를 때의 고통이나 홀로 된다는 고독감과 함께 죽음 이후 어떤 세계를 마주하게 될지 모른다는 불안감이 핵심적인 요소로 작용한다. 이런 이유로 죽음 이후의 세계로 안내해줄 인도자인 사신(死神)이 각 문화권에서 등장한다. 지난 삶에 대한 후회와 아쉬움 그리고 그 기저(基底)인 죄책감과 동시에 미래 세계에 대한 불확실성과 불안감이 투영된 결과이다.

죄로 인해 하나님과 깨어진 관계에서 죽음은 피조물의 현실이 되었고 이제 인간은 이 죽음으로 인한 두려움을 품고 살아가는 존재이다. 그래서 죽음을 비롯한 삶의 여러 순간 경험하는 두려움과 불안으로부터 도망치거나 모른 척 회피하는 것은 무의미하다. 그것은 삶의 시간을 허비하는 일에 불과한데, 오히려 언제든지 다가올 죽음에 대해 생각하며 직면하는 삶이야말로 인간으로 하여금 삶의 의미와 가치를 찾아가는 인간 고유의 삶을 살게 한다. 인간은 유한한 존재의 불안함을 자각할 때, 비로소 자기 자신을 발견하게 되기 때문이다. 본 장에서는 인간이 여전히 상존하는 죽음의 두려움을 해결하기 위해 시도하는 현대 의학 및 과학기술의 죽음 없는 불멸 추구와 한계 그리고 문제점을 살펴본다.

1. 마지막 정복 대상인 죽음의 두려움

인간에게 죽음은 항상 언제 찾아올지 모르는 두려움이다. 죽는다는 것이 철학적으로나 심리학적으로 또 의학적으로 미화되거나 아름답게 표현될 수도 있지만, 죽음의 현장을 직접 목격하거나 자신의 죽음에 직면하는 경험을 했다면 그 참혹함과 고통에 어쩔 줄 몰라 하는 것은 자연스러운 반응이다.[5] 심지어 시신을 다루는 일을 하는 사람은 매일 시체를 보게 되어 죽음과 그리고 죽음과 관련된 감정에 무감각해질 것 같지만, 그럼에도 죽음은 언제나 낯설고 등골이 오싹한 경험이라고 어려움을 토로한다. 폴 틸리히(Paul Tillich)는 '죽음의 불안'을 존재가 위협을 받는 상황에서 실존적으로 경험하는 가장 기본적이고 보편적이며 도저히 피할 수 없는 불안의 대표적인 유형으로 설명한다. 죽음의 불안은 개인화의 증가와 더불어 증가했다.[6]

---

[5] 김형숙은 중환자실간호사로 19년을 근무했는데, 가족들도 함께 할 수 없는 시간을 홀로 견디는 환자들을 가장 가까이에서 보살핀다는 책임감과 긴장감이 간호사로서의 사명감을 갖게 하고, 소수의 환자에 전적으로 집중할 수 있어 환자를 잘 이해하고 도울 수 있다는 자신감을 주었다고 설명한다. 하지만 죽음을 피할 수 없을 것 같은 환자에게 적극적인 의료 처치들이 많아지면서 머뭇거리고 망설이는 경험을 했고, 의사결정 능력이 없는 환자의 의사를 존중하는 일이나 환자의 자율적 의사결정이 병원이라는 공간에서 이루어지기 어렵다는 것 등으로 어느 순간부터 자신감을 잃고 무엇이 환자를 위한 길인지 판단하기 어려웠다고 고백한다. 김형숙, 『도시에서 죽는다는 것』(파주: 뜨인돌출판(주), 2017), 6-8.

[6] Paul Tillich, *The Courage to Be*, 차성구 역, 『존재의 용기』(서울: 예영커뮤니케이션, 2006), 76-80. 틸리히는 두려움을 인간이 하나님으로부터 벗어나고 불안에서 탈출하기

그리스 신화에 등장하는 괴물 사투르누스(Saturnus)는 크로노스(Chronos)를 가리키는 로마식 이름으로, 언젠가 자신의 아들 중 한 명이 자신의 왕위를 빼앗을 것이라는 예언을 듣고 아들이 태어날 때마다 먹어치웠다. 자신이 누군가에 의해 언제 죽을지 모른다는 생각 때문에 항상 두려웠기 때문이다. 그런데 결국 숨어 있던 아들 제우스(Zeus)는 아버지를 공격하고 스스로 최고의 신이 된다. 이처럼 두려움을 안고 살아가는 삶, 대표적으로 죽음의 두려움은 삶의 '시간'을 잡아먹는 고통이다.

인간은 죽음의 두려움에서 벗어나고자 죽음의 이유를 밝히고 죽음을 극복하는 방법을 찾아 죽음을 정복함으로 불멸을 이루려는 시도를 해왔다. 동시에 죽음 이후의 세계에 대한 의문을 풀기 위한 도전을 고대로부터 이어왔다. 고대에 그려진 동굴 벽화와 주술적인 제의는 그러한 시도의 하나였고 또한 연금술을 연구한 목적에는 황금을 얻으려는 것과 불멸을 이루려는 이유가 동시에 있었다. 중국의 진시황은 영원히 죽지 않게 할 불로초를 찾으려 했고,[7] 고대 이집트의 정치적, 종교적 최고 통치자였던 파라오(Pharaoh)는 자신의 유해를 피라미드에 안치하고 자신의 업적을 돌에 새겨 소멸되지 않게 함으로 불멸에 이르고자 했다. 이후 다양한 시신 보존 처리를 통한 육체

위해 만들어낸 것이라고 하면서 우상과 동일시한다. 그는 근본적인 불안, 비존재의 위협에 대해 느끼는 유한한 존재의 불안은 제거될 수 없는 실존 자체에 포함된 것이라고 하면서 불안의 유형을 세 가지, '죽음의 불안'(운명과 죽음), '무의미함의 불안'(공허함과 의미의 상실), '정죄의 불안'(죄의식과 정죄)으로 설명한다. 비존재는 피조물의 일시성(一時性)이나 부정성(否定性)으로 표현될 수 있는데, 존재의 용기는 자아가 자신을 긍정하려는 것을 방해하는 상황에도 불구하고 이루어지는 자기 긍정을 가리킨다. 위의 책, 67-76.

7) 진시황(秦始皇)은 불로초를 구해 오겠다는 서복(徐福)에게 막대한 돈을 지원했지만 결국 실패로 돌아갔고, 그는 전국을 시찰하는 험난한 여정 중에 갑작스런 죽음을 맞는다. 진시황의 죽음과 관련한 여러 의혹으로는 각종 보약에 함유된 수은에 의한 중독과 음모론이 제기된다. 그는 결국 죽지 않으려고 몸부림을 쳤지만 오히려 불쌍한 죽음에 이르렀다.

의 보존으로 영혼과의 연합을 추구해 불멸을 이루려는 시도가 있어 왔다. 죽음이 일으키는 두려움 때문이다. 중세에 흑사병으로 유럽 인구의 1/3이 죽으면서 일으킨 죽음에 대한 공포는 죽음 이후 영혼 불멸에 대한 소망을 극대화시켰고, 성인들의 유해를 신성한 공간에 두고 숭배함으로 공덕을 쌓아 이러한 죽음과 죽음 이후의 두려움을 극복하려 했다.

근대 이후로는 의학과 과학기술이 죽음의 두려움을 극복하는데 첨병역할을 하고 있다. 새로운 의료기기의 제작으로 질병을 보다 이른 시기에 정확히 진단하고 첨단 수술 장비를 개발하여 생명연장을 이루었다. 특정 세포로 분화되지 않아 어떤 세포나 조직으로도 만들어질 수 있는 줄기세포에 대한 연구는 손상된 장기를 재생할 수 있는 가능성을 열어주었다. 그리고 유전자 조작과 복제인간, 인공지능(AI) 로봇 개발 등의 시도는 새로운 인류의 탄생까지도 상상하게 한다. 당장에라도 죽음을 극복하고 불멸을 이루어 죽음의 두려움을 극복할 것만 같은 화려한 과학의 성과물이 나타나고 있다. 이러한 죽음의 두려움을 극복하려는 과정에서 이루어낸 것은 수명연장의 성과만이 아니라, 다양한 문화의 창조와 종교의 발흥으로도 이어졌다. 죽음이라는 소멸과 종결의 사태에서 새로운 발견과 발명의 열매를 얻었다.

하지만 죽음을 넘어 불멸을 이룰 것 같은 의학과 과학기술은 수많은 윤리적 문제를 낳고 있다. 대표적인 생명복제의 경우 한 생명의 불멸을 위해 수많은 생명이 죽고 그리고 생명이 도구적 교체의 대상이 되는 것은 죽음 없는 육체적 불멸을 위한 시도들이 파생시킨 어두운 면을 그대로 보여준다. 유전자에서 원하는 부분을 잘라낼 수 있는 기술인 유전자가위(genetic scissors)만 하더라도 아직까지 원하는 유전자를 정확히 자르는 데 문제가 있다. 특히 유전자가위를 인간에게 적용하면 인간의 유전자 풀(gene pool), 즉 인류의 유전자 구성을 바꿔버릴 수 있어 이 기술로 인해 나타날 수 있는 예측하기 힘든 재앙이 지적된다.[8] 이러한 생명복제의 문제에 대해 문시영은 생명복제를 단순히 의료적 문제 내지 생명공학의 문제로만 보는 관점을 넘어 이른바 과학기술과 인간의 의도적인 행위라는 보다 근본적인 관점에서 해석되어야 한다고 설명한다. 즉 과학기술의 시대에 구비하게 된 인간의 힘에 대한 하나님 앞에서의 책임이라는 관점에서 재조명되어야 한다고 지적한다.[9]

죽음의 두려움을 극복하기 위해 죽음 없는 불멸을 추구하는 시도는 생명연장을 통한 육체적인 불멸을 넘어 다양하게 이루어고 있다. 스티븐 케이브(Stephen Cave)는 대표적 불멸의 시도인 인간의 수명을 늘리는 '육체적 생존'(Staying Alive)만 아니라, 불멸을 향해 인류가 찾은 길로 '부활 이야기'(Resurrection Narrative), '영혼'(soul), '유산'(legacy)을 설명한다.[10] 마지막 정복 대상인 죽음의 두려움을 해결하기 위한

---

[8] 홍성욱, 『크로스 사이언스』(파주: 21세기북스, 2019), 193-94. '크리스퍼'(crisper)는 우리나라 말로 '유전자가위' 혹은 '유전자편집'이라고 하는데 편집의 어감이 좋지 않아 가위라는 말이 훨씬 많이 쓰인다. 이 기술은 바이러스와 박테리아 연구에서 발전하는 계기가 되었다. 바이러스는 사람만 아니라 박테리아도 공격하는데, 박테리아는 바이러스의 공격에 어느 정도 시간이 지난 뒤에는 이겨낸다. 이 원인을 살펴보니 박테리아는 처음 공격한 바이러스의 DNA 조각을 기억하고 있다가 나중에 똑같은 게 공격하면 그 바이러스의 DNA조각을 잘라내는 것이었다. 세계 여러 나라가 이 기술의 발전에 많은 투자를 하고 있는데, 한국과 중국의 과학자들은 섭취된 단백질이 전부 근육이 되는 것을 억제하는 기능을 하는 돼지의 DNA를 잘라내 정상적인 돼지보다 근육이 엄청나게 많은 돼지를 만들어 공개했다. 위의 책, 195-96.
[9] 문시영, 『생명윤리의 신학적 기초』(서울: 북코리아, 2012), 94-97.
[10] Stephen Cave, *Immortal*, 박세연 역, 『불멸에 관하여: 죽음을 이기는 4가지 길』(서울: 엘도라도, 2015), 16-20. 스티븐 케이브는 프랑스 철학자로 20여 년 동안 불멸에 관한 역사적 고찰을 연구해 왔다. '육체적 생존'(Staying Alive)의 대안으로 나온 두 번째 길인 '부

인간의 시도들이다.

2. 죽음의 두려움 극복을 위한 불멸의 시도들

과학적으로 죽음을 가리킬 때 사용하는 기준이 죽음의 3징후, '심장 박동 정지', '호흡 정지' 그리고 '동공반사의 소실'이다.[11] 이 세 가지 증상이 함께 나타나면 의사는 죽은 것으로 판단하고 사망선고를 내린다. 그런데 오늘의 과학은 이것마저도 일부 인위적으로 조절하거나 통제할 수 있게 되었다. 죽었지만 죽었다고만 할 수 없는 상황이 가능해졌다. 이제 과학은 죽음을 연기(延期)함으로 불멸을 선물할 것 같은 착각을 불러왔다. 기계 장비를 통한 죽음징후의 통제, 신약의 개발로 질병의 사전 진단과 정복, 인체를 대신할 기구의 발명, 그리고 인공지능(AI)을 비롯한 무인시스템은 인간을 전능자로 인식하게 하여 인류가 평소 바라던 데로 죽음의 두려움을 극복하고 불멸

활 이야기'(Resurrection Narrative)는 육체적 죽음을 막을 수 없기에 나타난 대안적인 방법이다. 예를 들어, 인체냉동보존술(cryonics)이나 자신을 인터넷상으로 업로드 시킨 뒤 또 다른 육체나 디지털 아바타 속으로 다시 다운로드 받는 기술이다. 하지만 이 경우에는 부활 후에 다시 늙어버린 자신의 몸속으로 들어간다는 아쉬움으로 세 번째 길을 찾게 되었다. 세 번째 길은 '영혼'(soul)을 통한 불멸의 추구이다. 정신적인 존재나 영혼으로 불멸을 꿈꾸는 것이다. 영혼불멸사상이 대표적인데, 하지만 이러한 방식은 물질적 세계관을 가진 이들에게는 여전히 채워지지 않는 부족함을 남긴다. 그래서 찾은 네 번째 길이 '유산'(legacy)이다. 명예나 자손 특히 유전자를 통한 인간자아의 미래로의 확장을 통해 불멸을 추구하는 방법이다.

11) "죽음이란 무엇인가", 「Newton」(서울: ㈜아이뉴턴, 2018/10), 26-27. '동공반사'란 눈한 가운데 검은색 부분인 동공이 강한 빛을 받으면 작아지고, 약한 빛을 받으면 커지는 현상이다. 동공반사의 소실은 동공이 열린 상태가 되어 빛을 받거나 빛의 방향이 바뀌어도 크기의 변화가 보이지 않는 경우다. 동공반사의 소실은 생존에 필요한 뇌간(뇌줄기)이 담당하는 여러 가지 반사가 모두 사라지는 것과 거의 일치한다고 한다. '심실세동'은 심장의 리듬이 무질서해져 혈액이 온 몸으로 가지 않는 상태를 가리킨다. 이 경우 뇌에 큰 영향이 가는데, 불과 30초만으로도 뇌에 후유증이 남는다. 뇌에 이어 뇌와 온몸을 잇는 신경 다발인 척수, 그 다음으로 혈액 속의 노폐물을 제거하는 신장(콩팥) 일부가 큰 영향을 받는다.

을 이룰 것 같은 기대를 낳았다.

현대만큼 죽음을 이기려는 노력이 체계적이고 조직적으로 이루어진 시대도 없다. 그만큼 육신에 대해 집착이 더욱 강해졌다는 반증이기도 하다. 삶의 이유와 목적, 의미가 오직 육신의 삶에 있다는 의식 속에 육신을 잘 보살피고 욕구를 충족하는 것에 최우선 순위를 두고 이것보다 더 중요한 일은 없다는 세계관의 반영이다. 사실 인간은 일상의 대부분의 영역에서 아무런 제재를 받지 않는 자유를 이루었다. 그러나 아직까지도 이루지 못한 것이 죽음에서의 해방이고, 죽음의 두려움 극복이다. 과학기술의 발달을 등에 업고 삶에서 무한한 자유를 이룬 인간이기에 이제 죽음까지도 통제하고 조절해 한없는 자유를 누림으로 스스로 창조주가 되려한다. 죽음 없는 불멸을 통해 생명을 다스리려는 의도의 이면에는 이런 인간의 무한한 자유에의 욕구와 죽음의 두려움을 해결하려는 의도가 닿아있다.

20세기 후반 이후로 인간의 수명을 백년, 천년 또는 영원으로 늘리는 일에 전념하는 집단과 운동이 있어왔는데, 마이클 셔머(Michael Shermer)는 '인체냉동보존주의자'(cryonicist), '생명무한확장론자'(extropian), '트랜스휴머니스트'(transhumanist), '오메가 포인트 이론가'(Omega Point theorist), '특이점주의자'(singularitarian), '마인드 업로더'(mind uploader) 등을 예로 든다. 그는 과학기술의 발달과 함께 이루어진 이러한 시도들에 대해 비현실적인 유토피아적 이야기라고 평가한다.[12] 이미 시행되고 있는 냉동보존술의 경우에도 신체를 냉동시켜 새로운 치료법이 개발 될 때까지 보존한다고 하지만, 다시 해동

---

12) Michael Shermer, *Heavens on Earth*, 김성훈 역, 『천국의 발명』(파주: (주)북이십일, 2019), 223-66.

시키고 또 뇌 세포를 복구하는 것은 아직 요원한 문제이다. 또한 사회 역동성의 훼손과 독재 권력자의 장기 통치로 인한 문제, 그리고 죽음의 공포를 관리하여 상업화하며 악용하는 문제도 예상된다.

실제로 이제까지 과학기술의 발달은 편의와 더불어 예상하지 못한 고통스러운 문제도 일으켰다. 무한한 자유를 누릴 것만 같았는데, 오히려 예상하지 못한 불편과 고통, 죽음을 낳았다. 에너지 부족 문제를 해결한 핵은 곧 이어 인류 멸망의 두려움을 낳았고, 더 많은 식량을 생산하는데 유용한 살충제와 제초제는 환경 호르몬의 문제를 일으켰다. 세균성 질환에서 인류를 구한 항생제는 도리어 내성균의 문제를 일으켜 항생제가 들지 않는 병원균을 양산하는 결과까지 생겨났다. 그러므로 죽음의 두려움에서 해방되기 위해 불멸을 이루려는 과학기술을 비롯한 여러 시도들에 있어서도 큰 해악과 수많은 문제가 발생할 수 있음이 예측된다.

죽음과 죽음의 두려움을 해결하기 위해 생명연장과 궁극적으로 불멸을 이루려는 것은 지금껏 가보지 못한 길이고 그 미래를 알 수 없는 일이다. 여전히 인류에게 미해결 과제이며 요원한 일로서 이 문제를 풀기 위한 많은 시도는 상상의 수준에 머물러 있고 실효성을 검증하는 과정에서는 윤리적인 문제와 함께 불안감을 일으킨다. 그럼에도 여전히 불멸을 추구하는 것이 시대사상이며 죽음을 통제함으로 죽음의 두려움과 불안에서 자유로워지려는 인간욕망은 점점 커지고 있다. 하지만 인간의 능력으로 죽음의 올무를 끊어버리고 보다 자유로운 인간이 되려는 시도들이 도리어 더욱 견고한 쇠사슬이 되어 이전에는 전혀 예상하지 못했던 자유의 억압과 삶의 종말로 몰아갈 수 있음을 기억해야 한다.

II. 죽음의 두려움을 품은 인간존재

죽음만큼 확실하며 사실적인 것도 없다. 그런데 그런 죽음을 두려움과 공포의 대상, 그래서 오로지 정복의 대상으로만 여기거나, 반대로 죽음을 멀리하고 거부하면서 숨겨둘 대상으로만 보는 것이 일반적인 태도였다. 하지만 죽음의 두려움을 인정하고 직시하는 것은 가치 있는 삶을 지향하게 한다. 그래서 두려움으로 인한 불안을 다스릴 수 있다면, 오히려 한정된 시간을 살아야 하는 인간으로서의 현실은 가치 있는 삶에 더욱 집중하게 한다. 동시에 공동체의 결속을 통해 공동체가 함께 의미 있는 삶을 살게 하는 원동력이 된다. 죽음의 두려움은 결코 부인할 수 있는 것도 또 혼자서 맡아 감당할 수 있는 것도 아니다. 성경은 삶 속에 있는 죽음의 현실을 망각하거나 회피하지 말고 오히려 그것을 직시함으로 어떤 태도로 살아야 하는지, 어떤 존재가 되어야 하는지 삶의 지혜를 얻으라고 말한다.[13] 인간이 죽음을 부정하고 배제할 때 어떤 결과가 따르게 되는지에 대해 김균진은 이렇게 설명한다.[14]

---

13) 박인조, 『행복, 웰다잉(Well-Dying)에서 배우다』(성남: 도서출판새세대, 2018), 30-32.

"인간이 죽음을 의식에서 배제하고 마치 죽음이 없는 것처럼 살고자 할 때, 눈에 보이는 현실에만 집착하게 되고 그것에 탐닉하는 삶의 자세를 갖게 된다. 그리고 욕망의 노예가 되게 하여 끝없이 자기 자신만을 추구하는 삶의 모습을 갖게 한다. … 죽음에 대한 무감각은 결국 무감각한 사회, 냉정하고 냉혹한 사회, 비인간적인 사회를 형성하게 한다. 우리 인간이 삶의 현실에서 배제한 죽음은 사회 전체를 마비시키고 비인간적인 사회로 변질시키는 사회적 무관심과 냉담함을 확산시킨다."

지금까지 이룬 생명연장에도 불구하고 죽음을 극복하거나 불멸을 이룰 수 있는 확실한 방법은 없다. 죽음 없는 불멸을 이루면 죽음의 두려움 없이 살 수 있을 것 같았지만, 사실은 그렇지 않다. 사람들은 죽음이 없는 것처럼 또는 통제할 수 있으니 무시해도 좋을 것처럼 죽음을 생각하지 않으려 하지만, 그럴수록 인간은 생산과 소비와 외적인 아름다움을 최고의 가치로 여겨 삶의 짐은 더욱 무거워졌다. 그래서 죽음의 두려움이 마케팅을 위한 기법으로도 활용된다. 죽음을 잊고 사는 인간에게는 자기만족을 위해 시간을 소비하고 공간을 차지하는 것이 최고의 덕목이 되었다. 또한 세상에서 죽음을 잘 보이지 않게 숨기거나 멀리 두고 잊고 살면 죽음으로 인한 슬픔과 두려움에서 멀어질 것 같았는데, 사실 그로 인해 죽음에 이르는 과정에서의 고통과 두려움, 죽음으로 인한 관계의 상실과 고독은 너무나도 낯선 경험이 되어 더 고통스럽게 다가온다.[15] 그래서 조너던 와이너

---

14) 김균진, 『죽음의 신학』(서울: 대한기독교서회, 2002), 84-85.
15) 전국 10개 복지관에서 60세 이상 노인 203명을 대상으로 진행한 조사에 의하면 죽음준비교육에 참여한 집단과 그렇지 않은 집단 사이에 유의미한 차이를 발견할 수 있다. 즉 죽

(Jonathan Weiner)는 "우리는 끝까지 죽음을 둘러싼 질문들과 맞서 싸워야 한다"고 강조한다.[16] 본 장에서는 죽음의 두려움 앞에서 만나는 인간현실과 그 두려움의 구체적인 내용을 살펴본다. 이것은 인간에게 있어서의 죽음의 현실을 인식함으로 죽음에 직면할 때 가져야 할 태도와 죽음의 두려움을 극복하는 길을 모색하게 한다.

1. 죽음의 두려움 앞에서의 인간현실

죽음의 두려움은 인간의 본질적 속성으로 죽음은 다양한 형태의 불안을 일으킨다. 박충구[17]는 죽음에 대한 느낌은 사회, 문화적 배경에 따라 다르겠지만 죽음의 두려움은 인간의 보편적 속성이라면서 그 이유를 '죽음은 징벌이라는 인식', '죽음은 산 자들로부터의 격리, 소외, 고립, 버려짐이라는 이해', '죽음은 추하다는 인식', '죽음은 살아서 누리던 모든 것의 전적인 박탈이기에 상실감으로 인한 두려움', '죽음은 다시 돌아오지 못할 곳으로 추방당한다는 생각', '인간다운 품위와 존엄성을 상실한 채 오랜 시간 죽어가는 것', '말기 환자

음준비교육에 참여한 집단은 '죽음불안'에 대해서는 낮게 나타난 반면, '생활만족도'와 '심리적 안정감'은 높게 나타났다. 김성희/송양민, "노인죽음교육의 효과분석: 생활만족도 및 심리적 안녕감에 미치는 영향과 죽음불안의 매개역할," 『보건사회연구』Vol.33(2013), 190-19.

16) Jonathan Weiner, *Long for This World*, 한세정 역, 『과학, 죽음을 죽이다』(파주: 21세기북스, 2011), 283. 조너던 와이너는 20세 전후였던 선사시대 인류의 기대수명이 이제 80세가 넘어서게 된 이유를 추적하며 영생을 추구하고 노화를 막기 위한 연구 성과를 살핀다. 그는 인간은 자연과 진화의 선택에 의해 태어나고 성장하고 노화하고 죽음을 맞게 되었는데, 대신 자신의 삶을 지속시킬 수 있는 기억을 선물로 받았다고 한다. 그런데 여기서 인간은 영원한 삶을 바라지만 또한 그로 인한 권태와 고독을 견딜 수 없는 존재로 유한성은 인간의 본질이고 삶의 중심적인 사실임을 지적한다. 그러면서 진정한 삶과 죽음은 결국 유한성을 자각하고 기억을 선물 받은 인간의 선택에 따라 달라진다고 설명한다.

17) 박충구, 『인간의 마지막 권리』, 110-15.

의 경우 매우 격심하고 특별한 고통이 동반되는 죽음'으로 설명한다.

그래서 인간과 사회는 죽음과 죽음의 두려움에 대한 관리가 필요했는데, 셸던 솔로몬(Sheldon Solomon)은 죽음의 공포와 그것을 관리하기 위해 인류가 펼친 노력의 핵심은 '문화적 세계관'과 '자존감'이라고 한다.[18] 이 두 가지는 '공포관리이론'(TMT, Terror Management Theory)에서 '죽음 현저성'(mortality salience)[19]을 해소하기 위한 '불안-완충재'(anxiety-buffer)의 역할도 한다. 즉 '죽음 현저성'이 높으면 극단적이고 비이성적 선택과 판단을 충동적으로 결정하게 되고, 그래서 이러한 불안을 해소하는 방안으로 '불안-완충재'를 사용한다는 것이다.

이처럼 인간은 죽음에 대해 불편한 심리적 상황에 처할 때면, 자신이 속한 문화와 신념을 더 적극적으로 지지하는 모습을 보이고 자신이 속한 '문화적 세계관'이라는 거대한 체계의 일원으로 자신을 인식해 상징적 불멸성을 획득함으로 죽음의 공포를 극복하려 한다.[20]

---

[18] Sheldon Solomon/Jeff Greenberg/Tom Pyszczynski, *The Worm at the Core*, 이은경 역, 『슬픈 불멸주의자』(서울: 흐름출판, 2016), 23-26. 셸던 솔로몬은 죽음의 공포 앞에 드러난 인간의 행동을 경제, 종교, 예술과 신화, 과학 등 30여 년간 500여건이 넘는 연구와 관찰, 실험을 통해 설명하는데 불멸에의 추구가 인간의 본질적 특성이라고 본다. 그는 죽음을 거부하거나 받아들이는 등 죽음 앞에서 보이는 인간의 태도에 대해 추정과 사유를 통해 짐작하던 것을 보다 구체적으로 입증하려 한다.

[19] 죽음을 인식하고 인정하는 것이 삶에 미치는 실질적이고 구체적인 유익에 대해 케네스 베일(Kenneth Vail)과 동료들은 '죽음 현저성'으로 설명한다. 이들은 자신이 죽을 운명임을 일깨워 주는 것이 삶에 미치는 긍정적 측면에 대해 조사했는데, 신체적 건강을 증진시키고, 인생의 목표에 대해 생각해 보도록 고무하고, 친사회적 행동의 동기를 부여하고, 사랑하는 관계를 조성해주며, 공동체 활동 참여를 고무해 주고, 환경에 대한 염려를 자극해 주고, 집단 간의 평화 구축까지도 뒷받침하며 아이를 낳고 보살피려는 의지도 강해진다고 한다. 부와 명예 같은 외적목표보다는 개인적 관계 같은 내재적 가치를 더 귀하게 여기도록 만든다. Michael Shermer, 『천국의 발명』, 144-45.

[20] 아툴 가완디(Atul Gawande)는 이에 대해 죽음을 의미 없는 것으로 느끼지 않게 할 유일한 길은 자신을 가족, 공동체, 사회 등 더 큰 무언가의 일부로 여기는 것이라고 하면서, 이른바 기술 사회가 되면서 학사들이 '죽은 자의 역할'이라고 부르는 개념을 잊고 말았다고 설명한다. Atul Gawande, *Being Mortal*, 김희정 역, 『어떻게 죽을 것인가』(서울: 부키, 2015), 198.

또한 세계에서 자신이 의미 있는 존재라는 '자존감'의 인식을 통해 죽음 공포를 통제하려 한다. 이것이 사회적 지위나 능력, 자격 획득을 통한 자존감 강화에 깊이 관심을 가지는 이유이다. 스스로를 문화에 귀속시키려는 경향과 함께 문화에 의해 정의된 규범을 달성함으로 자존감을 높이는 것이다. 이처럼 죽음을 직감하고 죽음을 스스로 통제할 수 없다는 죽음의 두려움과 불안은 인간 행동의 동기부여가 된다. 심지어 죽음 불안은 충동적 구매성향을 증가시킨다. 죽음 불안이 자극될 경우 소비자는 정상적인 사고를 통한 소비가 어려워지고 충동구매를 통해 불안을 해소하고자 한다. 충동구매의 대상은 불안의 유형에 따라 다르게 나타난다.[21]

죽음을 실존적인 불안의 가장 근원적인 의미를 가진 것으로 본 어빈 얄롬(Irvin Yalom)은 인간에게는 죽음에 대한 불안이 항상 내재해 있으며 죽음은 일생 동안 인간을 따라 다닌다고 한다. 그는 실존적인 불안을 유발하는 네 가지 유발자로 죽음, 자유, 소외, 무의미를 규정하는데 그 중에서도 가장 근원적인 의미를 가진 것이 죽음이라고 한다. 그럼에도 죽음에 대한 방어막인 부인과 억압이라는 방어기제를 통해 죽음이 일상생활에 잘 드러나지 않고 삶에 은폐된다고 분석한다. 하지만 오히려 죽음을 정면으로 바라보는 것은 삶을 파멸시키는 것이 아니라 풍성하게 한다고 하면서 불안의 핵심인 죽음에 직면하는 것이 불안 이해와 치료의 핵심이라고 주장한다.[22]

임종을 앞둔 환자와의 대화를 통해 죽음에 대한 두려움의 원인

---

21) 권영균, "죽음에 대한 불안 유형이 소비자 구매의도에 미치는 영향 연구," (중앙대학교 대학원, 경영학과 마케팅석사학위논문, 2019), 82.
22) 이대순, 『공항장애, 그 죽음불안을 넘어서』(서울: ㈜시그마프레스, 2014), 57-61.

을 찾아 나선 엘리자베스 퀴블러 로스(Elisabeth Kübler-Ross)는 이들과의 대화 속에서 죽음의 불안과 두려움만이 아니라 희망이 공존하는 생의 마지막 단계를 배울 수 있었다. 특히 시한부 환자에게 죽을 것임을 말하는 것이 환자의 평안과 불안에 엄청난 영향을 미치는 것을 알았기에 어떻게 해야 할지 내내 고민했다며, 하지만 이제는 알고 있는 지식을 환자와 어떻게 공유할지로 질문의 주제가 바뀌었다고 한다. 그녀는 이러한 과정에서 누구나 겪게 되는 죽음에 이르는 과정을 제1단계 '부정과 고립', 제2단계 '분노', 제3단계 '협상', 제4단계 '우울', 제5단계 '수용'으로 설명한다.[23]

2. 죽음으로 인한 영원한 단절에 대한 두려움

인간은 누군가와 연결됨을 느낄 때 안정감을 가진다. 반면 죽음은 영원한 단절을 의미하기에 인간은 꾸준히 어떤 형태로든지 누군가와 연결되는 경험을 통해 죽음의 두려움을 극복하려 했다. 태아였

---

23) Elisabeth Kübler-Ross, *On Death and Dying*, 이진, 『죽음과 죽어감』(파주: 청미, 2018), 87-238. 퀴블러 로스가 서문에서 이 책은 죽어가는 환자들을 어떻게 다루어야 하는지에 대한 교과서나 죽어가는 환자들의 심리에 관한 연구서가 아니라고 밝혔듯이, 이 책의 부제는 "죽어가는 사람이 의사, 간호사, 성직자 그리고 가족에게 가르쳐주는 것들"이다. 퀴블러 로스는 1965년 가을, 시카고 신학대학원생 4명이 '인간 삶의 위기'에 관한 논문을 쓰는 것을 도우면서 이 책을 쓰게 된다. 임종을 앞둔 환자와의 첫 번째 인터뷰를 시작으로 이후 2년여에 걸쳐 200여명의 환자와 함께 다양한 직종의 사람들이 참여하는 세미나로 자리 잡게 된다. 그는 죽어가는 환자와 함께 하는 것을 통해 소위 가망 없는 환자들을 회피하지 않고 가까이 다가가는 기회가 되었고 또 환자의 의중을 보다 잘 파악하고 좀 더 민감하게 대하는 것을 배울 수 있었다고 평가한다. 그녀는 이러한 과정의 의미를 이렇게 강조한다. "평온한 인간의 죽음을 지켜보자면 떨어지는 별이 떠오른다. 광활한 하늘에서 반짝이던 수백만 개의 별들 중 하나가 짧은 순간 확 타오르다가 이내 끝없는 어둠 속으로 영원히 사라진다. 죽어가는 환자의 곁을 지키는 치료사가 된다는 것은 이 광활한 인류의 바다에서 개별 인간의 고유함을 우리에게 일깨우는 것이다. 그것은 인간의 유한함, 우리 삶의 유한함을 우리에게 일깨우는 것이다." 위의 책, 439.

을 때는 어머니의 태속에서 탯줄을 통해 연결되어 있었고, 이후 탯줄을 끊고 세상에 나온 후에는 눈에 보이지 않는 탯줄인 가족과 사회, 세상과 연결되어 살아간다. 심지어 오늘날은 가상의 탯줄이라고 할 수 있는 가상세계와의 연결을 통해 존재의미와 가치를 발견하려 한다. 인간은 누군가와 끝임 없이 연결됨으로 살아가는데, 죽음을 앞두고 느끼는 불안감과 두려움은 이런 연결고리가 끊어지는 것을 피할 수 없어서 느끼는 것이다. 그래서 내가 죽은 후에도 나를 기억해 준다는 미래 세대와의 관계맺음에 대한 약속과 사회적 공감대로 죽음의 순간에 안정감을 찾고 끝까지 인간으로서의 존엄성을 경험하려 한다.

줄리아 아산테(Julia Assante)는 이승과 저승 간의 의사소통이 인류가 지금 보다 더 나은 다음 단계로 발전하고 두려움을 극복하며 슬픔을 덜어주는데 유익이 된다고 한다. 세상에서 가장 강력한 힘은 사랑과 죽음에 대한 두려움이라며 모든 사회 제도의 중심에는 죽음과 사후 세계를 두려워하는 태도가 자리잡고 있는데, 이 죽음의 두려움을 살아 있는 사람과 죽은 사람의 관계지속을 통해 해결할 수 있다는 것이다.[24] 하지만 인간 사이의 어떤 관계도 영원히 지속할 수 없다.

---

24) Julia Assante, *The Last Frontier*, 주순애 역, 『두려움 없는 죽음, 죽음 이후의 삶』(서울: 이숲, 2015), 9-13. 줄리아 아산테는 컬럼비아 대학에서 고대 근동 사회 역사학을 전공하여 박사 학위를 받고 이후 대학에서 40년 넘게 임사체험 경험자의 여러 증언 등을 통해 사후 세계에 대한 연구와 강의를 이어왔다. 또한 심령술사로 30년 넘게 사자(死者)와의 대화를 통해 죽음의 과정과 그 전후 기간에 어떤 경험을 하게 되는지 또 사후 세계의 존재에 대한 다양한 사례들을 설명한다. 컬럼비아 대학에서 텔레파시와 원격투사에 관한 임상 실험을 통해 자신의 가설과 이론을 입증하기도 했다. 그는 과학의 도움으로 물리적 영역과 비물리적 영역의 구분이 미미하고 서로 교차한다는 사실을 알게 되었는데, 그래서 산 자와 죽은 자를 갈라놓는 것은 죽음이 아닌 두려움이라고 한다. 그가 사후 세계와 관련된 중요한 두 가지 개념으로 꼽는 것은 '죽음 이후에도 존속하는 인격'과 '신격'이다. 인간은 의식이 있는 것이 아니라 살아 있든 죽어 있든 의식 자체이고, 신이란 우주조차도 왜소해 보일 정도로 엄청나게 광대한 의식이라고 설명한다. 그래서 죽음은 끝이 아니라 모든 것

관계의 기초가 되는 상호 경험과 기억이라는 것은 시간과 함께 희미해져가고 세대와 세대를 이어가면서 자연스럽게 느슨해진다.

인간은 사회에서 관계 맺음에 있어 일종의 두려움을 느끼는데, 오토 랭크(Otto Rank)는 인간이 관계 속에서 직면하는 공포를 '삶의 공포'(life fear)와 '죽음의 공포'(death fear)로 설명한다. 삶의 공포는 다른 사람과 관계를 맺는 데 자신을 완전히 던져야 하는 상황에서 나타나는 반면, 죽음의 공포는 다른 사람이 나를 완전히 흡수하는 것에 대한 공포이다. 자아와 자율성, 자신의 독립성을 빼앗기는 것에 대한 공포이다.[25] 이러한 불편함은 새로운 세대가 이전 세대와의 연결고리를 유지해야 하는 경우에도 나타나는데, 현재의 관계를 중시하고 익숙한 관계를 선호하며 그것에 우선순위를 두는 것이 인간 존재의 일반적인 모습이다. 그래서 관계성은 점점 흐릿해지다 결국에는 자연스럽게 사라진다. 그래서 세대를 이어 기억하려는 것이 제도와 관습, 제의를 통해 강화되어왔다.

그런데 이러한 유대관계의 강화장치는 장점만이 아니라, 삶에 있어 또 다른 억압이라는 문제점도 야기 시킨다. 유대관계를 통한 죽음의 심리적 극복, 불멸의 추구는 자유로운 주체자로서의 인간이 아닌 불멸에의 욕망에 종속된 삶을 살게 하는 문제점을 낳을 수 있다. 집단이나 특정 사상에 인간을 한계 지으려는 의도적인 수단으로 이용될 수 있다. 그래서 이러한 시도들은 진정한 의미에서 죽음으로부터 해방된 불멸이 아닌, 여전히 한계를 가진 유사불멸의 경험이라

을 알고, 광대하며, 늘 환한 빛을 발하는 위대한 존재 안으로 들어가는 과정이고 그리고 그 안에서 모든 것이 번성하고 모든 것이 가능하다고 말한다. 위의 책, 33-34, 512.

25) Rollo May, *The Courage to Create*, 신장근 역, 『창조를 위한 용기』(서울: 문예출판사, 2017), 22-23.

고 할 수 있다.

3. 죽음 이후의 불확실성으로 인한 두려움

고대로부터 있어 온 죽음과 장례와 관련된 의식과 이미지로서의 문화적 상징들은 죽음의 두려움을 극복하기 위해 활용되었다. 분묘에 나타나는 고대 이미지는 죽음에 대한 거부이자 영생을 위한 것이었는데, 무덤에 세워진 여러 조형적 상징물은 고인의 또 다른 세상에서의 삶을 도우려는 의식이 반영된 것이다.[26] 고대 이집트의 파라오는 자신의 유해를 피라미드에 안치하고 그 안에는 무기, 왕관, 접시, 보물, 가구에 이르기까지 정상적인 활동이 가능한 수많은 물품을 두었다. 죽음 이후의 세계에서의 삶을 염두 해 둔 것이다.

죽음 이후의 세상에 대해 현대 철학과 과학의 물리주의(physicalism)는 죽음은 오직 육체의 소멸일 뿐 그 이후 영혼의 삶은 없다고 본 반면,[27] 종교의 영역에서는 지속적으로 다루어졌다. 최근에는 의학 분야에서 '근사체험'(near-death experience, NDE) 또는 '임사체험'의 논의와 함께 일어나고 있는데, 1970년대 중반부터 심장과 호흡이 멎은 사람을 되살리는 심폐소생술이 발전하면서 자주 보고되게 되었다. 이븐 알렉산더(Eben Alexander)는 2008년 희귀한 질병으로 54세

---

26) Régis Debray, *Vie et mort de l'image*, 정진국 역, 『이미지의 삶과 죽음』(파주: 글항아리, 2011), 22-28.
27) 박형국, "죽음 이후의 삶에 대한 생명신학적 탐구: 영혼/육체 일치의 통전적인 이해의 추구," 『한국조직신학논총』제38집(2014), 286-89. 박형국은 현대철학과 과학의 물리주의와는 달리, 세계의 여러 종교 또는 임사체험 연구자들은 죽음을 경험했다고 주장하는 사람들의 경험적 증거를 통해 영혼불멸과 죽음 이후의 삶의 실재를 증명하려 한다고 설명한다. 그는 영혼과 육체의 차이에 기초한 관계적 일치를 강조하면서 죽음 이후의 삶의 실재의 보다 온전한 이해를 시도한다. 위의 논문, 299-300.

에 7일간 혼수상태에서 특별한 경험을 했다. 이전까지는 인간의 뇌와 의식의 관계를 연구한 학자로 이러한 경험은 뇌가 만들어낸 환상에 불과하다고 생각했다. 하지만 자신의 뇌가 완전히 멈춘 순간에 죽음 너머의 세상을 경험한 후로 임사체험은 뇌가 만들어내는 환각이 아니며, 뇌가 죽어도 의식이 계속 존재한다는 것이 과학적임을 설명한다.[28] 엘리자베스 퀴블러 로스도 여러 어린이 환자의 임종을 지켜보면서 관찰한 공통된 현상과 세계 곳곳에서 죽음을 선고 받았다가 다시 살아난 사람들의 근사체험 약 2만 가지 사례를 조사하여 소개한다.[29] 그 결과 인간이 죽음의 순간에 경험하는 삶의 종말체험과 근사체험이 환자의 연령, 성별, 인종, 종교의 유무나 종류에 무관하게 나타났다고 한다.

의학학술지인 Lancet에는 네덜란드의 여러 병원에서 이루어진 근사체험자를 대상으로 한 연구가 발표되었는데, 근사체험자들이 경험한 공통적인 열 가지 체험요소는 '자신이 죽었다는 인식', '긍정적인 감정', '체외이탈 경험', '터널을 통과함', '밝은 빛과의 교신', '색깔을 관찰함', '천상의 풍경을 관찰함', '이미 세상을 떠난 가족과 친지와의 만남', '자신의 생을 회고함', '삶과 죽음의 경계를 인지함'이다.[30] 이러한 내용은 윌리엄 제임스(William James)가 언급한 종교적

---

[28] Eben Alexander, *Proof of Heaven*, 고미라 역, 『나는 천국을 보았다』(파주: 김영사, 2013), 199-05.
[29] Elisabeth Kübler-Ross, *On Life After Death*, 최준식 역, 『사후생: 죽음 이후의 삶의 이야기』(서울: 대화문화아카데미, 1996), 15-17.
[30] 김건열 외, 『의사들, 죽음을 말하다: 죽음 준비를 위한 세 의사들의 대담』(서울: 북성재, 2014), 104-05, 201-02. 의학학술지 Lancet은 1823년 영국에서 창간된 정통 있고 권위적인 학술지이다. 네덜란드 연구자들은 여러 병원에서 심폐소생술로 다시 살아난 344명을 조사했는데, 18%가 근사체험을 했다는 사실을 발표했다. 게다가 이 연구는 근사체험이 체험자들의 삶에 어떤 영향을 미쳤는가를 2년 뒤와 8년 뒤까지 조사하는 연구를 통해 무경험자에 비하여 근사체험자는 다른 사람에 대한 공감과 이해를 더 많이 하게 되고,

경험의 중심이 되는 의식의 상태[31]인 '말로 다 할 수 없음'(ineffability), '인식론인 특성'(noetic quality), '일시성'(transiency), '수동성'(passivity)과 유사하다. 즉 근사체험이 죽음 이후의 세계에 대한 경험이라기보다는 종교적 체험 시에 일어나는 신비적 형태의 경험과 유사한 종류의 경험으로 판단된다.

이러한 근사체험에 대한 보고들은 죽음이란 뇌 활동의 전적인 정지로 보는 과학적 관점과 달리, 죽은 이후에도 의식이 지속된다고 보기에 아직까지 과학적, 의학적으로 다양한 논의와 이견이 많다. 임사체험을 믿지 않는 사람들은 그것이 뇌의 비정상적인 상태가 야기한 환각에 불과하다고 주장한다. 단지 산소 결핍의 결과나 약물 투여의 부작용, 소망사고의 투사, 엔도르핀의 효과로도 간주한다. 반면 근사체험이 당사자들의 삶에 중요한 전환점이 되어 이전과는 다른 가치관과 삶의 태도를 가지게 되었다는 점에서 근사체험의 임상적 중요성은 자살 방지 상담에서의 효과와 사후 세계 존재 유무나 환자의 신앙 유무에 관계없이 임종에 임박한 환자가 갖는 죽음에 대한 두려움과 불안을 덜어주는 효과가 있다고 평가된다.

그럼에도 근사체험은 죽음 이후의 경험으로 보기 어렵다. 성경에서 죽음은 육신의 완전한 정지, 완전한 마감이고 그리고 그 이후에는 하나님의 보호하심 가운데 있으며 영원한 생명을 얻게 됨을 말한다. 즉 이러한 연구들이 죽음에 대한 두려움을 경감시키는 효과가

인생의 목적을 더 잘 이해하며, 영적인 문제에 더 관심을 가지며, 죽음에 대한 두려움은 큰 폭으로 감소하고, 사후의 생에 대한 믿음과 일상사에 대한 감사의 마음이 크게 증가했다고 보고했다. 몇 분밖에 되지 않는 짧은 순간의 체험이 8년 뒤까지도 큰 영향을 주었다.
31) William James, *The Varieties of Religious Experience*, 김성민/정지련 역, 『종교체험의 여러 모습들』(서울: 대한기독교서회, 1997), 411-13.

있겠지만, 성경은 각 사람은 죽게 되어 있고 그리고 그 이후의 세상과 삶 그리고 심판이 있음을 밝힌다(히 9:27).[32]

III. 죽음의 두려움 극복을 향한 새로운 길

　　죽음을 품은 존재인 인간은 세상에 태어남과 동시에 죽음을 향해 간다. 이것이 인간의 삶이다. 철학과 종교는 죽음을 통과의례와 인간의 한계로 해석해 죽음을 성찰함으로 삶의 의미를 발견할 수 있게 하고 올바른 삶을 위한 동기를 제시한다. 특히 종교는 죽음의 두려움을 초월자와의 관계를 통해 극복하고 죽음 이후의 세계에 대한 전망을 주어 삶의 안정을 제공한다.[33] 하지만 이런 것들이 죽음을 극복하거나 죽음의 두려움에서 벗어나게 해주는 근본적인 열쇠는 아니다. 여전히 죽음은 인간 삶의 한 부분이다. 윤철호는 오늘날의 포스트휴머니즘 시대에 가져야 할 기독교 신앙과 인간론을 유한성과 은혜의 원리로 설명한다.

---

32) 27.한 번 죽는 것은 사람에게 정하신 것이요, 그 후에는 심판이 있으리니
33) 최성수, "생명과 죽음의 통합과 상호효과", 『과학은 죽음을 극복할 수 있는가?』(서울: 이폴출판사, 2019), 35-37.

"피조물로서 인간의 생명은 유한성에 의해 규정된다. 이 유한성은 악이 아니라 선이다. 인간은 오직 자신의 유한한 한계를 받아들일 때에만 영원한 하나님을 만나고 그분과 교제할 수 있다. 인간은 자신의 존재가 전적으로 하나님의 창조적 은총에 의존되어 있음을 알아야 한다. 인간은 존재의 시초에서뿐만 아니라 지속 과정에서도 전적으로 하나님의 은총에 의존한다. 인간은 하나님께로부터 나와 하나님의 은총 가운데 살다가 하나님께로 돌아간다."[34]

    죽음의 두려움은 인간이란 불멸할 수 없는 죽음을 품은 유한성을 지닌 피조물임을 인식하게 한다. 그런데 여기로부터 죽음의 두려움은 공포와 절망만이 아닌 새로운 소망의 요인이 될 수 있다. 디트리히 본회퍼(Dietrich Bonhoeffer)는 죽음을 자유에 이르는 길의 마지막 정류장으로 여겨 두려움과 슬픔만이 아닌 새로운 소망으로 받아들였는데,[35] 이제 죽음의 두려움은 생명의 소멸을 넘는 예수 그리스도를 믿어 이르는 되는 영생을 소망하게 한다. 죽음 이후의 삶과 영생을 보여줌으로 두려움을 넘어 평안과 안식을 경험하게 한다.
    죽음을 품은 인간으로서의 자기존재를 인식하고 받아들이는 것은 자기 정체성의 확립과 함께 삶의 의미와 목적을 찾아가는 데 있어

---

34) 윤철호, 『인간-인간의 본성과 운명에 관한 학제간 대화』(서울: 새물결플러스, 2017), 594-95.
35) Eric Metaxas, *Bonhoeffer: pastor, martyr, prophet, spy*, 김순현 역, 『디트리히 본회퍼: 목사 순교자 예언자 스파이』(서울: 포이에마, 2011), 763-65. 본회퍼는 한 설교에서 죽음을 "가장 큰 은혜의 선물"이라며 이렇게 말한다. "죽음이 공포의 대상인 것은 사람이 죽음을 두려워하고 무서워하며 살기 때문입니다. 우리가 잠잠히 하나님의 말씀을 굳게 붙잡는다면, 죽음은 사납지도 무섭지도 않을 것입니다. 우리가 괴로워하지 않는다면, 죽음은 견디기 어려운 것이 아닐 것입니다. 죽음은 하나님을 믿는 이들에게 하나님이 베푸시는 은총이며, 가장 큰 은혜의 선물입니다. 우리가 믿음으로 죽음을 변화시키지 않으면, 죽음은 지옥과 어둠과 쌀쌀맞은 것이 되고 말 것입니다. 그러나 놀라운 사실은 우리가 죽음을 변화시킬 수 있다는 것입니다." 위의 책, 765.

중요하다. 인간은 수많은 한계에 직면하게 되는 시간과 공간이라는 현실을 살아가야 하는 피조물이기 때문이다. 그래서 이러한 인식은 오늘의 삶의 의미를 다시 생각하게 하는데, 모니카 렌츠(Monika Renz)는 죽음을 존엄하게 맞는 것은 자신뿐만 아니라 타인과의 올바른 관계를 가리키는 것이라고 한다. 존엄을 소중히 여기는 주변의 분위기와 환자 자신의 성숙한 받아들임과 의연한 대처 그리고 자신과 타인의 관계맺음 속에 존엄한 죽음이 있다고 설명한다.[36] 이런 면에서 자신과 타인의 죽음의 문제에 직면하는 죽음인식을 통해 개인적 차원만 아니라 사회적 차원의 삶에 있어서 통찰과 성장을 이룰 수 있다. 본 장에서는 인간존재의 유한성을 깨닫는 것에서부터 시작해 죽음의 두려움 극복을 향한 새로운 길로서의 하나님과의 관계에서의 영생과 이웃을 향한 사랑에 대해 살펴본다.

1. 인간존재의 유한성을 깨닫게 하는 죽음

인간은 죽음을 가지고 태어난다. 세상에 태어난 인간에게는 한정된 삶의 시간이 주어지는데, 인간은 그 주어진 시간 안에서 살다

---

[36] Monika Renz, *Hinübergehen*, 전진만 역, 『어떻게 죽음을 마주할 것인가』(서울: 책세상, 2017), 49-54. 모니카 렌츠는 죽음의 단계를 '경계 통과 이전', '통과 순간', '통과 이후'로 설명한다. 그는 자신이 죽음으로 향하는 존재임을 반복적으로 인지해야 임종을 잘 준비할 수 있다면서 임종준비에서 자연스러운 감정 이입, 원활한 소통과 더불어 임종 과정에 대한 정확한 지식과 영적, 정신적 지식 역시 필요하다고 강조한다. 특히 종교인이건 비종교인이건 불안, 죽음과의 대결, 내적인 떨림과 궁극적 평온의 혼재 속에 생의 마지막 순간을 지나고 있는데 임종 준비에서 죽음을 앞둔 사람들의 내면을 살피는 자세가 결여되어 있다고 지적한다. 그는 임종 과정이라는 것이 죽어가는 사람들이 어떤 단계를 거쳐 임종의 순간을 맞이하고 그들의 죽음이 내적으로 어디로 향하고 있는지에 대한 질문까지 포함한 죽음의 전 과정임을 강조한다. 다시 말해 임종과정이란 원초적 불안을 지나 더 깊이 있는 원초적 신뢰 안까지 들어가서 경직된 상태를 이완하는 과정이라고 설명한다. 위의 책, 13-23/41-80/108.

죽는다. 에드가 모랭(Edgar Morin)은 "인간 종은 죽음이 생중에 실재해 있는 유일한 종이고, 죽음에 장례를 동반하는 유일한 종이며, 또한 죽은 자들의 사후 생이나 부활을 믿는 유일한 종이다"[37]라고 한다. 즉 죽음은 누구도 부인할 수 없는 가장 확실한 인간의 실존이고 삶의 필연적인 결론이다. 그래서 지금까지 과학기술이 영원히 죽지 않는 불멸의 길을 찾아왔지만, 아직까지 그 길을 알지 못하고 다만 상상만 할 뿐이다. 그리고 그 불가능성 앞에서 찾은 이성적 사유와 기억이라는 대안도 죽음 없는 불멸의 해법은 되지 못한다. 심지어 인간은 지구상에서 불가능한 불멸의 길을 우주에서 찾기에 이르렀고, 이제는 초월적인 가상의 세계라는 새로운 시간과 공간에서 여전히 불멸의 길을 탐색한다. 이러한 죽음의 문제를 해결하려는 노력은 위대해 보일 뿐만 아니라, 보다 인간적으로 보이기까지 한다. 하지만 과학기술로 죽음을 대상화해 통제함으로 죽음의 불안과 두려움에서 벗어나려는 시도는 성공하지 못했고 그 외의 다른 시도들도 결국 인간 존재가 품은 죽음과 죽음의 두려움에 대한 해결책이 되지 못한다.

이제 우리에게 요청되는 것은 죽음을 통제하여 다른 존재가 되거나 죽음의 두려움을 부인하는 것이 아니라, 죽음을 품은 인간 본연의 존재와 만남으로 충만한 삶을 사는 것이다. 마르틴 하이데거

---

37) Edgar Morin, *L'homme et la mort*, 김명숙 역, 『인간과 죽음』(서울: 동문선, 2000), 11. 에드가 모랭은 인류 역사의 문명 속에 있는 죽음에 관한 믿음을 고찰하면서 죽음으로부터 생겨난 인류의 두 신화인 사후 생에 대한 신화와 다시 태어남에 대한 신화를 살핀다. 그는 이원론적 사고를 거부하고 생물학적 관심에 근거한 복잡성 이론으로 삶과 죽음이 하나로 뒤얽혀 있으며 인간의 삶과 문화가 얼마나 죽음과 관련되어 있는지 추적하면서 죽음을 무시하고 죽음에 눈먼 형태에 대해 지적한다. "인간에게 있어서 죽음은 그의 세계, 그의 존재, 그의 정신, 그의 과거, 그의 미래의 조직 속에 있다. 그러므로 한편으로 인간 개체를 종과 사회로부터 지나치게 분리시키고, 다른 한편으로 생을 죽음으로부터 지나치게 분리시켰던 것은 이론적인 잘못이다. 그러므로 죽음과 결별하려고 생각하는 것은 헛된 희망이다." 위의 책, 390.

(Martin Heidegger)는 "현존재는 세계 속에 존재하자마자 죽음을 떠맡는 하나의 존재양식이 된다"[38]고 했는데, 죽음은 인간의 존재양식으로 생물학적인 죽음만 아니라 사회적인 관계를 비롯해 다양한 측면을 가진다. 그래서 죽음의 불안으로부터 도망치거나 모른 척 하는 것은 무의미한 것으로 제한된 삶의 시간을 죽이는 결과를 낳는다. 오히려 다가올 죽음을 인식함으로 인간 고유의 삶을 살게 되고, 그 때야말로 현존재인 인간은 독립된 자신이 된다. 즉 죽음의 두려움을 품고 사는 인간이 된다는 것은 죽음 앞에서 무기력한 존재가 되라는 것이 아니라, 죽을 존재인 것을 인정하며 삶을 살라는 것으로 인간은 거기로부터 내가 누구이고 또 어떻게 살아야 하는지 묻게 된다.

사실 죽음의 두려움이라는 죽음의 폭력성에서 해방되려는 시도는 한편 인간존재의 본질을 부정하고 실용적이고 효율적인 관심에 몰두하게 했다. 죽지 않고 영원히 살면 더욱 현명해지고 지혜로워지며 여유로움 속에서 함께 공감하는 삶을 살 것 같지만 예상되는 것은 끝없는 탐욕과 사라지지 않을 것 같은 오만함이다. 심지어 이제는 오래 사는 것을 부담스러워하며 고민스러워하는 현실이다. 심지어 계층을 나누어 삶을 억압하는 예상하지 못한 결과를 낳고 있다. 그래서 어빈 얄롬은 자기 인식이라는 최고의 선물은 인간이 죽을 수밖에 없는 운명이라는 치명적인 상처를 깨닫고 나서야 얻어진다고 한다.[39] 그는 죽음에 대한 불안감이 인생 주기를 통해 변화하고 증가

---

38) Martin Heidegger, *Sein und Zeit*, 전양범 역, 『존재와 시간』(서울: 동서문화사, 2018), 317.
39) Irvin Yalom, *Staring at the Sun*, 이혜성 역, 『보다 냉정하게 보다 용기있게』(서울: 시그마프레스, 2008), 13-22. 어빈 얄롬은 삶의 의미를 일깨워주는 경험이 되는 사건으로 다음의 예를 든다. '사랑하는 사람과의 이별이 주는 슬픔', '생명을 위협하는 질병', '친밀한 관계의 파괴', '중요한 삶의 이정표와 의미 있는 생일(50세, 60세, 70세 등)', '충격적인 상

함을 개인 경험과 임상 경험을 통해 설명하는데, 죽음을 직면하는 것은 삶을 더욱 충실하게 하고 '삶의 의미를 일깨워주는 경험'이 될 수 있음을 강조한다.

　인간은 죽음을 품은 피조물로 죽음에 대한 이해와 성찰을 통해 인간 본래의 가치를 추구하면서 최상의 삶을 모색해야 한다. 죽음을 통제하고 죽음이 지우는 여러 제약을 부인하고 벗어나는 것만이 인간 삶의 목적이어서는 안 된다. 오히려 죽음을 인식하는 삶을 추구함으로 얻게 되는 자유야말로 인간이 어떻게 살아야 할지에 대한 보다 선명한 길을 제시한다.[40] 아우구스티누스(Augustinus)는 죽음의 두려움은 인간의 보편적인 특징이라며, 순교의 신앙을 본받아 하나님의 은혜로 죽음의 두려움을 이기고 순례자의 삶을 살 것을 독려한다.[41] 바울은 살든지 죽든지 그것이 중요한 것이 아니라, 나의 삶의

처(화재, 강간, 도난 등)', '자녀들이 집을 떠남(빈 둥지)', '직업을 잃거나 새로운 직업을 가지게 되는 일', '은퇴', '실버타운으로 옮기는 일', '마음속 깊은 곳으로부터 오는 메시지를 전달하는 강력한 꿈을 꾸는 것'이다. 위의 책, 53.

40) 로먼 크르즈나릭은 『인생은 짧다 카르페 디엠』에서 삶의 유한성이란 단순히 자신의 삶이 짧다는 것만이 아니라, 인생이 수없이 많은 '작은 죽음'과 곧 아무것도 아닌 것이 될 순간들로 이루어졌다는 뜻이라고 설명한다. 이러한 삶의 유한성에 대한 자각이 있을 때 우리를 존재의 혼수상태에서 깨어나게 해주고, 우선순위를 재평가하게 해주고, 오늘을 붙잡고 우리 삶에 더 충실하라고 자극한다. 즉 죽음을 응시하는 사람은 자기 삶의 유한성을 깨달은 사람으로 인간의 가능성에 눈을 뜨고, 자신에게 정말 중요한 것이 무엇인가를 다시 생각해보고, 기회를 포착해서 삶을 충만하게 사는 '카르페 디엠'(Carpe Diem), 오늘을 붙잡는 삶을 살게 된다고 설명한다. Roman Krznaric, *Carpe Diem Regained: The Vanishing Art of Seizing the Day*, 안진이 역, 『인생은 짧다 카르페 디엠』(서울: 더퀘스트, 2018), 67. 헨리 나우웬(Henri Nouwen)은 길가에 서 있다가 지나가던 트럭의 백미러에 치이는 사고로 갈비뼈가 다섯 개나 부러지고 비장의 출혈로 죽음의 문턱에 들어서는 경험을 했다. 그 때 스스로에게 한 질문들 속에서 다음의 사실을 분명히 깨달았다며 이렇게 말한다. "이 물음은 지금도 나를 내 소명의 핵심으로 되돌아가게 합니다. 내 소명의 핵심이란 첫째, 하나님과 함께 하고자 하는 열망으로 살아가는 것이고 둘째, 그분의 사랑을 끊임없이 선포하는 것입니다. 물론 죽음 저편에도 나를 맞아주실 예수님이 계셨지만, 나는 목적이 있어서 도로 보냄을 받았습니다. 그 목적이란 위에서 난 진리를 아래에, 영원을 시간 속에 전하는 것입니다. 임마누엘! 하나님은 우리와 함께 계십니다." Henri Nouwen, *Spiritual Direction*, 윤종석 역, 『영성수업』(서울: 두란노, 2007), 102-03.

41) 문시영, 『죽음의 두려움을 이기는 세븐 게이트』(서울: 북코리아, 2019), 61. 문시영은 대

목적과 죽는 이유가 예수 그리스도 안에 있는지가 중요하다고 말한다(롬 14:7-9).[42] 예수님의 삶과 죽음은 하나님이 주신 사명에 따른 것이었기에 십자가의 죽음의 길을 가셨고 그리고 다시 사는 부활의 길을 여셨다. 죽음을 부정하거나 거부한 것이 아니라, 죽음의 문을 지나 부활에 이르셨던 것이다. 이제는 죽음이 없는 영원한 불멸이 아닌, 죽음을 품고 살아나는 삶에 대해 물어야 한다.

2. 죽음 이후의 삶과 영생에 대한 소망

하나님 안에서 죽음을 품은 인간은 죽음으로 완전한 소멸이나 폐기가 아닌, 하나님 안에서 영생에 이른다. 영생[43]은 하나님과 예수 그리스도를 앎(요 17:3)으로 하나님과의 교제로 들어가는 것인데, 그러기 위해서는 먼저 인간은 피조물이며 죽을 존재임을 인정해야 한다. 영원히 죽지 않고 살 것처럼 사는 것이 아니라, 죽음의 두려움에도 불구하고 죽을 존재임을 인정하고 그에 어울리는 삶을 준비하

부분의 사람이 경험하는 타인의 죽음 경험을 단지 슬프고 두려운 일로만 아니라, 죽음이 지니는 의미와 삶에 주는 교훈 그리고 삶과 죽음을 아우르는 가치관에 대해 성찰할 필요가 있다고 강조한다. 여기에 아우구스티누스의 관점에 주목하고 다음 세 가지로 정리한다. 첫째, 죽음에 대한 두려움을 가지는 것 자체는 보편적이고 자연스러운 것으로 이것은 타락한 인간의 죄의 값으로 주어진 연약함을 말해준다. 이 죽음의 두려움은 은혜에 의해 성령께 결합되어야 이길 수 있다. 둘째 죽음의 두려움에 대해 순교(殉敎)의 신앙을 본받아야 한다. 그리스도인들로 순교자를 본받아 오직 하나님의 은혜로 죽음의 두려움을 이기도록 격려하고 위로하려 한다. 셋째 순례(巡禮)의 윤리이다. 지상의 도성에서 영원한 도성을 향한 순례에 대한 관심을 촉구하여 그리스도께서 첫 열매가 되신 영원한 생명 길을 걷도록 독려한다. 위의 책, 61-98.

42) 7.우리 중에 누구든지 자기를 위하여 사는 자가 없고 자기를 위하여 죽는 자도 없도다 8. 우리가 살아도 주를 위하여 살고 죽어도 주를 위하여 죽나니 그러므로 사나 죽으나 우리가 주의 것이로다 9.이를 위하여 그리스도께서 죽었다가 다시 살아나셨으니 곧 죽은 자와 산 자의 주가 되려 하심이라

43) 3.영생은 곧 유일하신 참 하나님과 그가 보내신 자 예수 그리스도를 아는 것이니이다

고 사는 것이다. 예수님은 한 부자의 비유를 통해 죽음 이후를 준비해야 한다고 말한다. 미래를 위한 준비가 잘못되었다는 것이 아니라, 영생을 위한 준비가 없다면 그것은 어리석은 삶임을 밝힌다(눅 12:20-21).[44]

이처럼 육체적 불멸이 아닌 하나님과의 관계 속에서 영생을 이루는 것이 인간을 창조하시고 그 삶을 디자인 하신 하나님의 뜻이다 (요 1:11-13).[45] 하나님께 의지하는 것이야말로 그 생명과 인격을 지키는 길이므로 만일 생명을 주시는 하나님을 예배하지 않고 피조물을 예배하거나 피조물의 일부를 예배한다면, 그것은 우리 자신에게 생명이 아니라 죽음을 안겨 줄 것이다. 하나님을 예배할 때만 순전한 인간으로서 그분의 형상을 유지할 수 있다.[46] 더욱이 하나님의 형상은 바로 그리스도를 의미하는데, 하나님의 형상으로 창조된 인간은 그리스도의 형상에 참여하고 그 형상을 본받는 새로운 인간이다. 인간은 그리스도와의 연합을 통해 하나님과의 관계에 참여함으로써 죄로 인해 상실되었던 하나님의 형상을 회복할 수 있다.[47] 이처럼 하나님의 다스림 속에 인간존재가 있음을 인식하고 죽음의 두려움이 없는 불멸의 욕망에 휘둘려 살아가는 것이 아니라, 죽음을 품은 존재로 하나님과의 관계 맺음 속에서 하나님께 끌려가는 삶에 진정

---

44) 20.하나님은 이르시되 어리석은 자여 오늘 밤에 네 영혼을 도로 찾으리니 그러면 네 준비한 것이 누구의 것이 되겠느냐 하셨으니 21.자기를 위하여 재물을 쌓아 두고 하나님께 대하여 부요하지 못한 자가 이와 같으니라
45) 11.또 증거는 이것이니 하나님이 우리에게 영생을 주신 것과 이 생명이 그의 아들 안에 있는 그것이니라 12.아들이 있는 자에게는 생명이 있고 하나님의 아들이 없는 자에게는 생명이 없느니라 13.내가 하나님의 아들의 이름을 믿는 너희에게 이것을 쓰는 것은 너희로 하여금 너희에게 영생이 있음을 알게 하려 함이라
46) Thomas Wright, *For all the Saints?*. 박규태 역, 『톰 라이트 죽음 이후를 말하다』 (서울: IVP, 2013), 72-73.
47) 윤철호, 『인간』, 484-85.

한 자유와 인간본연의 삶이 있다.

그리스도인과 관련된 죽음에 대해서 마르틴 루터(Martin Luther)는 첫째는 그리스도를 믿는 믿음을 통해 그리스도와 함께 죽는 죽음과 둘째는 인생의 끝을 의미하는 죽음으로 설명한다. 가톨릭교회의 연옥사상을 거부하는 그에게 죽음은 필연적인 것인데, 그리스도인에게 죽음은 그리스도와 함께 죽는 것이므로 또 다시 새로운 삶의 시작을 의미한다. 루터는 죽음을 잠자는 것으로 설명하면서 "그리스도인들이 첫 번째 창조 때보다 훨씬 더 영광스럽고 아름답게 만들어질 두 번째 창조를 위한 중간과정"이라고 한다.[48] 완전한 죽음과 그 이후에 새로운 삶의 시작이 있는 것이다. 그래서 그리스도인에게 죽음은 두렵고 끔찍한 일만이 아니라, 하나님과의 영원한 삶을 위해 거쳐야 할 통과의례로서 분명히 있어야 하는 것이다. 동시에 그것은 세상에서 겪는 죄와 죽음과 악과의 싸움에 대한 최후 승리를 의미한다.[49]

칼빈(John Calvin)은 죽는 것 자체보다, 죽음 이후 하나님 앞에 죄인으로 서게 되는 것이 두렵다고 하는데, 그리스도인은 하나님을 알아 가면 알아갈수록 죽음을 기쁨으로 기다리는 중에 영적인 성장을 경험한다고 설명한다. 그래서 그리스도인은 죄인으로서 죽음을 두려워하지만, 의인으로서 죽음을 기쁨으로 기다리기에 그리스도인에게 죽음은 "동시에 두려우면서 위로됨"이 된다.[50] 그는 그리스도인

---

48) 김선영, "16세기 프로테스탄트 개혁가 마르틴 루터의 죽음관," 『장로교회와 신학』 Vol.14(2018), 171. 루터는 죽을 때 어느 누구라도 이 세상에서 소유했던 것은 다 남겨놓아야 하고 맨몸과 빈손으로 무덤에 들어가기에, 그리고 심지어 작은 벌레가 시체 전체를 소멸시킬 정도로 인간은 철저히 연약하기에 그 이전까지의 삶이라는 것은 허무임을 지적한다. 하지만 그리스도인에게 죽음은 잠을 자고 깨어난 후 경험하는 놀라운 기쁨을 기대하는, 그 뒤에 맞이할 최후의 승리로서의 부활과 천국, 영생을 소망하게 하는 것임을 루터는 강조한다. 위의 논문, 171-74.

49) 위의 논문, 153.

이라고 자랑하면서 죽음을 사모하기는커녕 두려워하면서 더 큰 위로로 두려움을 극복하고 이기려는 경건의 빛이 없는 그리스도인의 문제점을 지적하며 이렇게 말한다.[51]

"이처럼 불안정하고 결점이 많고 썩어지며, 사라져 가며, 쇠하여 가는 우리의 육체의 장막이 무너지면, 견고하며 완전하며 썩지 않고 아름다운 하늘의 영광 가운데 있는 것으로 새로움을 입게 된다는 것을 생각할진대, 본성으로는 죽음을 두려워한다 할지라도 오히려 믿음으로 그것을 더 열심히 사모하는 것이 당연한 일이 아니겠는가?"

하나님은 산자와 죽은 자, 모두의 하나님으로 죽음의 세계도 하나님이 통치하시는 주권의 영역이고 그리고 역사의 종말에 임할 죽은 자의 부활이 있음은 초대교회의 신앙고백이었다. 이에 대해 곽혜원은 "성서에는 죽음을 생명의 자연스러운 종결로 이해하는 전통과 함께 죄의 결과로 이해하는 전통이 병행하여 면면히 내려오는데, 이 두 전통은 예수 그리스도의 죽음과 부활을 전후로 새롭게 재조명되기 때문이다. 즉 그리스도 이전에 죽음에 대한 패배주의가 팽배했지만, 그의 죽음과 부활에 힘입어 죽음관이 근본적으로 변화되는 결정적인 계기가 마련되기 때문이다"[52]라고 설명한다.

---

50) Herman Selderhuis, 이승구 역, "'죽음과 죽어감'에 대한 칼빈의 견해," 『신학정론』 제34권2호(2016), 35-37.
51) John Calvin, *Institutes of the Christian Religion*, 원광연 역, 『기독교 강요-중』, 크리스챤다이제스트(2003), 238-39.
52) 곽혜원, "존엄한 죽음과 의료인의 책임적 과제", 『과학은 죽음을 극복할 수 있는가?』 (서울: 이폴출판사, 2019), 253. 곽혜원은 죽음의 이중성 혹은 양면성이라는 역설적인 죽음의 특징에 대해 설명한다. 즉 그리스도인에게 죽음은 삶의 유한성과 제한성의 드러남인

3. 죽음의 두려움을 이기는 사랑

　죽음의 두려움을 안고 살아가는 인간 삶의 핵심 중 하나는 관계성속에서 살아가는 존재라는 것이다. 관계 맺음은 창조 원리의 중심인데, 먼저는 창조주 하나님과의 관계이고 더불어 이웃 그리고 자연과의 관계이다. 여기서 문제점은 관계맺음으로 추구하게 되는 궁극적인 관심의 이유와 목적인데, 죽음을 품은 인간이라는 존재의식이 있을 때 하나님과 그리고 사람과의 관계맺음에 있어 바른 관심 가운데 삶이 제자리를 찾을 수 있다. 노영상은 성경에서는 인간생명의 제한적 가치를 설명한다면서, 먼저는 하나님이 지으신 피조물로서 인간의 생명이 하나님의 영광을 위해 존재하고(요 5:24)[53] 또한 이웃의 존재가 인간생명을 제한한다(요일 3:14)[54]고 강조한다.[55] 즉 제한적 인간생명으로 관계맺음에 있어 하나님의 영광과 누군가의 이웃이 되기 위한 목적이 아닌 경제적 이익과 사적인 통제가 목적이 될 때, 인간존재는 그 생명의 가치를 상실한다. 죽음 없는 불멸에서 진정한 관계맺음이 이루어지는 것이 아니라, 오히려 인간 생명의 제한에서 인간존재의 본질적 가치와 그 목적성을 발견한다.

　이처럼 비록 죽음의 두려움을 품은 인간이지만 하나님과의 주

동시에, 지상에서 천상으로, 유한에서 영원으로 가는 출구, 영원한 생명으로 향하는 관문을 의미하기 때문이라고 한다. 그래서 죽음은 한 생명의 사라짐인 동시에 다른 생명에게 생명의 장을 양보하고 그 존속을 가능하게 하는 일임을 밝힌다. 곽혜원, 『존엄한 삶, 존엄한 죽음』(서울: 새물결플러스, 2014), 130-32.

53) 24.내가 진실로 진실로 너희에게 이르노니 내 말을 듣고 또 나 보내신 이를 믿는 자는 영생을 얻었고 심판에 이르지 아니하나니 사망에서 생명으로 옮겼느니라

54) 14.우리는 형제를 사랑함으로 사망에서 옮겨 생명으로 들어간 줄을 알거니와 사랑하지 아니하는 자는 사망에 머물러 있느니라

55) 노영상, "기독교가 말하는 죽음의 극복으로서의 '영생'(eternal life)", 『과학은 죽음을 극복할 수 있는가?』(서울: 이폴출판사, 2019), 308-10.

권적 다스림 속에서 영원한 관계 속에 들어가고, 이웃을 위해 나를 내어줌으로 그들과 하나 되어 창조시의 인간 본연의 관계성을 경험한다. 심지어 건강한 생명이 병든 생명을 위해 바치는 희생이 공동체의 가치를 극대화한다.[56] 이처럼 사랑의 관계성 속에서 자신의 생명을 주는 죽는 일이 있어야 또 다른 생명의 삶이 시작된다. 이것은 하나님이 만드신 창조의 원리이며 자연의 이치이다. 그것을 통해 누군가의 죽음은 끝이 아니라 새로운 시작이 된다. 그래서 심지어 이미 죽은 시신이 되었다 하더라도, 예를 들어 시신기증이나 다양한 형태로 죽었으나 모든 것이 끝이 아닌 새로운 시작을 살게 된다. 또는 남은 이들에게 긍정적인 영향을 끼침을 통해 누군가의 삶에 도움이 됨으로 살아있을 때뿐 아니라, 죽어서도 의미 있는 삶을 살게 된다. 생물학적인 죽음으로 모든 것이 종결되는 것이 아니라, 죽음 이후의 삶이 있기 때문이다.

인간 존재의 본질과 현실인 죽음을 인정하고 받아들일 때 자신의 삶에 새로운 성찰의 기회와 오래도록 기억될 바람직한 삶의 유산을 남길 수 있다. 사랑 없는 무관심이야말로 고통 받는 인간의 마음을 아프게 하는 태도인데 그래서 누군가를 진정으로 돕기 위해서는 그가 처한 상황에 개입해야 하며, 그의 고통스러운 상황에 전 인격으로 참여해야 하고, 그 과정에서 마음이 상하거나 상처 입고 심지어 파멸할 수도 있다는 위험 부담을 감수해야 한다.[57] 그래서 나를 위

---

56) Dietrich Bonhoeffer, *Ethik*, 손규태 외 역, 『윤리학』(서울: 대한기독교서회, 2015), 228. 본 회퍼는 "하나님 앞에서 살아갈 가치가 없는 생명은 존재하지 않는다"라고 말하는데, 생명 자체의 가치는 하나님에 의해 보존되고 그리고 생명의 권리는 존재하는 자 안에 있는 것이기 때문이라고 설명한다. 그래서 사회적 이용가치에 의해 생명이 판단될 수 없고, 하나님은 누구라도 영생을 얻을 가치를 지닌 존재로 보셨다. 위의 책, 231-59.
57) Henri Nouwen, *The Wounded Healer*, 최원준 역, 『상처 입은 치유자』(서울: 두란노,

한 삶과 죽음이 아닌, 너와 우리를 위한 죽음과 삶의 인식을 일으키는 공감이야말로 인간이 추구해야 할 것은 불멸이 아닌 죽음을 이기는 사랑의 관계(요 12:24-25)[58]임을 깨닫게 한다.

죽음을 인식하고 경험한다는 것은 누군가의 죽음, 특히 가까운 이의 죽음으로 인한 슬픔에 공감할 수 있게 하는 핵심 요인이다. 인간은 직접 죽음을 경험함으로 죽음에 대해 아는 것이 아니라, 누군가가 경험한 죽음의 사건과 사고를 통해 죽음과 만난다. 그래서 누군가의 죽음은 그만의 일이 아닌 나의 일로 받아들여져서 그 현장에서 내가 할 수 있는 일이 무엇이고 또 내가 느꼈을 감정이 무엇인지 그래서 그 사건이 나에게 어떤 영향을 미칠지를 생각함으로 죽음을 이해하고 누군가와 공감할 수 있게 된다. 인간을 구원하시는 하나님의 역사도 예수 그리스도의 십자가의 죽음으로 나타난 하나님의 공감적 사랑으로 분명하게 나타났다. 이것은 '함께 고통당하는'(compassionate) 사랑으로 죄와 고통과 죽음의 운명에 사로잡혀 있는 인간을 불쌍히 여겨 그 모든 것을 대신 짊어지시고 죽으신 사랑이다. 그래서 인간이 삶과 죽음을 바라보는 관점에 영향을 미치는 덕목의 하나가 바로 '다른 사람들과 공감하기'(identifying with others)이다.[59] 자

1999), 100. 헨리 나우웬은 원목인 존 앨런과 수술을 앞둔 환자 해리슨의 대화를 통해 죽음과 삶의 두려움에 소망을 잃은 사람을 위한 사역에 대해 설명한다. 해리슨은 병원의 '비인격적 환경'과 인간답게 죽을 수 있는 기회를 박탈당할 것이라는 '죽음에 대한 두려움' 그리고 고립된 생활로 인한 '삶에 대한 두려움'까지 겪었는데, 수술도중 세상을 떠난다. 이러한 사람을 내일로 인도하는 것에 대해 헨리 나우웬은 인격적 반응과 진정한 관심의 표현 그리고 "나는 당신을 기다리고 있겠습니다"라는 결속의 표현을 제안한다. 위의 책, 71-08.

58) 24.내가 진실로 진실로 너희에게 이르노니 한 알의 밀이 땅에 떨어져 죽지 아니하면 한 알 그대로 있고 죽으면 많은 열매를 맺느니라 25.자기의 생명을 사랑하는 자는 잃어버릴 것이요 이 세상에서 자기의 생명을 미워하는 자는 영생하도록 보전하리라

59) Stephen Cave, 『불멸에 관하여』, 372-73. 그가 제시하는 삶과 죽음을 바라보는 관점에 영향을 미치는 것으로는 '다른 사람과 공감하기'와 함께 미래에 대한 지나친 걱정에 앞으

신에 대한 과도한 걱정은 죽음이나 자아 상실에 대한 두려움을 증폭시켜 개별적인 삶 속에 가둬버릴 수 있기에 다른 사람들과 공감하는 것을 통해 삶과 죽음을 바라보는 새로운 시선을 가지는 것이 필요하다. 죽는 이유에 대해 셔윈 눌랜드(Sherwin Nuland)는 이렇게 설명한다.[60]

"우리가 죽는 이유는 그래야 세상이 계속될 수 있기 때문이다. 우리가 생명이라는 기적을 선물 받을 수 있었던 것은 우리보다 앞서 존재했던 셀 수 없이 많은 생명이 우리에게 자리를 내어주고 죽었기 때문이다. 어떻게 보면 그들은 우리를 위해 죽은 것이다. 그 다음은 우리 차례다. 그래야 다른 생명이 살 수 있다."

로 벌어질지 모르는 어려움에만 집중하지 않도록 '현재에 집중하기' 그리고 위험에 대한 걱정에 잃어버릴지 모르는 것에 집착하지 않도록 '감사하기' 덕목이 있다.
60) Michael Shermer, 『천국의 발명』, 382.

나가는 글

이반 일리치는 죽기 한 시간 전쯤부터 평소에 경험해보지 못한 특별한 경험을 한다. 그것은 죽음 직전에 죽음과 함께 찾아온 경험인데, 시간이란 게 존재하지 않는다는 생각이 들었고 그리고 눈에 보이지 않는 힘이 그를 검은 자루에 잡아 밀어 넣는 느낌과 함께 어떤 강한 힘이 가슴과 옆구리를 세차게 밀치는 것 같아 숨을 쉬기가 힘들어졌다. 그런데 신기하게도 그 순간 자기 옆의 아내와 아들이 안쓰럽게 보였다.

"그는 '쁘로스찌'(용서해줘)라고 한 마디 더 덧붙이고 싶었지만 '쁘로뿌스찌'(보내줘)라고 말하고 말았다. 하지만 그 말을 바꿀 힘도 없어서 손을 내저었다. 알아들을 사람은 알아들을 것이었다. 그러자 돌연 모든 것이 환해지며 지금까지 그를 괴롭히며 마음속에 갇혀 있던 것이 일순간 밖으로, 두 방향으로, 열 방향으로, 온갖 방향으로 한꺼번에 쏟아져 나왔다. 가족들이 모두 안쓰럽게 여겨지고 모두의 마음이 아프지 않도록 해주고 싶었다. 이 모든 고통으로부터 자신도 벗어나고 가족들도 다 벗어나게 해주어야 했다."[61]

이후 이반 일리치는 곧 통증이 사라지고 죽음과 죽음의 공포도 찾을 수 없었다. 환해지는 경험을 하며 아내와 아들이 안쓰럽고 그

---

[61] Lev Nikolaevich Tolstoi, 『이반 일리치의 죽음』, 118.

동안 미워하던 마음을 내려놓고 식구들의 마음이 아프지 않도록 해주고 싶은 마음이 간절했다. 일생 동안 명예, 외모 그리고 돈에 집착하고 몰두하느라 죽음에 대해 생각하지 못했는데, 죽음은 그가 이전까지 가지지 못한 새로운 삶의 지평을 열었다. 이렇게 이반 일리치에게 죽음에 대한 경험은 두려움의 감정으로부터 시작되었지만, 죽음을 인정함으로 자신의 본모습을 발견하고 주변 사람들을 돌아보며 새로운 삶을 결단하게 했다. 죽음의 두려움 극복을 향한 새로운 길을 열어준 것이다.

삶의 의미와 가치를 잃고 미래에 대한 소망 없이 단편적 이데올로기로 살아가는 현대인의 특징과 이런 현대인이 직면한 삶의 문제점을 헨리 나우웬은 "인간이 자신의 죽음 이후를 바라볼 수 없고 자신의 삶이 존재하는 시공을 넘어서서 자신의 존재 의미를 발견하지 못할 때, 창조의 욕구를 상실하게 되고 자신이 인간이란 것에 대한 기쁨을 잃어버리게 된다"[62]고 설명한다. 죽음을 인정하고 죽음 이후를 전망하는 삶이야말로 피조물인 인간이 추구해야 할 가장 필수적이며 동시에 거룩한 인식이다. 예수님은 '아버지 집에 거할 곳이 많음'(요 14:2)[63]을 그리고 사도 바울은 '땅에 있는 우리의 장막집이 무너지면 들어갈 하나님이 지으신 하늘에 있는 손으로 짓지 않은 영원한 집'(고후 5:1)[64]이 있다고 말한다. 인간이 맞이해야 할 죽음의 실재성과

---

62) Henri Nouwen, 『상처 입은 치유자』, 26-27.
63) 2.내 아버지 집에 거할 곳이 많도다 그렇지 않으면 너희에게 일렀으리라 내가 너희를 위하여 거처를 예비하러 가노니 3.가서 너희를 위하여 거처를 예비하면 내가 다시 와서 너희를 내게로 영접하여 나 있는 곳에 너희도 있게 하리라
64) 1.만일 땅에 있는 우리의 장막 집이 무너지면 하나님께서 지으신 집 곧 손으로 지은 것이 아니요 하늘에 있는 영원한 집이 우리에게 있는 줄 아느니라 2.참으로 우리가 여기 있어 탄식하며 하늘로부터 오는 우리 처소로 덧입기를 간절히 사모하노라

함께 죽음 이후에 허락된 새로운 삶의 구체성과 영적인 특징을 설명한다.

지금까지 인간은 다양한 방식으로 죽음 없는 불멸을 추구했음에도 여전히 불멸할 수 없는 죽음을 품은 유한한 존재임을 살펴보았다. 이것이 본질적이고 실존적인 인간의 현실인데, 이런 사실을 부정하거나 은폐하려는 시도들은 또 다른 두려움을 양산하거나 거짓된 안정감을 추구하게 만든다. 오히려 죽을 존재임을 인정할 때, 하나님의 형상으로서의 삶이 회복된다. 피조물임을 인식하게 되고 동시에 죽음 이후의 삶을 조망하게 되기 때문이다. 그것은 하나님의 주권 속에서 경험하는 영원한 삶인 하나님과의 온전한 관계에 들어가는 것이다. 죽음의 두려움 극복을 위한 새 길은 죽음과 죽음의 두려움을 없애거나 부인하는 것이 아니라, 그것을 품고 살아가는데 있다. 그리고 죽음의 두려움에도 불구하고 누군가를 위해 자신의 생명을 내어주는 결단과 실천에서 비로소 새로운 생명과의 만남이 선물로 허락된다.

참고문헌

곽혜원. 『존엄한 삶, 존엄한 죽음』. 서울: 새물결플러스, 2014.
권영균. "죽음에 대한 불안 유형이 소비자 구매의도에 미치는 영향 연구". 중앙대학교대학원 경영학과 마케팅석사학위논문, 2019.
김건열 외. 『의사들, 죽음을 말하다: 죽음 준비를 위한 세 의사들의 대담』. 서울: 북성재, 2014.
김건엽. "종교심리학에서의 죽음인식과 불멸성 소개". 『인문사회과학연구』 Vol.62(2019), 106-122.
김균진. 『죽음의 신학』. 서울: 대한기독교서회, 2002.
김선영. "16세기 프로테스탄트 개혁가 마르틴 루터의 죽음관". 『장로교회와 신학』 Vol.14(2018), 141-177.
김성희/송양민. "노인죽음교육의 효과분석: 생활만족도 및 심리적 안녕감에 미치는 영향과 죽음불안의 매개역할". 『보건사회연구』 Vol.33 (2013), 190-230.
김영선. "영혼불멸사상과 부활신앙의 대립과 융합에 대한 소고". 『장신논단』 Vol.51(2019), 177-201.
김형숙. 『도시에서 죽는다는 것』. 파주: 뜨인돌출판(주), 2017.
문시영. 『생명윤리의 신학적 기초』. 서울: 북코리아, 2012.
_____. 『죽음의 두려움을 이기는 세븐 게이트』. 서울: 북코리아, 2019.
유현숙. "죽음의 두려움을 통해 본 구원의 확신과 목회적 돌봄". 『한국실천신학회』 제58호(2018), 475-498.
박인조. 『행복, 웰다잉(Well-Dying)에서 배우다』. 성남: 도서출판새세대, 2018.

_____. 『성경에서 찾은 아름다운 마무리』. 파주: 지혜의샘, 2019.

박충구. 『인간의 마지막 권리』. 파주: 동녘, 2019.

박형국. "죽음 이후의 삶에 대한 생명신학적 탐구: 영혼/육체 일치의 통전적인 이해의 추구". 『한국조직신학논총』제38집(2014), 273-304.

윤철호. 『인간-인간의 본성과 운명에 관한 학제간 대화』. 서울: 새물결플러스, 2017.

이대순. 『공항장애, 그 죽음불안을 넘어서』. 서울: ㈜시그마프레스, 2014.

홍성욱. 『크로스 사이언스』. 파주: 21세기북스, 2019.

황명환 외. 『과학은 죽음을 극복할 수 있는가?』. 서울: 이플출판사, 2019.

Alexander, Eben. *Proof of Heaven*. 고미라 역. 『나는 천국을 보았다』. 파주: 김영사, 2013.

Assante, Julia. *The Last Frontier*. 주순애 역. 『두려움 없는 죽음, 죽음 이후의 삶』. 서울: 이숲, 2015.

Bonhoeffer, Dietrich. *Ethik*. 손규태 외 역. 『윤리학』. 서울: 대한기독교서회, 2015.

Calvin, John. *Institutes of the Christian Religion*. 원광연 역. 『기독교 강요-중』. 서울: 크리스챤다이제스트, 2003.

Cave, Stephen. *Immortal*. 박세연 역. 『불멸에 관하여: 죽음을 이기는 4가지 길』. 서울: 엘도라도, 2015.

Debray, Régis. *Vie et mort de l'image*. 정진국 역. 『이미지의 삶과 죽음』. 파주: 글항아리, 2011.

Gawande, Atul. *Being Mortal*. 김희정 역. 『어떻게 죽을 것인가』. 서울: 부키, 2015.

Heidegger, Martin. *Sein und Zeit*. 전양범 역. 『존재와 시간』. 서울: 동서문화사, 2018.

James, William. *The Varieties of Religious Experience*. 김성민 외 역.『종교 체험의 여러 모습들』. 서울: 대한기독교서회, 1997.

Krznaric, Roman. *Carpe Diem Regained: The Vanishing Art of Seizing the Day*. 안진이 역.『인생은 짧다 카르페 디엠』. 서울: 더퀘스트, 2018.

Kübler-Ross, Elisabeth. *On Death and Dying*. 이진 역.『죽음과 죽어감』. 파주: 청미, 2018.

_____. *On Life After Death*. 최준식 역.『사후생: 죽음 이후의 삶의 이야기』. 서울: 대화문화아카데미, 1996.

May, Rollo. *The Courage to Create*. 신장근 역.『창조를 위한 용기』. 서울: 문예출판사, 2017.

Metaxas, Eric. *Bonhoeffer: pastor, martyr, prophet, spy*. 김순현 역.『디트리히 본회퍼: 목사 순교자 예언자 스파이』. 서울: 포이에마, 2011.

Morin, Edgar. *L'homme et la mort*. 김명숙 역.『인간과 죽음』. 서울: 동문선, 2000.

Nouwen, Henri. *Spiritual Direction*. 윤종석 역.『영성수업』. 서울: 두란노, 2007.

_____. *The Wounded Healer*. 최원준 역.『상처 입은 치유자』. 서울: 두란노, 1999.

Renz, Monika. *Hinübergehen*. 전진만 역.『어떻게 죽음을 마주할 것인가』. 서울: 책세상, 2017.

Shermer, Michael. *Heavens on Earth*. 김성훈 역.『천국의 발명』. 파주: (주)북이십일, 2019.

Selderhuis, Herman. 이승구 역. "'죽음과 죽어감'에 대한 칼빈의 견해".『신학정론』제34권2호(2016), 29-52.

Solomon, Sheldon/Greenberg, Jeff/Pyszczynski, Tom. *The Worm at the Core*. 이은경 역.『슬픈 불멸주의자』. 서울: 흐름출판, 2016.

Tillich, Paul. *The Courage to Be*. 차성구 역.『존재의 용기』. 서울: 예영커뮤니케이션, 2006.

Tolstoi, Lev Nikolaevich. *The Death of Ivan ilyich*. 이강은 역.『이반 일리치의 죽음』. 파주: 창비, 2012.

Weiner, Jonathan. *Long for This World*. 한세정 역.『과학, 죽음을 죽이다』. 파주: 21세기 북스, 2011.

Wright, Thomas. *For all the Saints?*. 박규태 역.『톰 라이트 죽음 이후를 말하다』. 서울: IVP, 2013.

Yalom, Irvin. *Staring at the Sun*. 이혜성 역.『보다 냉정하게 보다 용기있게』. 서울: 시그마프레스, 2008.

<ABSTRACT>

Critical Review of Overcoming the Fear of Death Through Immortality

Park In Zo
(Th. M.)

Human history is a history of challenges to overcome a number of fears. Despite fears, human beings have enriched their lives through the development of science and expansion of consciousness. In addition, the influence of culture and religion increased in the course of overcoming the psychological and spiritual fear. To overcome the fear of death, the last remaining fear, people achieved life extension through the advances of medicine and technology in modern times and are aiming for immortality now. As such, in attempt to flee from the fear of death, human beings challenged to discover the cause of death and to achieve immortality by conquering death, and, furthermore, have challenged to solve the mystery of the afterlife.

However, human beings are death-bearers, and immortality

is inherently impossible. Therefore, human beings must still live with the fear of death. The reasons for fear of death includes the anxiety for the dying process which involves pain or disconnection of relationships and the finiteness of uncertainty that we don't know what world we will encounter afterlife. Due to human imperfections, human beings inevitably face the fear of death, and people exhibit various attitudes towards death such as denying, ignoring or concealing.

Death has become the reality of creations in the broken relationship with God because of sin, and now, man is to live with the fear of death. The fear of death, however, makes us recognize that human beings are immortal and finite creatures destined to death. From this recognition, confronting death not knowing when it will come, humans can find the meaning and value of life. From here, the fear of death can be a new reason for hope, not of terror and despair. Now, the fear of death leads us to hope for eternal life believing in Jesus Christ beyond the extinction of life. Thus, the Bible let us experience peace and rest beyond fear by exhibiting the certainty about life after death and eternal life.

Moreover, a new creative life begins that we overcome the fear of death in the loving relationship in which we willingly sacrifice our life for the sake of others. In other words, another thriving life begins. Through this, one person's death is not the end but a new beginning. We are granted the freedom to give birth to another life, not bound by the fear of death. The life of Jesus Christ proves this fact to us as a distinct type.

| Keyword |

immortal, fear of death, afterlife, eternal life, finiteness, relationship, love, creative life, live

주·제·논·문 ②

죽음을 두려워할 이유와
두려워하지 않을 이유

최 성 수*
(미디에이터 연구소 소장)

[국문 초록]

　　죽음의 문제에서 기독교의 핵심 과제는 성도로 마땅히 두려워할 것은 두려워하면서도 죽음에 대한 두려움에서 벗어나 죽음을 당당하게 맞서게 하도록 돕는 것이다. 죽음의 두려움은 우리가 누구를 신앙하고 있는지, 올바른 믿음의 소유자인지를 깨닫게 하는 시금석일 수 있다. 이렇게 말하는 까닭은 예수 그리스도가 그렇게 사셨기 때문이다. 한편으로는 죽음을 두려워하면서도 다른 한편으로는 당당하게 죽음에 임하는 태도는 모순처럼 보이긴 해도 사실 죄인으로서 동시에 의인(simul justus et peccator) 상태의 그리스도인에게는 매우 이상적인 태도이다.

　　그리스도인은 한편으로는 죄인으로서 하나님 앞에 서게 될 것을 예상하면서 죽음을 두려워한다. 다른 한편으로는 세상을 사랑하여 구원하시기 위해 세상으로 보내신 예수 그리스도를 믿어 의인으로서 하나님의 용서를 보장받았

---

*논문 투고일: 2019년 10월 28일　*논문 수정일: 2020년 9월 25일
*게재 확정일: 2020년 11월 12일
*은현교회 교육목사

기에 그리고 예수 그리스도가 부활의 첫 열매가 되어 그를 믿는 자들의 부활을 약속해주셨기에 죽음을 두려워할 이유가 전혀 없다. 이 땅에서 삶의 의미와 목적이 창조계획을 통해 분명하게 나타나 있다. 믿음은 하나님의 사랑 안에 있는 것이다. 죽음을 마땅히 두려워해야 하면서도 두려워하지 말아야 하는 갈등 상황에서 그리스도인이 할 수 있는 일은 오직 하나님만을 바라며 그의 약속이 반드시 성취할 것을 믿고 충만한 기대감으로 사는 것이다. 그의 사랑 안에 머무는 것이다. 그리스도인에게 죽음은 소멸이나 상실이 아니라 영생으로 가는 문이기 때문이다.

　죽음에 대한 두려움과 부활 신앙을 근거로 그것을 극복하는 사안과 관련해서 기독교가 세상으로부터 비난 혹은 오해를 받는 점은 개인주의적이고 현실 문제를 외면하고 내세 지향적이라는 것이다. 그러나 이것은 오해이다. 부활 신앙은 소크라테스가 진리에 대한 사랑으로 인해 기꺼이 육체의 현실에서 벗어나기를 동경했던 것과 전혀 다르다. 그리스도인이 죽음을 두려워하는 이유 가운데 하나는 이 땅에서 유혹과 박해를 받는 때에도 죄에 대한 하나님의 심판을 염두에 두기 때문이다. 다시 말해서 죽음을 두려워해야 회개하고 현실에서 올바르고 선한 삶을 살 수 있다. 죽음을 두려워하지 않는 이유는 내세 지향의 신앙 때문이 아니라 예수 그리스도의 부활과 성도의 부활에 대한 하나님의 약속으로 인해 확실한 근거가 있는 소망 곧 부활 신앙 때문이다. 하나님의 사랑 안에서 우리는 죽음을 두려워하고, 또 죽음을 두려워하지 않는다.

| 주제어 |
죽음의 두려움, 소크라테스의 죽음, 죽음을 두려워하지 않을 이유, 부활 소망, 창조계획

I. 서 론

> "산 자들은 죽을 줄을 알되 죽은 자들은 아무것도 모르며 그들이 다시는 상을 받지 못하는 것은 그들의 이름이 잊어버린 바 됨이니라"
>
> [전도서 9장 5절]

다른 모든 두려움에 비해 죽음의 두려움은 원초적이다.[1] 인간의 한계와 연약함을 가장 잘 표현하는 것으로 인류의 보편적인 정서 가운데 하나다. 여기에는 죽음에 대한 불안과 공포 그리고 두려움이 있다. 인간 이해에서 이미 상식이 되어 버린 "죽음을 향한 존재(Sein-zum-Tode)"라는 하이데거(Martin Heidegger)의 표현도 있고, 또 "한 번 죽는 것은 사람에게 정해진 것"(히9:27)이라는 성경의 어록을 익히 알고 있다 해도 삶 한가운데서 불쑥불쑥 튀어나오는 이 세 가지 정서는 흔히 죽음에 대한 '부정적인 의식'이라 한다.[2] 때때로 죽음의

---

[1] 삶의 의미를 느끼지 못하고 오히려 사는 것에서 어떤 가치도 발견하지 못하면서도 그것을 의식하는 사람에게 하루가 더 연장된다는 것은 두려움의 대상이다. 더는 삶의 의미와 가치를 발견하지 못하는 것도 두려움의 원천이라 말할 수 있다. 여기서 각종 두려움이 모습을 드러내기 때문이다. 죽음에 대한 두려움의 문제는 삶의 무가치와 무의미에 대한 두려움과 맥을 같이 한다.

두려움은 바지에 오줌을 지리고, 부들부들 떨며, 혼절하고, 하늘을 원망하고 남을 탓하며, 심지어 소리 내어 통곡하는 등의 현상을 유발하여 인간다움을 상실하게 만든다. 만일 죽음의 두려움이 통제되지 않으면, 그것은 죽음을 앞둔 사람의 인간다움을 상실하게 하고 자존심을 잃게 만든다.[3] 이에 반해 죽음의 두려움이 전혀 없는 삶 역시 참 인간다움을 실현하지 못한다. 두려움은 본질에서 생존을 위한 방어기제이기 때문이다.

이런 이유로 자고이래 동서고금을 막론하고 죽음의 두려움을 극복하기 위해 종교적 노력이 끊이지 않았다. 철학은 이미 오랜 역사를 갖고 있거니와 오늘날 1968년에 캐나다에서 처음 개설된 후로 지금까지 죽음을 둘러싼 각종 문제를 다루는 '죽음학(Thanatology)'은 죽음에 대한 태도와 관련한 전문적인 연구로 두려움을 해결하기 위한 여러 방법을 시도한다.[4][5] 그 밖에 심리학, 사회복지학, 간호학,

---

[2] 이 가운데 부정적 의식을 일으키는 대상이 인지 가능할 때와 그렇지 않을 때를 기준으로 공포와 두려움 그리고 불안을 구별하여 말한다. 공포는 위협적인 요인이 현저할 때, 두려움은 현저하지 않지만 같은 감정을 느낄 때, 불안은 위협적인 요인이 실제로 없음에도 불구하고 나타날 때 사용한다.

[3] 죽음 앞에서 두려움에 사로잡혀 있을 때 나타나는 현상들, 바지에 오줌을 지리고, 부들부들 떨며, 혼절하고, 하늘을 원망하고 남을 탓하며, 심지어 소리 내어 통곡하는 등의 현상은 인간다움을 상실하게 만든다.

[4] 죽음에 관한 다양한 연구주제와 동향에 대해선 다음을 참고: 문영석, "해외 죽음학(Thanatology)의 동향과 전망",「종교연구」39, 2005, 293-313. 생명과학에서는 수명의 연장을 통해 죽음의 시기를 지연하는 방법을 마련하는가 하면 심리학에서는 두려움의 역학관계를 심리적으로 밝혀내어 그에 따른 대응책을 마련하려 한다. 죽음 교육은 피할 수 없는 죽음의 현실을 그대로 받아들이고 죽음과 친화적인 관계를 갖는 방식을 제안하기도 한다. 철학에서는 죽음에 대한 부정적 이미지를 제거함으로써 두려움을 무력화시키려 하고, 죽음에 아무런 의미를 부여하지 않으면서 두려움의 허상을 폭로하려 하며, 행복한 삶을 통해서 죽음을 행복하게 맞이하려는 노력도 있다. 일련의 시도들은 인간의 노력으로도 죽음에 대한 두려움의 원인을 밝혀내어 얼마든지 극복할 수 있다는 전망을 하게 한다. 실제로 인간은 감성 훈련과 이성적인 노력으로 두려움을 극복할 수 있다며 자신한다.

[5] Stephen Cave, *Immortality*, 박세연 옮김,『불멸에 관하여: 죽음을 이기는 4가지 길』(엘도라도, 2018).

노년학, 과학[6] 그리고 최근에는 뇌과학[7]도 이 문제에 뛰어들었다. 이토록 다양한 영역에서 주제로 다뤄지는 이유는 죽음에 대한 두려움이 미치는 영향과 사회적 관심이 크기 때문이다. 인간의 한계 때문에 비록 죽음의 문제는 해결하기 어렵다 해도, 죽음에 대한 태도에서만은 어느 정도 해결할 수 있다는 믿음은 다양한 지지를 받고 있다.

그러함에도 불구하고 죽음에 대한 두려움은 사라지지 않고 있다. 두려움을 극복했다기보다는 다소 완화했을 뿐이다. 인간다움을 훼손하는 죽음, 고독사, 조기 죽음, 불의의 사고로 인한 죽음, 질병으로 인한 죽음, 억울한 죽음 등에 대한 두려움은 우리 사회의 역학 관계를 이해하는데 있어서 하나의 상수처럼 기능한다. 비록 죽음에 대한 두려움을 극복하는 일이 종교의 목적은 아니라도, 궁극적인 질문을 다루는 종교는 다른 어떤 분야와 비교할 수 없을 정도의 강도와 분량으로 삶과 죽음의 문제에 천착하여 자기 영역을 확장한다.[8]

죽음의 두려움에 대한 태도 여하에 따라 삶의 질이 바뀐다면, 이것에 대한 바른 태도는 무엇일까? 두려움은 언제나 부정적인 의식인 걸까? 죽음을 혐오하여 피하거나 죽음의 한계를 극복하는 것만이 상책일까, 아니면 죽음을 준비함으로써 두려움을 완화하는 것이 바람직할까? 죽음에 대한 두려움에서 관건은 무엇일까? 도대체

---

6) 죽음을 극복하기 위한 과학에서의 다양한 시도와 관련 문헌에 관해서는 다음을 참고: 황명환 외, 『과학은 죽음을 극복할 수 있는가』(상상, 2019).
7) Srinivasan S. Pillay, *Life Unlocked: 7 Revolutionary Lessons to Overcome Fear*, 김명주 옮김, 『두려움, 행복을 방해하는 뇌의 나쁜 습관』(웅진지식하우스, 2011). Klaus Bernhardt, Panikattacken und andere Angststörungen loswerden, 이미옥 옮김, 『어느 날 갑자기 공황이 찾아왔다』(흐름출판, 2019).
8) 참고: 송현동, "현대인의 죽음-Well-Ending에 대한 종교학적 접근", 「종교문화연구」 10, 2008, 139-59.

사람은 왜 죽음을 두려워하는 걸까? 그것을 해결할 방법으로 기독교 고유의 것은 무엇인가? 삶과 죽음에 대한 하나님의 주권을 믿는 그리스도인이 죽음을 두려워하는 건 어떻게 이해할 수 있는가?

죽음의 문제에서 기독교의 핵심 과제는 성도로 마땅히 두려워할 것은 두려워하면서도 죽음에 대한 두려움에서 벗어나 죽음을 당당하게 맞서게 하도록 돕는 것이다. 죽음의 두려움은 우리가 누구를 신앙하고 있는지, 올바른 믿음의 소유자인지를 깨닫게 하는 시금석일 수 있다. 이렇게 말하는 까닭은 예수 그리스도가 그렇게 사셨기 때문이다. 특히 독일 종교개혁자 마르틴 루터(Martin Luther)에게 죽음의 두려움은 신학적 성찰의 출발점이었다.[9] 하나님의 심판으로 죽음의 두려움에 사로잡혀 살았던 그는 하나님의 의에 대한 새로운 이해를 통해 죽음의 두려움에서 벗어나서 죽음을 당당하게 맞설 수 있는 신앙을 위한 신학적 기초를 다졌다. 한편으로는 죽음을 두려워하면서도 다른 한편으로는 당당하게 죽음에 임하는 태도는 모순처럼 보이긴 해도 사실 죄인으로서 동시에 의인(simul justus et peccator) 상태의 그리스도인에게는 매우 이상적인 태도이다.

본 논문은 이 일이 가능할 수 있는 신학적인 조건들을 살펴보려 한다. 먼저 죽음을 두려워하는 제반 이유를 살펴보고 그 후에 제기

---

9) 전경연, "죽음에 대한 종교개혁자들의 가르침", 「기독교사상」9(5), 1965. 5, 6-12, 7. 참고: 강치원, "지옥에서 하늘나라로, 죽음에서 생명으로", 「한국기독교신학논총」 74(1), 2011, 27-55. 강치원은 하나님의 의에서 수동적인 의(justitia passiva)의 의미를 발견하기까지 루터의 죄인 인식에 따른 절망감, 지옥에까지 이르는 경험이 강하게 작용했음을 보여주고 있다.

되는 질문과 문제에 대한 신학적인 해법을 찾으려 한다. 죽음에 대한 두려움의 순기능을 밝히는 것은[10] 물론이고 죽음을 두려워하지 않을 이유로 기독교가 제시하는 길을 비판적으로 살펴볼 것이다.[11] 방법론적으로는 특히 플라톤의 저서 『파이돈』[12]에 등장하는 소크라테스가 자기의 죽음을 의연하게 대하는 태도를 매개로 한편으로는 죽음을 두려워하고 다른 한편으로는 죽음을 두려워하지 않는 이유를 살펴본 후에 그것을 신학적인 맥락 안에서 펼쳐보려고 한다.

---

10) 주성준, "사도행전의 설교들을 근거로 하는 두려움에 대한 이해", 「신학지남」72(2), 2005.6, 147-91. 저자는 이 글에서 구속사의 맥락에서 두려움의 의미를 밝히고 있다.
11) 종교적 대답이라는 것이 믿음의 체계를 통해 얻는 것이기 때문에 만일 타 종교의 대답을 이곳에서 모두 다룬다면 그것은 한 권의 책을 저술하는 일이 될 것이다. 죽음에 대한 두려움과 종교적 응답이라는 주제의 글을 위해서는 별도의 작업이 필요할 것이다. 그런데 박충구는 파이펠과 레스터의 연구를 인용하면서 종교인이라고 해서 죽음에 대한 두려움의 정도가 특별히 비종교인과 큰 차이를 보이지 않는다고 말한다(박충구, "죽음의 공포에 대하여", 「기독교사상」(719), 2018.11, 143-54, 148). 사정이 이렇다면 기독교의 관점에만 중점을 두어도 무방하다고 볼 수 있다.
12) Platon, *Phaidon*, 전헌상 옮김, 『파이돈』(이제이북스, 2013).

II. 본 론
- 죽음을 두려워해야 할 이유와 죽음을 두려워하지 않아야 할 이유

1. 소크라테스의 죽음에 대한 성찰
"죽는 날이 출생하는 날보다 낫다" [전도서 7장 1절]

1) 죽음에 대한 상반된 태도

『파이돈』에는 여러 가지 측면에서 두고두고 곱씹어볼 만한 내용이 많다. 그 가운데 하나는 소크라테스의 죽음이다. 이곳에는 소크라테스가 아테네 법정에서 사형선고를 받은 후 죽기까지의 이야기가 기록되어 있다. 스승의 억울한 죽음을 막으려 감옥에서 달아날 기회를 마련한 제자들의 제안을 거부하고 소크라테스는 기꺼이 독배를 마시겠다는 결정과 함께 의연하게 죽음을 맞이했다. 플라톤은 마지막 순간을 맞는 소크라테스를 기록하면서 자기 철학의 핵심을 설파했다. 스승에게 임박한 마지막 순간에, 더군다나 억울하게 당할 죽음으로 인해 모두가 염려하며 슬픔에 빠졌을 때, 영혼 불멸을 믿었던 소크라테스는 자기 죽음에 대해 전혀 두려워하지 않았으

며 오히려 자기 주변의 사람들을 위로하면서 기대 가득한 마음으로 죽음을 맞이했다.

오스카 쿨만(Oscar Cullmann)은 죽음에 대한 태도에서 소크라테스와 예수가 보여준 차이를 보여주면서, 초기 기독교는 영혼 불멸 신앙이 아니라 부활 신앙이었음을 논증하였다. 그는 플라톤이 전하는 내용 곧 소크라테스의 죽음에 임하는 태도를 아주 잘 요약해 주었는데 다음과 같다.[13]

"소크라테스의 죽음은 아름다운 죽음이다. 거기에서 죽음의 공포란 전연 찾아볼 수 없었다. 스크라테스는 죽음을 두려워하지 않았다. 죽음이야말로 육체에서 우리를 자유하게 하여 주기 때문이다. 죽음을 두려워하는 사람은 육의 세계를 사랑하는 자이며 그는 철두철미 감각의 세계에 매여 있다 함을 입증하는 것이다. 죽음은 영혼의 위대한 친구이다. 이 사실을 소크라테스는 가르쳤고 그리고 그는 그 가르침과 놀라운 조화를 이루며 죽어갔다."

이것은 어떻게 가능했을까? 모두가 두려워하는 죽음에 직면해서 그가 자유로울 수 있었던 이유는 무엇인가? 이성적인 사유라는 큰 틀에서 볼 때 몇 가지 이유를 찾아볼 수 있다. 그 첫째는 어떤 종류의 죽음인지 상관없이 죽음에 대한 이해가 삶과의 관계에서 일관되고 체계적이었고, 둘째는 사후세계에 대한 확신이 있었으며, 셋

---

13) O. Cullmann, *Immortality of the Soul or, Resurrection of the Dead?: The Witness of the New Testament*, 전경연 옮김, 『영혼 불멸과 죽은 자의 부활』(대한기독교서회, 1965), 16.

째는 근거 있는 철학적 세계관(현상계와 이데아계)과 그것에 대한 기대감으로 가득했기 때문이다.

2) 삶과 죽음에 대한 일관되고 체계화된 이해

소크라테스는 죽음을 육체와 영혼의 분리로 이해했다. 고대 이집트에서 잘 알려져 있던 사상인데 이것을 그리스 철학이 받아들여 체계화했다. 죽으면 육체는 땅에 묻혀 흙으로 돌아가지만, 영혼은 불멸한다는 것이다. 이것은 육체 안에 불멸의 무엇이 존재한다는 것과 생명의 원리가 육체에 있지 않고 영혼에 있다는 생각으로 이어진다. 생명의 원리이면서 불멸의 존재인 영혼이 떠나면 죽음을 맞는다. 물론 그렇다고 해서 생명 활동에 육체가 불필요하다고 생각하는 건 아니다. 다만 영혼이 떠나면 더는 생명을 유지할 수 없다는 말이다. 이 땅에서는 육체와 영혼이 함께 존재하지만, 영혼이 떠나면 죽고, 육체는 영혼이 있어야만 생명 활동이 가능하다. 영혼은 한편으로는 육체의 생명을 가능케 하면서도 다른 한편으로는 육체와 결합하여 지내는 동안 감각적인 한계에 매여 진리를 온전히 인식하지 못한다. 육체와 결합함과 동시에 망각의 상태에 빠져 있는 영혼의 기능은 회상을 매개로 진리를 인식하는 것이며, 죽음과 더불어 육체에서 벗어날 때 비로소 진리의 세계로 회귀한다.

3) 현상계와 이데아계

소크라테스에게 철학자는 현상계에서 감각에 매여 살면서 진리 인식을 추구하지 않고 사는 일반인과 달리 진리를 인식하는 일을 업으로 삼는다. 동굴 속에 비친 그림자로 만족하지 않고 빛의 세계로 나가 실체를 파악하려 한다. 철학자로서 정체성을 확실하게 실천했던 그는 동굴 속으로 들어가 사람들의 무지를 철학적 산파술을 이용하여 깨우치는 것을 평생의 업으로 삼으며 살았다. 만일 영혼이 참 진리를 인식할 수 있는 상태로 돌아갈 기회가 있다면, 이것은 평생을 진리 인식에 헌신한 철학자로서 대대적으로 환영할 만한 일이다. 그에게 죽음은 영혼이 본래 있던 곳, 곧 진리의 세계(이데아계)로 돌아가는 귀향이다. 어떠한 죽음을 맞이하든 영혼에 어떠한 영향을 주지 않는다.

4) 죽음을 두려워하지 않은 이유

소크라테스가 죽음에 대한 부정적 의식에 사로잡히지 않았던 까닭은 육체와 분리되는 순간에 영혼은 오히려 더 나은 세계로 갈 것을 기대할 수 있었기 때문이다. 자신의 철학적 세계관에 따른 태도였다. 철학자로서 그는 철저하게 자신의 이론을 실천했다. 그는 육체의 삶에 집착하지 않았다. 그 대신에 philos+sophia의 합성어인 철학의 의미가 말해주듯이, 진리를 혹은 진리를 인식하는 삶을 사랑했다. 죽음에 대한 그의 태도는 생전에 그가 무엇을 위해 또 무엇을 사랑하며 살았는지를 입증하는 일이었다. 다시 말해서 소크라테스가 죽음을 두려워하지 않고 오히려 기쁘게 받아들일 수 있었던 이유는, 그 자신이 평생 진리 인식을 위해 살았고 사람들의 무지를 깨우쳐 주어서 그들이 진리를 추구하는 삶을 살도록 노력했기 때문이다. 진리를 열망하고 사랑해서 평생 진리 인식을 위해 헌신하며 살았던 사람이 죽어서 확실한 진리 인식이 가능한 세계로 가는 순간에 슬퍼하거나 불안해하거나 두려워한다면 어떻게 그 말의 진정성을 믿을 수 있겠는가?

결과적으로 소크라테스가 죽음을 두려워하지 않을 수 있었던 이유는 이 땅에서 인간의 삶의 이유와 목적을 분명히 알고 있었고 또 그것을 사랑했기 때문이다. 그에게 삶의 의미와 목적은 진리 인식에 있고, 이것은 불멸하는 영혼이 육체로부터 분리하는 순간에 더욱 명료하게 이루어지며, 어떠한 죽음을 맞이하든 죽음은 그것을 완성하는 통과의례에 불과한 것이었다. 죽음 이후의 세계가 분명했다. 소크라테스는 평생을 진리 인식을 위해 살면서 삶과 죽음에 관한 생각에서 일관했고, 이것이 죽음에 대한 두려움에서 그를 자유롭게 했다.

5) 죽음의 두려움을 극복하는 일에서 소크라테스의 한계

논문의 화두로 돌아가 보자. 그렇다면 오늘날 많은 사람이 죽음의 두려움을 갖는 이유는 무엇일까? 삶과 죽음에 관한 생각에서 일관하지 못하기 때문일까? 살면서 사랑했던 것이 죽은 후에도 계속 이어지리라는 것을 기대할 수 없기 때문일까? 곧 삶의 이유와 목적에 대한 확신이 부족하기 때문일까? 살면서 자신의 신념과 가치관에 따라 살지 못했기 때문일까? 도대체 죽음 이후의 세계를 알지 못하는 상태에서 삶과 죽음과 관련해서 일관되게 생각하는 것은 가능한가? 모두 질문이 일리가 있다고 여겨지는데, 왜냐하면 죽음의

두려움을 극복하려는 많은 시도는 이런 문제를 해결하는 데에 집중하기 때문이다.

이들 질문과 관련해서 오늘의 관점에서 볼 때 소크라테스의 이야기에서 부족한 점은 세 가지다. 하나는 죽음 이후의 세계로 전제된 진리의 세계, 곧 영혼의 고향이라는 말이 지나치게 신화적이다. 영혼 불멸을 전제한 그의 사상이 초월의 세계를 가리키는 것임이 명백하다 해도, 사후세계는 그 존재와 관련해서 여전히 논란 중이다.[14] 예컨대 유물론자 포이에르바흐(Ludwig Feuerbach)를 위시해서 죽음을 육체적 기능 정지, 곧 심장사나 뇌사로만 이해하려고 하는 과학은 죽음 후의 세계는 실재가 아니라 결핍으로 가득한 현실의 투사에 불과하다고 여긴다. 그것은 오늘날 육체의 한계성을 극복하기 위해 불멸성, 환생, 피안의 세계 등을 말하는 방식과 별반 다르지 않다. 이것은 유물론적 죽음 이해나 과학적 죽음 이해의 한계이다.

다른 하나는 죽음을 영혼과 육체의 분리로 보는 생각이다. 이에 따르면 분리의 순간에 영혼은 초월의 세계로 이양한다. 그러나 육체와 분리된 영혼의 세계를 전제하고 삶과 죽음을 일관되게 생각할 근거를 현대인의 사고에서 발견하기란 쉽지 않다. 독립된 실체로서 영혼을 생명의 원리로 인정하는 건 어려운 일이다. 생명의 물

---

14) 철학에서 죽음의 두려움과 관련해서 영혼 불멸 사상과 정반대 위치에 있는 사람으로 대표적인 인물은 에피쿠로스(Epikurus)이다. 에피쿠로스 역시 죽음을 두려워할 이유가 없다고 역설했는데, 다만 소크라테스와는 달리 사람이 죽은 후에는 영혼이 더는 존재하지 않기 때문이라고 주장했다. 다시 말해서 가장 끔찍한 악으로 알려진 죽음은 인간에게 전혀 문제가 되지 않는데, 왜냐하면 죽음은 사람이 살아 있는 동안엔 존재하지 않고, 만일 죽음이 현실로 나타난다면 죽은 자는 더는 존재하지 않을 것이기 때문이다. 그는 죽음을 감각의 상실로 이해했다. 따라서 사람은 죽음과 더불어 더는 고통을 느끼지 않기에 죽음에 대한 두려움을 가질 필요가 없는 것이다. 이와 관련해서 다음을 참고: Epikur, "Letter to Menoeceos", Trans. by Robert Drew Hicks. 이것은 인터넷에서 내려받아 읽을 수 있다: http://classics.mit.edu/Epicurus/menoec.html

질적인 원리를 받아들이지 않는다 쳐도 오늘날 광범위하게 받아들여지고 있는 전인적 인간 이해에 따르면, 영혼과 육체는 존재론적으로 결합하여 있어 더는 분리되지 않는다. 설령 기능이나 작용 면에서 각각의 존재를 인정한다 해도 그렇다. 전인적 인간 이해에 따른 죽음 이해를 위해서는 또 다른 의미체계가 필요하다.

마지막 하나는 현상계의 사람들이 죽음에 대한 부정적인 의식을 갖는 이유가 분명하지 않다. 소크라테스는 그것을 극복할 수 있는 한 가지 가능성은 제시했으나 죽음에 관한 생각과 관련해서 사람들이 왜 부정적 의식에 사로잡히는지, 왜 죽음의 두려움을 갖게 되는지 그 이유에 대해서는 아무런 언급을 하지 않는다. 다만 그의 말을 통해 오늘의 맥락에서 추론해 볼 수 있는 것은 (진리 인식을 위한) 삶의 이유와 목적이 분명하지 않고 (진리의 세계로서) 사후세계의 존재와 속성에 대한 확신이 없기 때문이라는 것이다. 다시 말해서 진리 인식에 삶의 이유와 목적을 두지 않는 사람은 죽음 앞에서 부정적인 의식(불안, 두려움, 공포 등)에서 벗어나기 어려울 수밖에 없다는 결론이 나온다. 소크라테스에게는 삶의 이유와 목적이 오직 죽을 때에만 성취되는 것이기에 이렇게 말할 수 있었겠지만, 이것은 오늘날 이 땅에서의 하나님 나라를 인정하지 않고 오직 죽어서만 천국에 간다는 것과 같은 해결책에 불과하다. 죽음에 대해 두려움을 갖는 이유는 그것만이 아니다. 죽음의 두려움에 대한 올바른 태도를 알기 위해선 죽음의 두려움이 어디서 비롯하는지를 알아야 한다.

소크라테스가 죽음을 두려워하지 않은 이유와 관련해서 드러난 세 가지 문제를 기독교는 해결할 수 있을까? 죽음을 두려워하지 않을 이유를 말하면서 과학과 철학의 한계를 넘어 초월의 세계를 정당하게 말할 수 있는가? 전인적 인간 이해와 관련해서 죽음의 의미를 설득할 수 있는가? 죽음에 대한 부정적 의식을 갖는 이유를 밝힐 수 있고 그것에 대한 해법을 제시할 수 있는가? 이것은 오늘 우리가 해결해야 할 과제이다.

2. 죽음을 두려워하는 이유

1) 상실의 고통에 대한 간접 경험

두려움이란 예상되는 현상과 경험 때문에, 심리적으로 매우 불안한 감정에 사로잡힌 상태를 일컫는다. 죽음을 직접 경험할 수 없고 다만 간접적으로 경험할 수밖에 없는 사람이 그것이 자신에게 임할 것을 예상할 때는 극도의 불안한 감정 상태가 된다.[15] 장례식에서 혹은 사고 현장에서 혹은 대중문화를 통해 죽음의 비극성과 비참함 그리고 죽음에 대한 슬픈 반응들을 보면서 우리는 사랑하는 사람의 죽음과 더불어 유족과 주변인에게 일어나는 상실의 고통과 슬픔을 간접적으로 경험한다. 이것은 뇌를 통해 학습된다.

죽음에 대한 간접 경험이 왜 나의 죽음에 대한 두려움으로 변하는지 그 생리적인 역학관계에 대해서는 뇌과학이 규명하고 있다.[16]

---

15) 박충구, "죽음의 공포에 대하여", 위의 같은 글, 144-5. 상실의 고통에서 오는 죽음의 두려움 때문에 에피쿠로스의 견해는 옳지 않다고 말할 수 있다. 영화 〈사랑 후에 남겨진 것들〉(도리스 도리에, 2007)은 시한부 인생을 살아야 했던 남편을 둔 아내는 남편을 잃을 것에 대한 예감으로 오히려 남편보다 먼저 사망한다.
16) Daniel Goleman, *Emotional Intelligence*, 한창호 옮김, 『EQ감성지능』(웅진지식하우스, 2005), 331-55.

충격적인 간접 경험으로 인해 편도체가 즉각적으로 반응할 때 분비되는 호르몬은 단기 기억을 장기 기억으로 바꾸는데, 이로 인해 뇌는 간접적으로 경험한 사실을 자신의 경험으로 기억한다(학습된 경험). 경우에 따라선 타인의 두려움에 대한 간접적 경험이 직접경험을 통해 나타나는 것보다 훨씬 더 강력한 두려움을 일으킨다.

죽음과 관련해서 주변 사람에게서 가장 흔히 볼 수 있는 태도는 관계의 단절과 상실에 대한 슬픔과 고통이다.[17] 얼마 전까지만 해도 함께 있었던 사람이 갑자기 사라져 더는 볼 수 없게 되는 것은 슬픈 일이다. 이와 더불어 부재의 상황에서 갑자기 부정적인 감정에 사로잡힐 때 사람은 고통을 겪는다.

상실 경험은 매우 다양한 요소를 포함하고 있는데, 그 가운데 대표적인 것은 나의 일부가 내게서 떨어져 나간 것 같은 분리 경험이다.[18] 죽음으로 오는 상실에 대한 경험과 상실의 고통을 겪는 사람에게서 받는 간접적인 상실 경험은 자기의 죽음을 생각할 때마다 수면 위로 떠 오른다. 아직 죽음에 이르지 않았지만 죽음을 생각할 때마다 떠오르게 되고, 만일 그것이 부정적인 의식과 결합하면 두려움에 사로잡힌다. 결국엔 죽음에 대한 간접 경험이 어떠했느냐에 따라 자기 죽음을 생각하는 태도가 달라진다고 말할 수 있다.

한편, 임박한 죽음의 순간에는 의식이 없어 고통을 느끼지 못한다고 하지만, 죽음에 이르는 과정에서 겪는 상실 및 육체적 고통에

---

17) C.S. Louis, The Problem of Pain, 이종태 옮김, 『고통의 문제』(홍성사, 2018). 루이스는 이 책에서 아내의 죽음과 관련해서 상실의 고통이 매우 깊었음을 보여준다.
18) 다음을 참고: Elisabeth Kübler-Ross, *On Grief and Grieving*, 김소향 옮김, 『상실수업』(이레, 2007). 무라카미 하루키 소설 『상실의 시대』(문학사상, 2000)을 바탕으로 만든 영화 〈상실의 시대〉(트란 안 홍, 2010)는 상실에서 오는 분리의 고통을 아주 분명하게 보여주었다.

관한 생각은 죽음 자체를 두려워하게 만든다. 바로 이러한 맥락에서 순교자들도 죽음을 두려워했다고 하는 아우구스티누스의 말은 충분히 이해가 된다.[19] 죽음 자체는 경험하지 않아 두렵지 않으나 고통이 두려워 죽음을 두려워하는 사람들이 많다는 말이다. 만일 고통 없이 죽을 수 있다면 죽음을 두려워하는 사람의 수는 훨씬 줄어들 것이다. 고통 자체로 생명을 잃는 일은 드문 일이나 지속적인 고통과 고통에 대한 예상은 생명의 의지를 꺾는 힘이 있다. 이 힘에 압도되면 죽음을 두려워할 수밖에 없다.

2) 잊힐 것(소멸)에 대한 두려움

죽음의 문화와 관련해서 인류사회에서 보편적으로 발견되는 제도 가운데 하나는 제사다. 고인이 사망한 날에 제사를 지내는 일은 고인을 기억하면서 소통하는 하나의 방식이다. 한편으로는 살아 있는 자가 죽어 다른 세상으로 간 고인을 기억하기 위해 제사 제도를 만들었다고 볼 수 있다. 그러나 다른 한편으로 유전자의 이기적 속성에 비추어 보면, 여기에는 자신이 죽은 후에도 후손들이 같은 마음으로 기억해주기를 바라는 마음이 작용하지 않았다고는 말할 수 없다. 자신이 죽은 후에도 후손이 잘되길 바라고 부모가 자식을 사랑하는 마음을 동기로 해서 조상에게서 복을 기대하는 의식이 파생되었다고 볼 수 있다. 제사는 원래 신에게 감사하고 또 기도하는 신앙 행위라는 점에서 기본적으로 자기 종교에서 섬기는 신과의 관

---

19) 변종찬, "죽음의 공포에 대한 아우구스티누스의 이해", Catholic Theology and Thought(68), 2011.12, 219-59, 240.

계를 표현하는 것이다. 그런데 대한민국의 제사는 기일을 계기로 조상을 기억하는 행위로 정착하였다. 좋게 본다면 신에게 제사 드리면서 조상을 기억함과 동시에 신에게서 복을 기대하는 것이라 볼 수 있다.[20]

그 밖에 제사에 참여하는 사람의 여러 기대 지평 가운데 하나인 기억에는 기억과 기억됨의 역학관계가 작용한다. 죽음을 앞둔 사람과의 대화를 통해 확인할 수 있는 사실은 자신의 존재와 이름이 사람의 기억에서 사라질 것에 대한 두려움이 큰 것이다. 죽음을 배제와 망각의 대상으로 여기는 문화를 통해 누구든 쉽게 예감할 수 있는 두려움이다.[21] 비록 유물론자가 아니라도 이것은 존재의 완전한 소멸에 대한 불안과 직접 맞닿아 있다. 이것과 반대되는 현상은 치매 환자의 두려움이다. 치매가 진행 중인 사람들에게 가장 큰 두려움은 자신은 물론이고 사랑하는 사람을 더는 기억하지 못하게 되는 것이다. 물론 이것은 치매 환자가 더는 자신을 알아보지 못할 것에 대한 가족과 지인의 두려움이기도 하다.

자신이 후손의 기억 속에서 완전히 잊힐 것에 대한 두려움은 건강하고 또 아직 살아갈 날이 많이 남아있는 사람에게서도 어렵지 않

---

20) 그런데 대한민국의 제사 문화는 무속 신앙의 영향이 매우 깊다. 무속은 조상과 신을 결합하여 조상신에 대한 신앙을 가능하게 했다. 일반적으로 제사에서는 보통 사람들이 그동안 돌보아주신 것에 대해 신에게 감사하고 또 복을 구하는데, 대한민국의 제사에서는 조상을 기억을 넘어 기도의 대상으로 삼는다. 그 이유는 사람이 죽으면 고인을 대하는 후손의 정성에 따라 혼의 상태에서 벗어나 신이 된다고 믿기 때문이다. 고인이 죽어 조상신이 되었을 때 비로소 조상신에게 기도하는 것이 가능하기에 사람들은 부모가 살아 있을 때는 소홀히 대하였어도 부모가 돌아가시면 지극 정성으로 모신다. 그래야 조상신이 되어 후손에게 복을 줄 수 있는 위치에 있다고 믿기 때문이다. 조상제사 문화는 매우 이기적이고 가족 중심적인 사고의 결정체다. 다음을 참고: 최성수, "조상제사가 갖는 신학적인 문제", 「기독교 사상」(478), 1998.10, 118-30.
21) 다음을 참고: 박형국, "죽음의 망각과 기억, 그리고 삶의 완성", 「종교연구」 72, 2013, 1-27.

게 발견할 수 있다. 살아 있을 때는 강한 인정욕구로 표출되던 것이 죽음이 임박한 시기에는 기억에 대한 열망 혹은 잊힐 것에 대한 두려움 혹은 존재의 완전한 소멸에 대한 불안이나 공포로 나타난다. 자기가 죽은 후에 사람들이 더는 자신을 기억하지 않을 것에 대한 부정적인 의식은 특히 억울한 죽음을 맞이하게 되거나 삶의 가치를 못 느끼고 있거나 자존감이 낮은 사람에게서 많이 나타난다. 이 경우에는 살아 있을 때 주변 사람들과 어떤 관계를 맺고 살았느냐에 따라 두려움의 정도는 달라진다. 친밀하고 돈독한 관계를 갖고 살았다면 소멸에 대한 두려움이 없겠지만, 그렇지 않은 경우엔 자기가 죽은 후에 사람들의 기억에서 완전히 사라질 것을 두려워한다.

3) 죽음에의 본능

쇼펜하우어(Arthur Schopenhauer)는 주저 『의지와 표상으로서의 세계』[22]에서 불합리한 세계에서 벗어나 합리적인 세계를 형성하기 위해서는 맹목적인 삶에의 의지(blinder Wille zum Leben)를 극복해야 한다고 주장했다. 존재에의 무의식적인 충동이며 또한 맹목적인 삶에의 의지는 욕망이기에 불합리하여 합리적인 세계를 교란한다고 생각했기 때문이다. 불합리한 감정 상태인 죽음의 두려움은 욕망으로서 맹목적인 삶에의 의지에서 비롯한다. 따라서 그는 맹목적인 삶의 의지를 극복할 유일한 길을 죽음이라고 보았다. 그에게 죽음은 합리적인 세상을 위한 길이기에 두려워할 이유가 없다. 죽음의 두

---

22) Arthur Schopenhauer, *Die Welt als Wille und Vorstellung*, 홍성광 옮김, 『의지와 표상으로서의 세계』(을유문화사, 2015).

려움을 극복할 근거를 소크라테스가 사후의 세계에 두었다면, 쇼펜하우어는 합리적인 현실의 건설로 옮겨놓았다. 소크라테스에겐 진리 인식이 관건이었으나 쇼펜하우어에게는 현실의 합리적인 건설이 관건이었다. 그래서 쇼펜하우어에게는 오히려 죽음에의 용기를 북돋는 것이 불합리한 세계를 끝장내고 합리적인 세계를 건설하는 지름길이다. 이것이 그가 자살론을 전개한 배경이다.

이에 비해 삶과 죽음의 상관관계를 말하면서 프로이트(Sigmund Freud)는 1920년에 출간한 『쾌락원칙을 넘어서』[23]에서 처음으로 죽음의 본능(Todestrieb)을 언급했는데, 그 후 구체적으로는 리비도(Libido) 이론에서 두 가지 본능이 있다고 보았다. 하나는 삶에의 본능이고 다른 하나는 죽음에의 본능이다. 죽음에의 본능은 원래의 상태로 돌아가려는 충동에 따른 것인데, 현상적으로는 삶에 대한 두려움에 압도된 상태다. 살려는 강한 의지와 삶에 대한 두려움 곧 죽음에의 본능 사이에서 나타나는 갈등 혹은 충돌 현상 가운데 하나가 죽음에 대한 두려움이다. 다른 측면에서 보면 그것은 살려는 의지의 표출이라고 말할 수 있다. 뇌과학이 밝히는 두려움의 과정을 살펴보면 두려움은 위험의 요인이 현저한 상태에서 생존을 위한 감정적 반응이기 때문이다. 두려움은 편도체의 작용에 따른 호르몬 현상이다.

이것을 조심스럽게 살펴보면 죽음에 대한 두려움은 삶에의 의지의 또 다른 모습이다. 죽음에 대한 두려움이 크면 삶에의 의지는 그에 비례해서 더욱 강해진다. 물론 죽음의 두려움으로 인해 삶의 의욕이 상실하기도 한다. 반대로 삶에 대한 두려움이 강해지면 죽

---

23) Sigmund Freud, *Jenseits des Lustprinzips*, 박찬부 옮김, 『쾌락원칙을 넘어서』(열린책들, 1997).

음에의 의지는 커진다. 두려움은 삶의 의미는 물론이고 죽음의 긍정적인 의미와 가치 모두를 해체한다. 이에 반해 삶에 대한 의지가 강해지면 죽음에 대한 의지는 힘을 상실한다. 죽음에 대한 두려움이 설 곳이 사라진다. 삶의 의미와 목적이 분명해짐에 따라 그리고 행복한 삶으로 인해 죽음에 대한 두려움이 줄어든다는 주장은 이런 맥락에서 설득력을 얻는다.

태곳적부터 경험된 죽음과 그것에 대한 각종 기억은 인간의 뇌에 깊이 각인되어 있다. 본능적인 두려움은 누구도 피할 수 없다. 다만 그것이 의도적으로 떠올리지 않아도 자꾸만 떠오르는 침습적인 사고로 정착되었는지 아니면 제대로 통제되는지의 차이가 있을 뿐이다. 본능적인 죽음에 대한 두려움을 통제할 수 있을 때, 죽음은 삶의 의미와 가치를 더해주는 역할을 한다.

특별히 사람이 지속적인 스트레스에 노출되면 불필요한 감정에 사로잡혀 자기를 통제하는 이성 능력이 현저하게 저하되고, 이에 따라 삶의 의지가 힘을 잃어 죽음에 대한 본능이 상대적으로 강해진다. 이렇게 되면 흔히 기우(杞憂)로 표현되는 것으로 정신의학에서 죽음 공포증(tanaphobia, fear of death)이라 부르는 증세가 종종 나타난다. 죽음에 대한 두려움이 일상을 방해할 정도가 되는 정신상태를 말한다. 특별한 계기가 없이도 본능에 따라 죽음을 예상하게 되면 죽음의 두려움은 엄습한다.

4) 사후 상태에 대한 불확실성

죽으면 어떻게 될 것인지에 대한 생각은 크게 불안(두려움, 공포)

내지는 기대로 갈린다. 죽은 후의 상태에 대한 확신이 없으면 불안하고 심지어 죽음을 두려워하지만, 소크라테스에게서 볼 수 있듯이, 죽은 후의 상태에 대한 확신이 있으면 기대로 가득한 마음으로 죽음을 대할 수 있다.[24] 철학과 종교는 인류에게 보편적으로 나타나는 죽음 이후의 상태를 설명하는 체계를 제시하여 사람들의 관심을 끈다. 세계 종교는 각각의 교리체계에 따라 다른 이름(극락, 천국, 하늘나라, 천상의 세계 등)을 붙이면서 죽은 이후의 상태를 설명한다. 공통적인 것은 지상에서의 삶의 질과 양태에 따라 죽은 후의 상태가 결정되는 것이다.[25]

죽은 후에 어떻게 되는지, 특히 죽은 후 전개되는 갈림길에서 불확실성은 필연적으로 죽음에 대한 두려움으로 이어진다. 무엇보다 죽은 자와 산 자의 관계는 어떻게 되는지, 산 자와 죽은 자의 소통은 왜 불가능한지 그리고 죽은 후에 천국에 가는지 아니면 지옥에 가는지에 대한 대답이 확실하지 않을 때 죽음에 대한 두려움은 커진다.[26] 이런 두려움에서 벗어나기 위해서는 평소에 늘 죽음을 염두에 두면서 사후세계의 행복을 준비하며 살아야 한다는 죽음 교육의 의미가 강조된다.

---

24) Julia Assante, *The Last Frontier*, 주순애 옮김, 『두려움 없는 죽음, 죽음 이후의 삶』 (이숲, 2015).
25) 여기서 예외는 개신교의 선택과 예정교리에 따라 나타난다. 비록 지상의 삶에서 온전하지 못했다 해도 하나님의 선택은 거역할 수 없으며, 그의 예정에 따라 사후의 상태가 결정된다. 달리 말하면 사후의 상태는 하나님의 결정에 따른 것이지 인간의 삶의 질과 양태에 따라 결정되는 것이 아니라는 의미다. 그러나 아무리 선택과 예정에 따른다 해도 살아서 예수 그리스도를 믿는 것에 따라 결정된다는 점과 믿음이 선한 행위를 포함한다는 점에 본다면 개신교 역시 이 땅에서의 삶이 결정적인 요인으로 생각한다고 볼 수 있다.
26) 유현숙, "죽음의 두려움을 통해 본 구원의 확신과 목회적 돌봄", 「신학과 실천」 Vol. 58(2018.7), 475-98.

5) 삶의 의미와 목적이 불확실할 때

과거 종말론이 휴업 중일 때(계몽주의 시대) 사람들은 현실을 말하는 데는 열심을 내도 초월의 세계를 말하기를 주저했다. 죽음 이후의 삶에 관한 이론을 검증할 만한 합리적인 근거가 없다는 이유에서였다. 이런 상황에서 신학자들은 죽음에 대한 사람들의 공포와 두려움을 삶의 의미를 채우는 노력으로 대체하며 극복하려 했다. 가치와 의미 있는 삶을 위해서는 죽음도 불사하는 것을 용기로 여겼다. 감정의 혼돈상태를 이겨내고 의미로 충만한 질서를 세우려 했다. 하나님 나라는 도덕적으로 완전한 나라라고 보고, 계몽과 교육을 통해 사람을 변화시키는 가운데 하나님 나라를 이 땅 위에 건설할 수 있다고 믿었다. 당시 계몽주의 사상에 바탕을 둔 자유주의 신학은 의미체계를 만들어 제공했다.

그 결과 목회자는 죽어가는 사람들에게 무엇을 말해야 할지를 몰라 당황했고, 죽어가는 사람은 죽은 후에 자기의 운명이 어떻게 될지를 알지 못해 불안해하며 죽음을 두려워했다. 다시 말해서 죽은 후의 상태에 대한 확신을 심어주지 않고 삶의 의미에 충실하게 살도록 이끈다고 해서 죽음에 대한 두려움이 제거되지 않는다는 사실이다. 종말론이 제대로 기능하지 않을 때, 그래서 사후 상태에 대해 불확실한 대답을 줄 수밖에 없을 때, 사람은 죽음에 대한 두려움을 갖고 살 수밖에 없다.

이와 다른 관점에서 우리가 이 땅에서 살아가는 이유와 의미와 목적을 알지 못할 때도 죽음에 대한 두려움에서 벗어나지 못한다. 대개는 우리를 향한 창조주의 계획을 알지 못할 때 이런 일이 일어난다. 하나님이 천지의 창조주로서 세상을 다스리는 분이시며 그분이 왜 우리를 만드셨는지를 제대로 알아야 비로소 죽음도 하나님의 뜻이며 삶의 일부라는 사실을 받아들일 수 있다.

삶의 목적과 관련해서 또 다른 관점에서 말할 수 있는 것은 삶에 대한 미련과 아쉬움이 커서 만족도가 낮을 때 죽음에 대한 두려움이 커진다는 것이다. 목적지에 한참 미치지 못했으나 욕망이 여전히 살아 있으면 미련은 클 수밖에 없다. 삶에 대한 강한 집착을 보이는 사람에게 죽음은 자신의 삶을 강제적으로 불완전하게 마무리 짓도록 하는 장본인이다. 따라서 죽음은 두려운 존재이며 때로는 원수다.

특히 오늘날엔 가족과의 관계에서 만족도가 매우 중요하다. 비록 직장에서 충분히 성공하지 못했어도 가족과의 관계에서 만족도가 높으면 이에 비례해서 삶에 대한 만족도도 높아지는데, 이렇게 되면 죽음을 덜 두려워하게 된다. 비록 짧은 인생이라도 충만하게 살았다고 생각하기 때문이다. 가족과의 삶에서 만족도가 높으면 심지어 죽음을 감사함으로 맞이할 수 있다.

6) 죽음을 부정적으로 생각하는 문화

죽음을 두려워하는 이유는 죽음에 관한 생각이 대체로 부정적이기 때문이다. 텔레비전 뉴스에서 시신을 모자이크 처리하는 것에서 엿볼 수 있듯이 심지어는 죽음을 혐오하기까지 한다. 특히 살해 피해자로서 죽거나 병과 사고로 죽었을 때는 더욱 그렇다. 뜻하지 않은 상태에서 맞이한 조기 죽음은 주변인의 마음에 부정적인 의식을 심어준다. 여기에서 죽음은 피해야 할 것이며 슬픈 것이고 고통을 유발하는 것이다. 때로는 분노와 원망의 감정에 사로잡힌다. 죽음의 문화가 부정적일수록 그에 따라 죽음에 대한 두려움은 커진다.

영화나 텔레비전 드라마 같은 대중문화에서 흔히 접하는 죽음의 장면은 비록 그것이 간접 경험이라도 일정한 조건이 충족되면 갑작스레 나의 죽음에 대한 두려움으로 작용한다. 특히 장르적으로 공포와 스릴러물은 죽음에 대한 두려움을 내 안에 이식하는 데에 크게 작용한다.

비록 부정적으로 생각하지 않아도 장례를 집 밖에서 치르는 일 역시 죽음에 대한 긍정적인 생각을 가로막는다. 적어도 죽음은 할 수만 있다면 피해야 할 것 중 하나라고 여기게 하기 때문이다. 죽음을 삶과의 상관관계에서 긍정적으로 보는 문화가 없이는 죽음에 대한 두려움을 극복하는 일은 요원할 수밖에 없다. 부정적으로 생각해서 죽음을 피하거나 말하기를 꺼린다고 해서 두려움을 극복할 수 있는 것은 아니다. 오히려 죽음과 죽음에 관한 생각에 적극적으로 접근하면서 죽음을 말하고 또 준비할 때 두려움이 사라지고 행복한 죽음(well-dying)을 경험할 수 있다는 보고가 많다.[27)28)]

인류사회에서 죽음에 대한 인식과 평가가 부정적인 이유와 관련해서 박충구는 일곱 가지를 제시하고 있는데, 징벌로 이해되기 때문에, 일상으로부터 격리와 추방과 소외 등의 이미지 때문에, 썩은

---

27) 다음을 참고: 송현동, "현대인의 죽음-Well-Ending에 대한 종교학적 접근", 위의 같은 글. 강경아, "죽음준비교육 참여군과 비 참여군의 삶의 의미 및 죽음에 대한 태도 비교", 「종양간호학회지」제10권 2호, 2010, 156-162.
28) 곽혜원, "존엄한 죽음과 의료인의 책임적 과제", 황명환 외, 『과학은 죽음을 극복할 수 있는가?』, 앞의 같은 책, 238-91. Atul Gawande, *Being Mortal*, 김희정 옮김, 『어떻게 죽을 것인가』(부키, 2015).

시신이 주는 추하다는 이미지 때문에, 상실의 고통에 대한 두려움 때문에, 삶으로부터 영원한 추방으로 이해되기 때문에, 피해자로서 죽음으로 인한 고통 때문에, 그리고 죽음의 과정이 길고 고통스럽기 때문이라는 것이다.[29]

3. 두려움의 대상은 죽음인가 아니면 죽음을 다스리는 자인가?

이상에서 언급된 죽음을 두려워하는 이유에 대해서 기독교는 과연 어떤 대답을 줄 수 있을까? 이상의 것은 죽음을 두려워할 이유인가? 죽음을 두려워하지 않아야 할 충분한 이유를 제시할 수 있을까? 앞서 언급했듯이 기독교 이외의 종교 역시 이런 질문에 대한 대답을 나름대로 제시하고 있다. 필자는 기독교에 고유한 대답에 제한해서 다루고 필요에 따라 타 종교의 대답을 언급하려고 한다. 현대인에게 설득력이 있으면서 죽음을 두려워하지 않을 이유에 대해 기독교는 충분히 설명할 수 있는가?[30]

인간은 대개 죽음을 두려워하지 않을 방법을 찾는다. 그러나 인간이 죽음의 두려움을 극복하는 건 쉬운 일이 아니다. 각종 지혜와 명상의 실천으로 두려움을 극복했다는 사례는 많으나 일반적이진 않다.[31] 과학의 발달로 수명이 충분히 연장되었어도 두려움은

---

29) 박충구, "죽음의 공포에 대하여", 위의 같은 글, 149-51.
30) 이상준은 기독교 가르침에 근거하여 두려움을 극복하는 방법을 9가지로 제시하고 있다. 이상준, 『두려움 너머의 삶』, 두란노, 2016.
31) 참고: 수선재, 『죽음의 두려움에서 벗어나는 법-웰다잉과 죽음준비 그리고 사후세계의 실체』(수선재, 2010).

사라지지 않는다. 삶 자체를 낙관적으로 본다고 해서 죽음의 두려움이 사라지는 건 아니다. 죽음을 멀리하고 죽음을 말하기를 회피하는 것만이 상책은 아니다. 죽음의 두려움은 실존적인 삶 한가운데서 불현듯이 모습을 드러내는 것이어서 피하려고 해도 어쩔 수 없이 마주할 수밖에 없다.

분명한 사실은 두려워할수록 두려움은 더욱 커지는 것이다. 많은 재산과 높은 지위와 강한 권력을 누리는 사람일수록 상실의 고통이 더 크기에 두려움은 더욱 커질 수밖에 없다. 이생에서 해결할 방법을 찾는 일이 힘겨워짐에 따라 각 종교는 두려움을 이겨낼 적절한 사후관을 고안해 내었다. 곧 죽음으로 모든 것이 끝나지 않고 죽은 후에도 어떤 형태로든 생명이 지속한다고 믿게 하고, 또한 죽어서 좋은 곳에 갈 희망을 품을 수 있는 의미체계를 만든 것이다. 이렇게 해서 종교는 죽음에 대한 두려움을 완화하는 데 많은 공헌을 하였다.

그러나 이것은 죽음에 대한 두려움 자체를 제거하는 건 아니다. 언제라도 모습을 드러낼 수 있는 잠재적 상태가 되었고, 다만 두려움이라는 감정 대신에 기대와 희망이라는 태도로 바꾸었을 뿐이다. 감정적 대응이 아니라 이성적 혹은 영성적 대응으로 바뀐 것에 불과하다. 한 걸음 더 나아가서 이런 태도에 합당한 의미체계나 스토리텔링을 고안한 것이다. 해결되었다면 죽음에 대한 두려움 자체가 사라져야 하나 실제로는 그렇지 않다.

이런 질문을 던져 보자. 죽음은 설령 부정적이라 해도 그것에 대한 두려움 역시 항상 그러한가? 죽음에 대한 두려움에는 순기능이 전혀 없는가?

죽음과 죽음에 대한 두려움은 이중적이다. 감정에 사로잡혀 절망하게 할 수 있다는 점에서는 부정적이지만, 오히려 죽음의 원인을 깨닫고 삶을 진지하게 대하며 또 경건한 신앙을 갖게 해 죽음을 다스리는 자에 대한 올바른 태도를 촉구한다는 한다는 측면에서 본다면 긍정적이다.[32]

성경 역시 한편으로는 두려움을 극복할 해결책을 제시하면서도 다른 한편으로는 죽음과 관련해서 인간이 마땅히 두려워할 또 다른 이유가 있다고 말한다. "몸은 죽여도 영혼은 능히 죽이지 못하는 자들을 두려워하지 말고 오직 몸과 영혼을 능히 지옥에 멸하실 수 있는 이를 두려워하라"(마10:28) 죽음을 다스리는 자와 관련해서 우리는 마땅히 죽음을 두려워해야 한다. 특히 죄인으로서 죽을 수밖에 없기에 더욱 그렇다.[33] 두려움은 타락한 인간의 죄성과 연약함을 드러낸다(사6:5). 죽음의 위협과 죽음에 대한 두려움은 죄인이 회개할 가능성을 높여준다. 심판에 대한 두려움은 하나님을 경외하고 오직 그분만을 신뢰하는 이유가 된다.[34]

문제는 죽음에 관한 생각에서 죄인으로서 마땅히 하나님을 두려워해야 하나 실제로는 전혀 그렇지 않은 것이다. 죽음은 두려워하면서도 죽음을 다스리는 자를 두려워하지 않기에 죽음의 공포에

---

32) Thomas Watson, *The Great Gain of Godliness*, 정시용 옮김, 『거룩한 두려움』(프리스브러리, 2017). 청교도 목사인 왓슨은 말라기 3:16~18절을 중심으로 강론한 이 책에서 하나님을 두려워하고 경외하는 것이 경건의 본질이라고 말하고 있다.
33) 아담은 금단의 열매를 따 먹은 후에 하나님을 두려워하여 숨었다. "...내가 동산에서 하나님의 소리를 듣고 내가 벗었으므로 두려워하여 숨었나이다"(창3:10)
34) 이점과 관련해서 매우 모범적인 사례는 종교개혁자 마르틴 루터다. 강치원은 루터의 죄인식에 따른 죽음의 두려움 그리고 하나님의 의롭게 하시는 은혜로 인해 두려움에서 벗어나 하나님을 자유인으로서 신뢰할 수 있었던 루터의 모습을 소개하고 있다. 강치원, "지옥에서 하늘나라로, 죽음에서 생명으로", 앞의 같은 글.

서 벗어날 생각만 할 뿐 죄의식도 죄책감도 없이 사는 것이다. 하물며 회개할 것을 기대할 수 있겠으며 하나님을 전폭적으로 신뢰하는 일이 가능이나 하겠는가. 죽음과 관련해서 생겨나는 두려움이 죽음공포증이라는 신경증으로 진전하지만 않는다면, 죽음에 대한 두려움은 오히려 하나님을 경외하며 살도록 한다.[35)36)] 그것은 궁극적으로 죽음을 다스리시는 하나님을 두려워하는 태도이기 때문이다.

겟세마네 동산의 기도에서 볼 수 있듯이, 예수님도 죽음에 대한 두려움에서 완전히 자유로웠다고 말할 수는 없다. 다만 두려움에 압도되지 않고 오히려 자기의 의지를 하나님의 뜻에 복종하며 희망의 계기로 삼은 것이다.[37)] 죽음의 두려움을 계기로 죄인인 인간이 자신과 하나님 사이에 얼마나 큰 차이가 있는지를 깨닫는다면, 인간은 이런 깨달음을 계기로 구원의 희망을 품고 하나님에게 돌아갈 수 있다. 두려움과 회개 그리고 신뢰는 같은 선 위에서 움직인다. 관건은 죽음의 두려움에 눌려 절망하지 않는 것이다. 심판과 구원의 하나님을 바로 알고, 또 믿음이 흔들리지 않는 한 죽음의 두려움은 보이지 않는 신앙의 상급을 희망하는 자가 받는 시험이다.[38)]

---

35) 최재락, "두려움", 「기독교사상」40(9), 1996, 228-45. 최재락은 두려움이 인격 성장의 과정에서 정상적인 감정이지만 그것이 지나쳐 신경증적이 될 때는 치유가 필요하다고 한다.
36) 참고: 변종찬, "죽음의 공포에 대한 아우구스티누스의 이해", 앞의 같은 글, 251: "죽음에 대한 공포는 그리스도인으로 하여금 그리스도에게 도움을 청하도록 하면서 겸손을 가르치는 수업과도 같다고 할 수 있다." 그리고 주성준, "사도행전의 설교들을 근거로 하는 두려움에 대한 이해", 앞의 같은 글, 특히 153ff.
37) 차정식, "죽음을 통과하는 기도-겟세마네 기도(막14:36)의 신학", 「기독교사상」47(3), 2003, 156-68. 158쪽: "이 기도에는 예수의 가장 인간적인 모습과 더불어 인간적 한계를 극복하려는 의지가 가장 첨예하게 드러나 있다." 164쪽: "겟세마네 기도는 예수가 삶과 죽음 사이에서 삶의 희망을 버리지 않는 동시에 죽음을 추문으로 만들지도 않는 상태에서 양자간 의식의 간격을 최대한 좁히면서 그 일련의 사건을 의미화하는 최후의 통로요 최소한의 양식이었던 셈이다."
38) 변종찬, "죽음의 공포에 대한 아우구스티누스의 이해", 앞의 같은 글, 242-3.

벌코프(Louis Berkhof)에 따르면 죽음을 다스리는 자에 대한 두려움은 오히려 "교만한 자들을 겸손하게 하며, 육적인 정욕을 죽이고, 세상을 따르는 마음을 제어해주며, 영적인 생각들을 증진시킨다.... 죽음은 종종 그들 안에 있는 믿음이 얼마나 강한지를 드러내는 최고의 시험이어서, 종종 겉보기에는 패배한 것처럼 보이는 바로 그때 놀랍게도 승리의 의식이 나타나게 한다."[39] 죽음은 죄인인 인간이 단지 영으로만 알고 관계를 가져왔던 하나님 앞에, 그분의 거룩함과 영광 앞에 서는 일이다. 그러므로 마땅히 두려워할 대상은 죽음 자체가 아니라 삶과 죽음을 다스리시고 또 장차 회개하지 않은 죄인을 심판하실 하나님이다.

4. 죽음을 두려워하지 않아야 할 이유

죽음을 다스리는 자를 마땅히 두려워하면서도 희망 안에서 죽음 자체를 두려워하지 않기 위해 무엇보다 먼저 숙지할 일은 죽음을 다스리시는 하나님과 관련해서 죽음의 의미를 체계적으로 이해하는 것이다. 신학적인 죽음의 의미를 말한다. 삶의 평생 동반자로서 죽음을 피하기보다는 바르게 알고 또 그것에 관한 깊은 생각을 통해서 죽음에 대한 태도를 바꾸고 이에 따라 죽음의 두려움을 극복할 수 있다고 보기 때문이다. 그리고 죽은 후의 상태에 대한 확실한 지식 역시 죽음에 대한 두려움을 극복하는 데 큰 도움을 준다. 특히 하나님의 창조계획은 삶의 의미와 목적을 분명하게 밝혀준다. 삶은

---

39) Louis Berkhof, *Systematic Theology*(Edinburgh, UK: The Banner of Truth, 1988), 671. 김병훈, "죽음과 사후세계에 대한 신학적 조명", 「헤르메네이아 투데이」 (49), 2010.3, 13-40, 22에서 간접인용.

물론이고 죽음까지도 다스리시는 하나님을 소망할 수 있는 이유를 알 뿐만 아니라 삶에 대한 만족도를 높이기 위해선 창조의 목적을 분명히 알아야 한다.

1) 죽음이란

성경의 목적은 산 자의 하나님에 대한 증거를 제시하는 것에 있다. 죽음을 말하는 경우엔 다만 자연적인 현상이나 범죄로 인한 결과(롬6:23a, "죄의 삯은 사망이다.") 정도로만 언급할 뿐이다.[40] 이에 비해 성경은 예수 그리스도의 죽음에 대해서는 매우 상세하게 다룬다. 그것의 구속사적인 의미 때문이다. 구속사로 인해 죽음은 창조의 질서에서 벗어나지 않고 오히려 하나님의 질서에 속한 것으로 인정받는다. 예수 그리스도의 죽음은 죄의 대가가 아니라 세상의 구원을 위한 희생이다. 예수 그리스도는 죽음으로써 사망의 권세를 물리치셨다.

이제 그를 믿는 사람은 성령 안에서 그와 연합하며, 이로 인해 하나님은 예수 그리스도를 주로 믿어 그 안에 있는 사람에게 영생을 선물로 주신다(롬6:23b, "하나님의 은사는 그리스도 예수 우리 주 안에 있는 영생이니라"). 성경은 형벌로서 죽음과 희생으로서 죽음의 상관관계를 통해 은혜로서 죽음의 의미를 구속사적인 관점으로 풀어낸다. 이 과정에서 죄의 현상을 이스라엘 역사를 통해 보여주고 예수 그리스도의 죽음을 통해 그와 연합한 자의 죄의 문제가 해결된 죽음의 의미를 밝히는 데에 전념한다. 구속사의 관점에선 죽음이 은혜이며 영생으로 들어가

---

40) 최태영, "죽음에 대한 신학적 고찰", 「신학과 목회」 32, 2009, 99-124.

는 문으로서 생명의 질서에 편입한다.

그리고 성경이 인간의 죽음을 말한다면 주로 삶의 의미와 가치 그리고 고귀한 삶을 말하는 과정에서 혹은 영생의 반대편에 있는 것으로 혹은 그것을 반대하는 세력으로서 죽음이다. 곧 기독교에서 말하는 보통 인간의 죽음은 죄의 삯이며 죄의 권세이고 또한 죄의 권세에 사로잡힌 상태이다. 하나님과의 관계에서 조명된 죽음 곧 신학적 의미의 죽음은 죽음에 대한 생물학적인 이해를 넘어서게 한다. 겉으로 살아 있다고 해서 죽지 않은 것이 아니다. 죄의 권세에 사로잡혀 있다면 살아 있는 것같이 보이나 실상은 죽은 것이다. 이런 의미에서 기독교에서 죽음은 단지 육체적인 기능의 정지만을 의미하지 않는다. 범죄 후 인간의 삶은 올바른 죽음을 위한 기회와 과정이며, 죽음은 살아온 날들을 평가하여 천국과 지옥, 구원과 멸망, 영생과 소멸 등 이곳과 저곳으로 갈라놓는 통과의례이다.

아담의 죄로 세상에 들어온 죽음은 한편으로는 사람이 죄의 권세에 매여 있어 하나님의 뜻에 따라 살지 못하게 된 상태이며 다른 한편으로는 사망의 권세이다. 인간으로 하나님의 말씀에 아무런 반응을 보이지 못하게 하며 오히려 자기 뜻을 앞세워 거부하게 한다. 하나님의 은혜에 감사하지 못하고 불평불만으로 가득한 삶을 살아가게 한다. 하나님의 영광을 찬양하지 못하고 오히려 자기 공적을 세우며 자기 영광을 나타내도록 한다.

"산 자들은 죽을 줄을 알되 죽은 자들은 아무것도 모르며 그들이

다시는 상을 받지 못하는 것은 그들의 이름이 잊어버린 바 됨이니라"(전9:5)

달리 말해서 죄의 권세에 매이는 것으로서 죽음은 하나님을 예배하지 못하는 상태다. 그래서 시편 기자는 죽지 않고 살아 있어 하나님을 선포하기를 결단한 것이다(시118:17). 산 자와 죽은 자의 차이는 하나님을 예배하는 자와 그렇지 않은 자로 나타난다. 죽은 후에는 어떤 노력을 기울여도 하나님을 예배하지 못한다. 이런 의미에서 본다면 살았다는 이름은 가졌으나 실상은 죽은 자가 많지만, 죄의 권세에서 풀려나 하나님을 예배하는 사람은 설령 몸은 죽어도 주 안에서는 살아 있다. 예수 그리스도를 믿어 세례를 받은 사람은 예수 그리스도와 함께 부활하여 하나님을 예배하는 자로서 하나님 안에서 영생을 살기 때문이다. 하나님을 참으로 예배하는 자, 곧 영과 진리로 예배하는 자는 죽음에 의해 더는 지배받지 않는다(롬6:9, "이는 그리스도께서 죽은 자 가운데서 살아나셨으매 다시 죽지 아니하시고 사망이 다시 그를 주장하지 못할 줄을 앎이로라"). 예배하는 자는 죽음을 전혀 두려워할 이유가 없다. 하나님의 영광 안으로 부름을 받아 예배하는 동안 이미 하나님의 생명으로 살고 있기 때문이다. 예전을 통한 예배는 물론이고 세상에서 삼위 하나님이 동행하시는 삶으로서 예배하는 동안에도 그렇다. 그리스도인은 교회에서나 세상에서 예배자로 살기 때문에 죽음을 두려워할 이유가 없다. 예배자로서 사는 건 하나님의 생명을 사는 것이고 은혜로서 죽음을 맞지만, 예배자로 살지 않으면 살아 있다는 이름은 가졌으나 실상은 죽은 것이다. 심판으로서 죽음을 맞는다.

그렇다고 해서 육체적인 죽음의 의미가 사라지진 않는다. 삶과 함께 삶을 위협하며 존재하는 죽음은 분명 가시적인 현상이다. 그러나 그런 죽음 역시도 성도에게는 예수 그리스도와 연합함으로 새로운 의미를 얻으며 또한 예수 그리스도의 부활로 인해 이미 극복된 것으로 선포된다.[41]

"사망아 너의 승리가 어디 있느냐 사망아 네가 쏘는 것이 어디 있느냐 사망이 쏘는 것은 죄요 죄의 권능은 율법이라 우리 주 예수 그리스도로 말미암아 우리에게 승리를 주시는 하나님께 감사하노니"(고전15:55-57).

그리스도와 연합하여 사는 성도에게 죽음 혹은 죽음에 대한 두려움은 앞서 언급한 대로 결단코 부정적이지만은 않다. 다시 말해서 믿음을 통해 그리스도와 연합한 성도의 죽음은 더는 죄의 삯이나 형벌이 아니다. 하이델베르크 요리 문답 제42항에 따르면, "더는 죄를 짓지 않고 영원한 생명의 길로 들어가기 위한 것" 곧 통과의례이다.

그리스도인이 죽음을 두려워하지 않기 위한 조건으로서 죽음에 대한 바른 이해에서 중요한 사실은, 죽음이 피해야 할 대상이 결코 아니라는 것이다. 누구나 한번은 반드시 지나는 삶의 한 과정으로서 죽음은 삶 전체를 흡입하는 블랙홀이면서 동시에 삶의 총체적인 의미가 결정되어 나오는 곳이지만, 그리스도인에게는 하나님의 생명으로 들어가는 문이다.

---

41) 다음을 참고: Ulrich Schacht/Thomas Seidel(Hg.), *Tod, wo ist dein Stachel?: Todesfurcht und Lebenslust im Christentum*(Evangelische Verlagsanstalt, 2017).

한편, 억울한 죽음 역시 죄의 삯이거나 하나님의 은혜로 들어가는 문일까? 억울한 죽음이란 죽을 특별한 이유가 없음에도 생명을 잃는 경우를 의미한다. 억울한 죽음은 죽은 자의 죄 때문에 받는 삯이 아니라 죽음을 초래한 자의 죄악을 드러낸다. 아벨의 죽음이 가인의 숨겨진 죄를 드러내고, 예수 그리스도의 고통과 죽음이 인류의 죄악에서 비롯한 것이며, 모세와 예수의 출생과 더불어 아이들이 죽은 것은 그들의 죄를 말하기 위함이 아니라 시대의 죄악을 말하기 위함이다. 억울하게 죽게 되지는 않을지에 관한 염려는 죽음의 두려움을 일으키는 원인 가운데 하나다. 믿지 않는 자는 억울한 죽음의 원인을 찾아 그 원인을 제거하고 다시 반복하지 않는 제도를 마련하는 일에만 전념하지만, 그리스도인은 여기에 더해 한 걸음 더 나아가 이런 죽음 앞에서도 담대할 수 있다. 그 이유는 억울한 죽음으로써 숨겨진 죄악을 밝히기 때문이다. 죽음으로써 오히려 숨겨진 인간의 죄를 폭로하며 또 하나님의 심판을 증언한다. 부활과 영생에 대한 약속은 특히 이런 죽음에 직면하는 자에게 큰 의미가 있다.

2) 부활과 영생에 대한 약속

하나님은 예수 그리스도를 통해 부활을 약속하셨다. 예수는 '나는 부활이요 생명'이라고 말씀하셨다. 부활의 첫 열매로서 그를 믿는 자는 부활할 것을 약속하셨다. 그를 믿는 자는 죽어도 살 것이고 살아서 믿는 자는 영원히 죽지 아니할 것이라고 하셨다. 이런 의미에서 그리스도인은 죽음 이후의 세계, 곧 사후세계를 믿지 않고 부활의 세계를 믿는다. 부활의 세계는 죽은 후에 영혼이 살아가는 세계가 아니라 죽은 자가 다시 살아나 영광의 몸(glorified body)을 입고 영생을 누리며 사는 세계다.[42] 예수 그리스도와 함께 영원히 사는 세계다. 육체의 생명을 벗고 하나님의 생명으로 사는 세계다. 영화스러운 몸으로 살기 때문에 더는 육체의 고통이 없는 세계다. 하나님은 예수 그리스도를 믿는 이에게 이런 세계를 약속해주셨다.

죽은 후에 어떻게 될 것인지를 묻는다면, 성경은 부활을 말하면서 크게 세 가지 방식을 취한다.[43] 하나는 잠자는 상태다(눅11:11, 고전 15:20). 잠이 든 사람이 깨어나기까지의 시간은 순간이다. 잠자고 일어난 사람은 잠자는 동안에 무슨 일이 일어났는지 전혀 의식하지 못한다. 죽음과 부활 사이의 시간은 이와 같다. 살아 있는 자에게는 긴 시간이겠지만 죽은 자에게는 순간에 불과하다. 죽음을 잠자는 자의 상태로 이해하는 것은 가장 광범위하게 받아들여지고 있는 견해다. 다른 하나는 죽은 자는 예수의 재림이 있기까지 완전히 죽은 몸의 상태에서 무덤(땅) 속에 갇혀 지내다가 예수께서 다시 오실 때 영화스러운 몸으로 부활한다. 끝으로 마지막 하나는 믿음 안에서 죽은 자는 죽은 즉시 몸이 영화스러운 몸으로 부활하여 하나님 곁으로 간다. 영광의 몸으로 하나님과 함께 영생을 누린다. 이것은 장례 예배 때에 고인이 이미 하나님과 함께 있다고 하는 관용적인 말에 잘 부합한다.

---

[42] 다음을 참고: 노영상, "기독교가 말하는 죽음의 극복으로서의 '영생(eternal life)'", 황명환 외, 『과학은 죽음을 극복할 수 있는가?』, 앞의 같은 책, 292-317.
[43] 여기에 덧붙여 영혼 불멸 사상에 기초해서 죽음을 이해하려는 경우가 있지만, 이것은 명백히 비기독교 사상에서 비롯한 것으로서 받아들이기 쉽지 않다. 다음을 참고: Oscar Cullmann, *Immortality of the Soul or, Resurrection of the Dead?: The Witness of the New Testament*, 전경연 옮김, 『영혼 불멸과 죽은 자의 부활』(대한기독교서회, 1965).

세 가지 가운데 어떤 것을 취하든 부활의 약속은 반드시 성취될 것이며, 예수 그리스도의 부활로 확인되었기에, 또한 하나님은 부활을 통해 약속을 반드시 지키시는 신실하신 분으로 입증하셨기에, 죽음 앞에 선 그리스도인은 죽은 후에 부활할 것에 대한 확실한 기대감으로 살도록 허락을 받았다.

박해받는 성도들이 죽음을 두려워하지 않고 마지막 순간까지 믿음을 지켰을 뿐 아니라 굶주린 사자 앞에서도 기쁨으로 하나님을 찬양할 수 있었던 것은 부활과 하나님 나라에 대한 확실한 소망이 있었기 때문이다. 소망이 있는 자는 박해와 핍박에도 굴하지 않으며 심지어 죽음을 두려워하기는커녕 오히려 담대할 수 있다. 사람들이 소망의 이유를 물어올 정도다. 하나님 나라를 소망하는 자에게는 죽음이 곧 생명의 길이다. 따라서 부활과 하나님 나라 그리고 예수 그리스도를 통해 주신 하나님의 약속을 소망하는 자에게는 죽음을 두려워할 이유가 전혀 없다.

3) 창조계획

하나님은 인간을 창조하시면서 당신의 모양과 형상에 따라 창조하셨다. 하나님의 형상으로 만들어졌다는 것은 존재론적인 기능보다는 하나님을 닮은 존재라는 의미가 더 강하다. 이에 따르면 인간은 하나님을 닮은 존재이다. 곧 인간은 상호관계에서 하나님을 인지할 수 있다. 타자에게서 하나님을 인지할 수 있다는 말이다.

하나님의 형상으로 만들어졌다는 건 하나님의 모습을 타자에게 나타내 보이라는 부르심의 의미로 이해할 수 있다. 인간은 타인이 자신에게서 하나님을 인지할 수 있는 삶을 살아야 한다는 말이다. 하나님의 형상으로 만드셨다는 사실은 하나님의 속성을 나타내 보이며 살라는 부르심으로 이해할 수 있다. 이것은 여러 방식으로 가능하지만, 무엇보다 서로를 돕는 삶을 통해 가능한데, 왜냐하면 하나님은 야웨(돕는 자), 보혜사(도움, 위로, 변호), 임마누엘(하나님이 우리와 함께 계신다) 등의 이름을 계시하심으로써 인간이 당신을 돕는 분으로서 인지하길 원하시기 때문이다. 인간이 서로를 도우며 살 때 인간은 서로에게서 하나님을 가장 잘 인지할 수 있다. 물론 자기가 돕고 싶은 방식대로 돕는 것이 아니라 도움을 받는 자가 하나님의 은혜를 만날 수 있는 방식으로 돕는 것이다.

그러니까 하나님의 창조계획은 인간이 하나님의 위임을 받아 (empowered) 세상이 하나님의 질서에 부합하도록 다스리며 또한 인간이 서로를 도우며 살면서 서로에게서 하나님을 인지할 수 있도록 사는 것에 있다. 삶의 의미와 목적은 바로 이런 방식으로, 곧 현실이 하나님의 말씀대로 되게 하는 방식으로 하나님의 질서를 세우는 일에 순종하며 살 때 분명해진다. 이렇게 될 때 하나님이 보시기에 좋은/아름다운 세상이 되며, 이것이 창조신앙이 갖는 의미다.

하나님의 창조계획을 정확히 알고 또 그것이 먼저 자기에게 일어나게 할 뿐 아니라 자신을 통해서 이루어지도록 할 때 삶의 의미와 목적은 분명해진다. 그 삶에서 하나님의 다스림이 현실이 되고 또 그럼으로써 하나님의 나라가 임하기 때문이다. 순종함으로 자기 자신이 하나님의 나라가 임하는 장소가 되게 할 때 그리스도인은 죽음에서 자유롭게 된다. 죽음까지도 하나님이 다스리신다는 것을 인정하게 되니 죽음을 두려워할 이유가 없게 되는 것이다.

Ⅲ. 결 론

> "두려워하지 말고 믿기만 하라"(막5:36b)
> "사랑 안에 두려움이 없고 온전한 사랑이 두려움을 내쫓나니 두려움에는 형벌이 있음이라
> 두려워하는 자는 사랑 안에서 온전히 이루지 못하였느니라"
> [요일4:18]

    그리스도인에게는 죽음을 두려워할 이유가 있지만 죽음을 두려워하지 않을 이유 역시 현존한다. 그리스도인은 한편으로는 죄인으로서 하나님 앞에 서게 될 것을 예상하면서 죽음을 두려워한다. 다른 한편으로는 세상을 사랑하여 구원하시기 위해 세상으로 보내신 예수 그리스도를 믿어 의인으로서 하나님의 용서를 보장받았기에 그리고 예수 그리스도가 부활의 첫 열매가 되어 그를 믿는 자들의 부활을 약속해주셨기에 죽음을 두려워할 이유가 전혀 없다. 이 땅에서 삶의 의미와 목적이 창조계획을 통해 분명하게 나타나 있다. 믿음은 하나님의 사랑 안에 있는 것이다. 죽음을 마땅히 두려워해야 하면서도 두려워하지 말아야 하는 갈등 상황에서 그리스도인이 할 수 있는 일은 오직 하나님만을 바라며 그의 약속이 반드시 성

취할 것을 믿고 충만한 기대감으로 사는 것이다. 그의 사랑 안에 머무는 것이다. 그리스도인에게 죽음은 소멸이나 상실이 아니라 영생으로 가는 문이기 때문이다.

그리스도인은 죽음을 두려워하면서 하나님 앞에서 경건한 신앙생활을 유지하고, 또한 죽음을 두려워하지 않고 세상에 대해 담대하게 살면서 그리스도인에게 허락된 소망의 이유를 전파한다. 죽음을 두려워하여 회개의 열매를 맺고 경건한 삶을 사는 것과 죽음을 두려워하지 않는 것은 죽은 후 부활할 것에 대한 하나님의 약속에 대한 믿음이 있기에 가능하다. 다시 말해서 죽음을 두려워하여 회개하는 것과 부활의 소망에 근거하여 죽음을 두려워하지 않고 담대하게 사는 것은 믿음의 표현이다. 이런 삶을 통해서 죽음을 맞는다면 이런 죽음만큼 아름다운 것은 없을 것이다. 그 이유는 하나님을 두려워하되 죽음을 두려워하지 않는 일이 하나님의 말씀에 따른 것이기 때문이다.

죽음에 대한 두려움과 부활 신앙을 근거로 그것을 극복하는 사안과 관련해서 기독교가 세상으로부터 비난 혹은 오해를 받는 점은 개인주의적이고 현실 문제를 외면하고 내세 지향적이라는 것이다. 그러나 이것은 오해이다. 부활 신앙은 소크라테스가 진리에 대한 사랑으로 인해 기꺼이 육체의 현실에서 벗어나기를 동경했던 것과 전혀 다르다. 그리스도인이 죽음을 두려워하는 이유 가운데 하나는 이 땅에서 유혹과 박해를 받는 때에도 죄에 대한 하나님의 심판을 염두에 두기 때문이다. 다시 말해서 죽음을 두려워해야 회개하고 현실에서 올바르고 선한 삶을 살 수 있다. 죽음을 두려워하지 않는 이유는 내세 지향의 신앙 때문이 아니라 예수 그리스도의 부활과 성도의 부활에 대한 하나님의 약속으로 인해 확실한 근거가 있는 소망 곧 부활 신앙 때문이다. 죽음의 두려움과 관련해서 기독교는 본질에서 한쪽으로 치우쳐 현실을 도외시하고 내세만을 지향하는 태도를 보일 수 없다. 오히려 죽음에 대한 상반된 태도를 강조하는 경우는 세상과 하나님 나라 사이에서 균형 잡힌 신앙생활을 보장한다. 삶과 죽음을 다스리는 하나님은 마땅히 두려워해야 하지만, 이에 반해 죽음은 부활 소망으로 인해 두려워할 이유가 결단코 없다. 하나님의 사랑 안에서 우리는 죽음을 두려워하고, 또 죽음을 두려워하지 않는다.

"높음이나 깊음이나 다른 어떤 피조물이라도 우리 주 그리스도 예수 안에 있는 하나님의 사랑에서 끊을 수 없으리라"(롬8:39)

참고문헌

강경아. "죽음준비교육 참여군과 비 참여군의 삶의 의미 및 죽음에 대한 태도 비교".「종양간호학회지」제10권 2호, 2010, 156-162.

강치원. "지옥에서 하늘나라로, 죽음에서 생명으로".「한국기독교신학논총」74(1), 2011, 27-55.

곽혜원. "존엄한 죽음과 의료인의 책임적 과제". 황명환 외.『과학은 죽음을 극복할 수 있는가?』. 상상, 238-91.

노영상. "기독교가 말하는 죽음의 극복으로서의 '영생(eternal life)'".『과학은 죽음을 극복할 수 있는가?』, 앞의 같은 책, 292-317.

문영석. "해외 죽음학(Thanatology)의 동향과 전망".「종교연구」(39), 2005, 293-313.

박충구. "죽음의 공포에 대하여".「기독교사상」(719), 2018.11, 143-54.

박형국. "죽음의 망각과 기억, 그리고 삶의 완성".「종교연구」(72), 2013, 1-27.

변종찬. "죽음의 공포에 대한 아우구스티누스의 이해". Catholic Theology and Thought(68), 2011.12, 219-59.

송현동. "현대인의 죽음-Well-Ending에 대한 종교학적 접근".「종교문화연구」(10), 2008, 139-59.

수선재.『죽음의 두려움에서 벗어나는 법-웰다잉과 죽음준비 그리고 사후세계의 실체』. 수선재, 2010.

유현숙. "죽음의 두려움을 통해 본 구원의 확신과 목회적 돌봄".「신학과 실천」(58), 2018, 475-98.

이상준.『두려움 너머의 삶』. 두란노, 2016.

전경연. "죽음에 대한 종교개혁자들의 가르침". 「기독교사상」9(5), 1965. 5, 6-12.

주성준. "사도행전의 설교들을 근거로 하는 두려움에 대한 이해". 「신학지남」72(2), 2005, 147-91.

차정식. "죽음을 통과하는 기도-겟세마네 기도(막14:36)의 신학". 「기독교사상」47(3), 2003, 156-68.

최성수. "조상제사가 갖는 신학적인 문제". 「기독교 사상」(478), 1998.10, 118-30.

최순남. "죽음에 대한 거부와 수용에 관한 연구". 「신학연구」(33), 1992, 149-72.

최재락. "두려움". 「기독교사상」40(9), 1996, 228-45.

최철주. 『존엄한 죽음』. 메치미디어, 2007.

최태영. "죽음에 대한 신학적 고찰". 「신학과 목회」(32), 2009, 99-124.

하루키, 무라카미. 『상실의 시대』. 문학사상, 2000.

황명환 외. 『과학은 죽음을 극복할 수 있는가』. 상상, 2019.

Assante, Julia. *The Last Frontier*. 주순애 옮김. 『두려움 없는 죽음, 죽음 이후의 삶』. 이숲, 2015.

Berkhof, Louis. *Systematic Theology*. Edinburgh, UK: The Banner of Truth, 1988.

Bernhardt, Klaus. *Panikattacken und andere Angststörungen loswerden*. 이미옥 옮김. 『어느 날 갑자기 공황이 찾아왔다』. 흐름출판, 2019.

Cave, Stephen. *Immortality*. 박세연 옮김. 『불멸에 관하여: 죽음을 이기는 4가지 길』. 엘도라도, 2018.

Cullmann, Oscar. *Immortality of the Soul or, Resurrection of the Dead?: The Witness of the New Testament*. 전경연 옮김. 『영혼 불멸과 죽은 자의 부활』. 대한기독교서회, 1965.

Epikur. "Letter to Menoeceos". Trans. by Robert Drew Hicks. 이 글은 다음의 인터넷 주소에서 내려받은 것이다. http://classics.mit.edu/Epicurus/menoec.html.

Ewin, R. E., *Reasons and the Fear of Death*, Rowman & Littlefield Publisher, 2002.

Frankl, Viktor E.. *Man's Search for Meaning: An Introduction to Logotherapy*. 이시형 옮김. 『죽음의 수용소에서』. 청아출판사, 2012.

Freud, Sigmund. *Jenseits des Lustprinzips*. 박찬부 옮김. 『쾌락원칙을 넘어서』. 열린책들, 1997.

Gawande, Atul. *Being Mortal*. 김희정 옮김. 『어떻게 죽을 것인가』. 부키, 2015.

Goleman, Daniel. *Emotional Intelligence*. 한창호 옮김. 『EQ감성지능』. 웅진지식하우스, 2005.

Kübler-Ross, Elisabeth. *The Wheel of Life*. 강대은 옮김. 『생의 수레바퀴』. 황금부엉이, 2019.

-. *On Life After Death*. 최준식 옮김. 『사후생』. 대화문학아카데미, 2008.

-. *On Grief and Grieving*. 김소향 옮김. 『상실수업』. 이레, 2007.

Louis, C.S.. *The Problem of Pain*. 이종태 옮김. 『고통의 문제』. 홍성사, 2018.

Pillay, Srinivasan S.. *Life Unlocked: 7 Revolutionary Lessons to*

    Overcome Fear. 김명주 옮김.『두려움, 행복을 방해하는 뇌의 나쁜 습관』. 웅진지식하우스, 2011.

Platon. *Phaidon*. 전헌상 옮김.『파이돈』. 이제이북스, 2013.

Schacht, Ulrich/Seidel, Thomas(Hg.). *Tod, wo ist dein Stachel?: Todesfurcht und Lebenslust im Christentum*. Evangelische Verlagsanstalt, 2017.

Schopenhauer, Arthur. *Die Welt als Wille und Vorstellung*. 홍성광 옮김.『의지와 표상으로서의 세계』. 을유문화사, 2015.

Selderhuis, Hermann J.. 이승구 옮김. "죽음과 죽어감에 대한 칼빈의 견해".「신학정론」34(2), 2016, 29-52.

Watson, Thomas. *The Great Gain of Godliness*. 정시용 옮김.『거룩한 두려움』. 프리스브러리, 2017.

<영화>

도리스 도리예. <사랑 후에 남겨진 것들>. 2007.

트란 안 홍. <상실의 시대>. 2010.

<ABSTRACT>

Reasons to fear death and reasons not to fear

Choi Sung Soo
(Dr. theol., Pastor, Director of the Mediator Institute)

The fear of death, revealing the limitation and weakness of humankind, is one of the common human sense. The fear of death, in case it's not under control, will make people lose their humanity and pride. But a life without any fear of death is not capable of realising humanity as well, since fear is essentially a defence mechanism for survival.

The main task of Christianity, regarding this matter of death, is to help christians to face death confidently, becoming free from the fear of death, while still fearing what they ought to fear. This fear of death can be a touchstone that makes us aware of who we believe and whether our faith is sound or not. This is as how Jesus Christ lived. Being afraid of death and facing it confidently at the same time is in fact an ideal attitude for a christian, who is both a sinner and righteous(simul justus et peccator) at the same time, although it may seem contradictory.

On one hand, christians fear death as they're looking forward to stand in front of God as a sinner. But on the other hand, there is no reason to be afraid, since God's mercy is guaranteed as righteous having faith in Jesus Christ who were sent to the world for salvation, and Jesus Christ himself became the first fruit of the resurrection and promised the resurrection of those who believe in him. The meaning and purpose of life on earth is clearly revealed through His plan of creation. Faith is, indeed, in God's love. In this conflicting condition, where christians are ought to be afraid of death and not to be afraid at the same time, there is only one thing what christians can do. It is having hope in God and living with the expectation of His promise to be fulfilled and achieved. This is being in his love, since death is not an extinction or loss, but a door leading to eternal life for christians.

Regarding the issue of the fear of death and the way of coming it over with the faith in resurrection, Christianity is blamed for being individualistic and looking away from the reality while being afterlife-oriented. But this is misunderstood. The faith in resurrection differs from how Socrates, who loved truth, wanted to escape from the reality of the flesh. One of the reasons christians fear death is that, they keep God's judgement in mind even when they are tempted and persecuted on earth. In other words, being afraid of death is needed to repent and live a right and good life. The reason of not being afraid of death is not because of the afterlife-oriented faith. It is because of the confident hope, faith in resurrection, which is based on the God's promise which is the resurrection of Jesus Christ and christians. In the love of God, we fear death, and we do not fear death.

| Keyword |

the fear of death, the death of Socrates, reason for being not afraid of death, hope of resurrection, plan of creation

특·별·기·고

1. **곽혜원**   존엄한 죽음(두렵지 않은 죽음), 어떻게 실현할 것인가?

2. **노영상**   안락사의 개념 정의에 따른 기독교 윤리적 고찰

3. **윤상철**   품격 있는 죽음 준비

특·별·기·고 ①

존엄한 죽음(두렵지 않은 죽음), 어떻게 실현할 것인가?

곽 혜 원 박사*
(21세기 교회와 신학포럼 대표)

[국문 초록]

태어나 늙고 병들어 죽는 생로병사(生老病死)가 우리 인생의 참모습이지만, 많은 사람이 죽음을 외면하고 오로지 삶에만 관심을 기울인다. 그러다가 어느 날 갑자기 황망하게 죽음에 맞닥뜨리면서 엄청난 두려움 속에 죽어간다. 죽음을 앞둔 이들은 사랑하는 모든 것과 영원히 이별해야 한다는 서러움과 함께 평소에 깊이 생각해보지 않았던 죽음 이후에 대해 공포감을 느끼면서 매우 고통스러운 경험을 하게 된다. 사람들은 인생의 여정에서 부딪히는 많은 위기에 철저히 대비하면서 문제를 해결해 나가지만, 정작 인생사에서 가장 중요한 죽음의 순간에는 준비 안 된 죽음, 두렵고 고통스러운 죽음을 당하는 경우가 대부분이다.

*논문 투고일: 2020년 9월 12일 *논문 수정일: 2020년 9월 25일
*게재 확정일: 2020년 11월 12일

여기서 필자는 사람들이 죽음에 대해 두려움을 갖는 것은 죽음에 대해 묵상해야 할 의무를 등한히 했기 때문이라고 강조하고자 한다. 죽음을 묵상하고 준비하면서 살아가는 사람 중에서 놀랍게도 죽음을 두렵고 무서운 존재로 결론을 내린 사람이 거의 없다는 것은, 거의 모든 죽음 연구자들이 동의하는 바이다. 우리가 죽음을 직시하고 그 정체를 정확하게 인지하기만 하면, 죽음이 더는 두렵거나 고통을 주는 실체가 아니라는 사실을 깨닫게 될 것이다. 죽음은 우리가 어떻게 살아야 하는지를 깨닫게 해주는 인생 최후의, 그리고 단 한번뿐인 최고의 기회이다. 죽음의 목전에서 죽음을 깊이 숙고하면 뜻밖에도 생명이 깨어나게 된다. 우리가 죽음에 대해 깨어나면서 우리의 삶 또한 깨어나게 되면, 주어진 삶을 최선의 가치로 승화시키고 차분하게 죽음을 맞이할 수 있을 것이다.

인간은 누구나 존엄한 삶을 영위하다가 존엄한 죽음을 맞이할 권리가 있다. 필자가 정의하는 존엄한 죽음이란 '하나님의 형상'(창 1:26-27)대로 지음받은 우리 인간이 마땅히 지녀야 할 존엄성을 갖추고 행복하게 인생을 마무리하면서 평온하게 임종을 맞이하는 죽음이다. 이것은 '생명의 원천'(시 36:9)이신 하나님의 은사(恩賜)로 고귀한 생명을 부여받은 인간이라면 모두가 마땅히 누릴 수 있어야 할 것이다. 오늘날 존엄한 죽음은 무의미한 연명의료를 시행하지 않는 자연스러운 죽음, 곧 존엄사로 표현되기도 한다. 그런데 존엄사(=무의미한 연명의료 중단)와 안락사(=의사조력 자살)가 서로 혼동됨으로 인해 존엄한 죽음이 왜곡되는 현실을 지적할 필요가 있는데, 필자는 존엄한 죽음이 명백한 살인 행위이자 자살 방조인 안락사와는 그 의도와 목적에 있어서 전혀 다른 죽음이라고 단언하는 바이다.

필자는 존엄한 죽음을 맞이하기 위해 우리가 실천할 수 있는 몇 가지 원칙을 다음과 같이 제시하고자 한다.

1. 생로병사에 대한 순응하고 노화에 대한 새로운 인식을 가져야 한다.
2. 죽음의 양면성을 보는 균형잡힌 시각을 통해 죽음을 올바르게 이해해야 한다.
3. 인생사에서 가장 중대한 사건인 죽음을 철저히 준비해야 한다.
4. 점진적 죽음의 과정 속에서 의술을 지혜롭게 사용해야 한다.
5. 존엄한 죽음을 위한 의료 인프라인 호스피스·완화의료를 적극적으로 활용해야 한다.
6. 존엄하지 못한 죽음의 확산 속에서 가정적·사회적 유대관계를 강화해야 한다.

| 주제어 |

노화, 죽음, 생로병사, 죽음에 대한 두려움, 존엄한 죽음, 무의미한 연명의료, 존엄사, 안락사, 고독사, 호스피스

1. 생로병사에 대한 순응과 노화에 대한 새로운 인식

생로병사(生老病死)가 자연 순환의 과정이라는 사실이 나날이 부정되고 있다. 특별히 의학과 생명공학의 급속한 발전으로 엄청난 수혜를 누리게 된 오늘날 젊고 건강한 삶에 대한 집착은 나날이 심화되는 양상이다. 현대인들은 내면 깊숙이 나이듦의 현실을 받아들이기를 몹시 힘들어함으로써, 온 세상이 노화(老化)에 대한 극도의 불안과 두려움으로 가득하다. 광적인 안티 에이징(anti-aging) 열풍 속에서 인간의 생명을 다루는 의학은 단지 환자의 치료만을 위해 존재하지 않고, 외형적인 젊음을 영원히 유지하려는 욕망, 무분별한 건강 집착증을 위해 활용되고 있다. 사람들은 새로 나온 신약을 복용하고 최신 의술을 활용하며 각종 건강 보조식품을 섭취하면 얼마든지 젊음을 유지할 수 있다는 착각 속에서 살아간다. 오늘날 이전 세대가 상상할 수 없을 만큼 젊어지고 평균수명이 길어졌음에도 불구하고, 끊임없이 젊음을 추구하고 삶을 연장시킬 방법을 강구하는 것이다. 급기야 현대인들은 의술의 획기적 발전을 디딤돌 삼아 생로병사를 거부하는 것을 넘어서 불멸(不滅)을 꿈꾸는 단계로까지 나아가고 있다.[1]

오늘날 죽음을 극복하려는 과학계의 광기 어린 행보가 심상치 않다. 최근 들어 글로벌 거대기업들, 실리콘밸리의 정보기술(IT) 거부들이 발 벗고 나서서 불멸(不滅)을 실현해줄 생명의 묘약을 찾기 위해 막대한 자금을 쏟아 붓고 있다. 세계적으로 유명한 철학자와 과학자, 의학자들 역시 종교의 도움 없이 육체적 영생(永生)의 문을 열어줄 열쇠를 발견하기 위해 박차를 가하고 있다. 불멸과 영생 프로젝트에 돌입한 거대 기업 중에 대표적으로 구글(Google)을 들 수 있는데, 2013년 설립된 바이오 벤처 자회사인 '칼리코'(Calico)는 죽음을 해결하는 게 창립목표로서 인간 수명 500세 프로젝트에 돌입하였다. 구글의 기술이사이자 전 세계에서 가장 유력한 미래학자인 레이 커즈와일(R. Kurzweil)은 현대 과학의 주력사업이 죽음을 격파하고 인간에게 영원한 젊음을 제공하는 것이라고 말하면서 2045년 이후에는 종교나 죽음에 대한 찬미는 모두 과학 이전 사회의 유물이 될 거라고 단언한 바 있다. 이러한 현실에 편승하여 이 시대는 인간의 삶을 완성하는 죽음의 숙명에서 벗어나기 위해, 특히 과학계가 앞장서서 유한한 인간 육체에 방부처리를 감행하기에 혈안이 된 듯하다.[2]

현대인들이 젊음을 추종하고 수명을 연장시키려는 무모한 도전을 감행하지만, 이를 통해 노화 자체를 종식시키고 불멸에 이른 사람은 인류역사상 아무도 없다. 노화와 죽음은 유한한 몫의 수명을 할당받은 인간의 피할 수 없는 숙명이기에 아무리 신비의 명약을 복용한다고 해도 노화를 막을 수 없고, 아무리 건강관리를 철저히 한다고

---

1) 박승혁, "'21세기 에디슨' 도발 예언 ⋯ '2045년 되면 인간은 죽지 않는다'", 「조선일보」(2013.07.20).
2) Cf. Th. Schulz/강영옥 옮김, 『200세 시대가 온다(부제: 실리콘밸리의 사상 초유 인체혁명 프로젝트』(서울: 리더스북, 2019).

해도 불가피 죽음에 이를 수밖에 없다. 이러한 인간의 어쩔 수 없는 운명을 외면한 채 생로병사에 불응한다면, 현세에 대한 집착은 나날이 도를 넘어설 수밖에 없을 것이다. 노화를 비참한 것으로 여기는 한, 우리는 인생을 유의미하게 마무리하는 지혜를 배우지 못할 것이다. 죽음이 자연으로 돌아가는 자명한 과정이라는 사실을 부정하는 한, 우리는 사멸(死滅)과 유한성(有限性)을 거부하고자 광분하게 될 것이다. 이제 유한한 육체를 방부 처리하려는 인류의 탐욕, 불멸에 도달하려는 광기의 폭주에 브레이크를 밟아야 할 때가 도래한 것이다.[3]

많은 사람이 노화의 현실을 두려워하지만, 지혜로운 노년기를 보내는 인생의 현자들의 증언은 상당히 의미심장한 결과를 보여주기도 한다.[4] 이는 곧 나이듦이 생각보다 훨씬 괜찮은 일이라는 사실이다. 물론 노인이 된 후 상실의 아픔은 불가피 따르지만, 이와 동시에 현실적인 삶의 문제가 어느 정도 해결된 상태라면 노년과 함께 분명 좋은 것도 따라오는데, 곧 인생을 관조하면서 삶을 통찰할 줄 아는 '자아 통합'이 바로 그것이다.[5] 많은 노인은 노년의 삶에 대해 '존재의 가벼움', '고요하고 평화로운 일상'이라고 표현하는데, 특별히 노년의 특권은 빡빡한 경제활동과 가사노동이 확연히 줄어든 것을 느끼며 일상을 관조하는 것이다.[6] 그래서 일련의 노인들은 나이듦

---

3) 윤영호, 『나는 죽음을 이야기하는 의사입니다』(서울: 컬처그라퍼, 2012), 45-46.
4) Cf. K. Pillemer/박여진 옮김, 『내가 알고 있는 걸 당신도 알게 된다면』(서울: 토네이도, 2012), 178-184.
5) H. Shapira/정지현 옮김, 『행복이란 무엇인가: 이스라엘 최고 랍비 하임 샤피라의 명강의』 (서울: 21세기북스, 2013), 217-218.
6) 그래서 일련의 어르신들은 나이드는 일이 놀라운 경험이라고 말하기도 하는데, 이것은 평생 짊어진 막중한 과제나 반드시 성취해야 할 책임적 의무에 얽매이지 않고 홀가분하게 살아갈 수 있기 때문일 것이다. 박경리 작가는 생전에 이런 말을 한 것으로 전해진다: "모든 세월 가고 아아 편안하다. 늙어서 이리 편안한 것을… 버리고 갈 것만 남아서 참 홀가분하다."

이 아주 놀라운 경험이라고 말하기도 하는데, 이는 평생 짊어진 막중한 과제로부터 자유케 되어 반드시 성취해야 할 책임적 의무에 신경 쓸 필요 없이 홀가분하게 살아갈 수 있기 때문이다. 그뿐만 아니라 노년기에 접어들면서 내면의 영적인 현실에 눈뜨면서 인생사에서 참으로 중요한 게 무엇인지 깨닫기 시작했다는 사실을 토로하기도 한다.

그러므로 인생의 현자들은 늙는 걸 걱정하느라 쓸데없이 에너지를 낭비하지 말라고 당부하면서 나이와 싸우지 말고 나이와 함께 늙어 가서 변화하는 신체와 상황에 맞춰 지혜롭게 적응해 나가라고 권고한다.[7] 나이가 들면서 우리의 삶의 스타일 또한 변해야 하는데, 즉 열정과 자신감으로 의기충천하여 자기중심주의로 살아가던 데서 이제는 주변의 작은 것을 이해하고 포용하도록, 힘과 돈을 추구하던 데서 이제는 교양과 사랑을 키우는 데로 방향을 바꾸도록, 눈에 보이는 외적인 것을 지향하던 데서 이제는 마음과 영의 소리를 들으면서 내면을 풍요롭게 가꾸도록 노력해야 할 것이다. 소를 잃기 전에 외양간을 고치기가 무척 어려운 일인데, 그것은 지금껏 살아온 방식대로 앞으로 살아갈 미래를 예측하기 때문일 것이다. 물질만능주의와 성공지상주의에 빠져 살아온 사람들이 당장 눈에 보이는 경제적·육체적 미래는 예측하지만, 정신적·영적 공허함은 미처 예상하지 못해 말년에 삶의 회의를 느끼고 방황하는 이유가 바로 그것이다. 특히 자신의 연령대를 거부하는 '아이 증후군'에 빠진 이들은 젊음에 집착할수록 더욱 더 공허해지는 악순환에 빠지게 된다.

여기서 우리 그리스도인이 깊이 유념해야 할 것은, 육체적 노화

---

7) K. Pillemer, 『내가 알고 있는 걸 당신도 알게 된다면』, 180-181.

는 인정하고 순응해야 하되 정신적·영적 노화마저 순응해선 안 된 다는 점이다. "겉사람은 낡아가나 속사람은 나날이 새로워져야"(고후 4:16) 하기 때문이다. 육신(겉사람)이 낡아지는 것은 모든 인간이 도저히 거스를 수 없는 진리이기에 받아들여야 하지만, 마음과 영혼(속사람)은 꿈을 머금고 살면서 나날이 새로워져야 하기 때문이다. 이에 육신의 노화를 축복으로 받아들이면서 맑고 밝게, 기쁘고 즐겁게, 곱고 단아하게 늙을 수 있도록, 인생의 매 단계마다 그 시간이 우리에게 주는 소중한 것들을 누리면서 나이에 맞게 기품있는 삶을 살아갈 수 있도록 힘써야 할 것이다. 더 나아가 자신의 연령대에 적합한 삶의 목적을 발견하여 삶의 경험을 지혜롭게 나누면서 주변 공동체에 유익한 역할을 감당하는 일이 중요할 것이다.

이러한 맥락에서 성서에는 말년에 하나님과 이웃에게 귀하게 쓰임받은 노인들이 많이 등장하는 것을 주목할 필요가 있다.[8] 특히 신약성서에 나오는 시므온은 평생 하나님의 약속이 성취되기를 고대하고 충성하다가 아기 예수 메시아를 대면했을 때 "주님, 이제 주님께서는 주님의 말씀을 따라 이 종을 세상에서 평안히 떠나가게 해 주십니다"(눅 2:29)라고 기도하였다. 84세 고령의 과부 여선지자 안나도 성전을 떠나지 않고 주야로 금식하고 기도하면서 하나님을 섬겼는데, 예루살렘의 속량을 바라는 모든 사람들에게 아기 메시아에 대해 증언하고 하나님께 감사하면서 말년을 보냈다(눅 2:36-38). 특별히 사도 바울은 노년의 그리스도인들에게 젊은 교인에 대한 영적인 책임을 짊어지게 함으로써 교회 내에서 각별한 지위를 부여하였다.[9]

---

8) R. Moll/이지혜 옮김, 『죽음을 배우다』(서울: IVP, 2014), 214-215.
9) 사도 바울은 특히 나이 든 과부들에게 중요한 지위를 부여하였다. 그는 디모데전서에서 이

생로병사의 숙명을 지닌 모든 인간은 한 번 태어난 이상 반드시 죽는다. 아니 죽음으로써 인간 세상은 새롭게 교체되어야만 하는데, 젊은 세대를 통해 모든 것은 끊임없이 새로워질 수 있기 때문이다. 이에 모든 살아있는 생물체가 때가 되어 죽음으로써 생의 무대를 다음 세대에게 물려주는 것은 자연의 섭리라고 말할 수 있다. 즉 앞 세대가 죽으면 다음 세대가 그 뒤를 이어 살다가 또 다음 세대에게 삶의 자리를 물려주고 떠나는 것이 인생사의 이치인 것이다. 우리의 탄생 또한 앞 세대가 죽었기 때문에 가능했으므로, 우리는 다음 세대를 위해 죽음으로 삶의 자리를 내주어야 할 의무가 있는 것이다. 그렇다면 노령과 죽음은 인류의 새로운 출발을 위한 준비요, 더욱 더 새로워지고 진일보한 세상을 후손들에게 물려주기 위해 필수불가결한 과정이라고 말할 수도 있을 것이다.[10]

노화를 비참한 것으로 여기는 한, 우리는 인생을 유의미하게 마무리하는 지혜를 배우지 못할 것이다. 죽음이 자연으로 돌아가는 자명한 과정이라는 사실을 부정하는 한, 우리는 사멸성(死滅性)과 유한성(有限性)을 거부하고자 광분하게 될 것이다. 그러나 생에 정해진 한계점이 있다는 사실을 담담히 받아들일 때, 비로소 인생은 균형있는

자리에 적합한 사람이 누구인지를 직접 언급하면서 가족과 사별한 여인들을 본보기로 여겼다. 또한 디도서에서는 이 여인들을 가리켜 "늙은 여자로는 … 선한 것을 가르치는 자들이 되고 그들로 젊은 여자들을 교훈하되 그 남편과 자녀를 사랑하며 신중하며 순전하며 집안일을 하며 선하며 자기 남편에게 복종하게 하라"(딛 2:3-5)고 말씀한다. 사별의 슬픔을 극복한 여성들은 젊은 교인들을 가르칠 자격을 갖추었는데, 그중에서도 특히 자녀를 양육하며 혹은 나그네를 대접하며 혹은 성도들의 발을 씻으며 혹은 환난당한 자를 구제하며 혹은 모든 선한 일을 행하는(딤전 5:10) 것을 가르칠 수 있었다. 이러한 영향으로 '사도헌장'(Apostolic Constitutions)은 과부 중에 여집사를 택하여 안수했다고 명시하고 있다: 위의 책, 216.
10) S. B. Nuland/명희진 옮김, 『사람은 어떻게 죽음을 맞이하는가』(서울: 세종서적, 2010), 137-138.

조화를 이룰 수 있게 된다. 모든 즐거움과 성취감과 함께 고통과 좌절까지도 받아들일 수 있는 성숙한 인생의 틀이 완성되는 것이다. 그뿐만 아니라 죽음이 다가올 거라는 생각을 항상 마음속에 간직하고 있으면, 매사에 더욱 더 부지런하고 의미있게 인생을 살아가게 된다. 세상을 떠날 순간이 다가왔을 때 삶을 헛되이 낭비했다는 후회와 자책감을 느끼지 않도록 살아가게 될 것이기 때문이다. 이렇게 항상 마지막을 준비하면서 충만한 삶을 보낸 후 맞이하는 죽음은 존엄하게, 두렵지 않게 맞이할 수 있을 것이다.

2. 죽음의 양면성을 보는 균형 잡힌 시각과 올바른 죽음 이해

우리가 생로병사에 순응하고 노화에 대해 새로운 인식을 갖게 되면, 그때서야 비로소 죽음의 진면목이 보이면서 죽음을 두려움 없이 받아들일 마음의 여유가 생겨나게 된다. 온통 부정적으로만 보이는 죽음에 긍정적인 - 뜻밖에도 은혜로운 - 일면이 있다는 사실을 새롭게 발견할 수도 있다. 죽음은 인생의 온갖 질고와 걱정에서 벗어나게 하고 육체의 모든 고통과 아픔에 종지부를 찍게 함으로써 힘겹게 살아가는 우리 모두를 위로하는 사건이기도 하다.[11] 특별히 기독교에서 죽음은 예수 그리스도의 죽음과 부활로 말미암은 은혜로운 섭리 속에서 종국에는 하나님의 은혜와 자비로 귀결된다.[12] 이처럼 우리가 죽음의 진면목을 새롭게 이해하면서 죽음을 기꺼이 받아들이게 되면, 죽음은 우리 생애 마지막 순간까지 정신적 · 인격적으로 성장할 수 있는 기회, 이전과는 비교도 안 될 만큼 영적으로 높이 고양하는 계기가 될 수 있을 것이다. 그리하여 우리는 점점 사멸해가는 육체 가운데서도 인간다운 존엄으로 충만한 복된 죽음을 맞이할 수 있을 것이다.

그렇다면 죽음은 그저 좋기만 한 것인가? 죽음을 미화하는 것은 과연 정당한 일인가? 여기서 우리는 죽음의 양면성 · 이중성에 대한 균형잡힌 시각을 인식할 필요성이 있는데, 이를 통해 죽음을 올바르게 대할 수 있는 중요한 자세를 발견할 수 있기 때문이다. 죽음은 동서고금을 막론하고 양면적이고 이중적으로 이해되는 경향이다. 한국의 종교 · 문화적 전통에서 자연적 죽음을 맞이한 사람은 선신(善神)이 되기 때문에 자연사(自然死)는 생명의 자연적 순환 원리로 이해되는 데 반해, 비자연적 죽음을 당한 사람은 악신(惡神)이 되기 때문에 비자연사(非自然死)는 일생일대 최악의 부정한 사건으로 간주된다. 성

---

11) 초대 기독교 교부 요한 크리소스톰(J. Chrisostom)은 "죽음은 은혜이다. 왜냐하면 고생스러운 삶의 노고로부터 우리를 쉬게 해 주기 때문이다! 아픔, 슬픔, 삶의 굴곡이 이 땅에서 마침내 멈추기 때문이다! ... 형제들이여, 죽음은 나쁜 것이 아니라 유익한 것이다."라고 말하면서 죽음이 모두를 위로하는 사건이라고 선언한 바 있다: N. Basiliadis/박용범 옮김. 『죽음의 신비(부제: 죽음과 부활에 대한 정교회의 신학)』(서울: 한국정교회출판부, 2010), 88에서 인용.
12) 요한 크리소스톰은 죽음이 본래 아담의 범죄에 대한 형벌로 인해 인류에게 임하게 되었지만, 이것이 결국 하나님의 은혜와 자비로 섭리될 거라고 결론짓는다. 사탄이 우리를 파멸시키기 위해 죄와 그 열매인 죽음을 인류에게 가져왔지만, 예수 그리스도가 인류를 위해 몸소 죽으셔서 죽음을 선한 것으로 변화시키고 우리를 하늘로 인도하실 것이기 때문이라는 것이다: 위의 책 90에서 인용.

서에도 죽음에 대한 상반된 이중적인 전통이 병존하는데, 곧 죽음을 하나님의 창조질서에 속하는 자연적 순리이자 인간의 유한성으로 인한 생명의 자연스러운 종결로 보는 전통과 함께 인간의 죄악으로 말미암아 도래한 하나님의 심판이자 형벌로 보는 전통이 그것이다.

다만 성서의 죽음이해가 여타 다른 종교·문화적 전통과 다른 점은, 예수 그리스도의 죽음과 부활을 결정적 분기점으로 죽음이 그 위력을 상실했을 뿐만 아니라 오히려 유익하게 섭리될 수 있다는 것이다. '죽음은 예수 그리스도의 십자가 죽음과 부활을 통해 이미 극복되었다', '죄가 없는 그리스도가 십자가에서 죄인들이 당해야 할 저주의 죽음을 친히 죽었기 때문에 그리스도를 믿는 자들을 저주의 죽음에서 해방되었다' 는 것이 성서적 죽음이해의 특성이라고 말할 수 있다. 이에 그리스도인은 인간의 삶이 죽음과 함께 끝나버린다는 허무주의 속에서가 아니라, 죽음 이후 누리게 될 영원한 생명에 대한 확신 속에서, 곧 죽음을 넘어서는 소망 속에서 죽음을 맞이할 수 있다. 그럼에도 불구하고 성서는 죽음을 결코 미화하거나 정당화하지 않는데, 왜냐하면 죽음 그 자체는 생명의 원천인 하나님에게 이반하는 반신적(反神的) 존재여서 역사의 종말에 결국 폐기될 수밖에 없는 존재이기 때문이다(고전 15:26; 계 21:3-4).

우리는 죽음이 지닌 양면성, 곧 생명의 자연스러운 종결로서의 죽음과 죄의 결과로서의 죽음, 죽음의 자연성과 비자연성을 깊이 유념하여 죽음에 대한 균형잡힌 올바른 인식을 갖는 일이 중요하다. 우리가 죽음을 삶의 자연스런 종결로만 받아들일 경우, 자칫 죽음이 지닌 치명적 폐해를 간과하고 이 세상에서 일어나는 온갖 형태의 억울한 죽음, 폭력적 죽음, 강제적 죽음에 대해 무감각한 태도를 취할 수도 있기 때문이다. 우리가 죽음의 비자연적 측면을 올바로 인식할 때에만, 부당한 죽음을 야기하는 사회의 구조적 불의, 조직화·합법화된 생명의 파괴에 저항하는 자세를 취할 수 있을 것이다.[13] 이 사실을 고려할 때, 죽음이 지닌 양면성은 각각 나름의 의미를 내포하면서 우리에게 매우 중요한 과제를 부과함을 발견하게 된다. 즉 우리는 한편으론 삶의 영역에서 죽음을 금기시하지 않고 생로병사에 순응해야 하지만, 다른 한편 죽음의 치명적 폐해를 냉정하게 직시하면서 불의한 죽음을 초래하는 불의한 세력에 반기를 들어야 하는 것이다.[14]

이처럼 우리가 올바른 죽음이해를 갖게 되면, 인생사에서 불가피 맞닥뜨릴 수밖에 없는 생로병사의 과정을 좀 더 성숙하게 감내할 수 있을 것이다. 사실 삶 속에서 죽음을 성찰함은 외견상 고통스러운 일로 보일 수도 있다. 그러나 참으로 놀랍게도 죽음에 대해 깊이 사유한 사람 중에 죽음을 두려운 존재로 결론을 내린 사람이 거의 없고, 오히려 죽음의 현실을 의식함으로 삶의 지혜를 얻을 수 있다는 견해가 중론이다. 그뿐만 아니라 죽음을 깊이 성찰할 때 참되고 가치있는 삶, 유의미하고 후회없는 삶을 살아갈 동력을 얻을 수 있다고, 죽음을 연구하는 학자들은 주장한다. 이 사실은 우리에게 상당히 의미심장한 깨달음을 준다. 그러므로 우리가 인정하든, 안 하든 죽음은 이미 삶 속에 존재하는 현실, 삶과 분리될 수 없는 일부분이기에, 이제 우리는 삶을 완성하기 위해 반드시 죽음과 함께 더불어 살아가면서 존엄한 죽음을 준비해야 할 것이다.

---

13) 김균진, 『죽음과 부활의 신학』(서울: 새물결플러스, 2015), 273-274.
14) 곽혜원, 『존엄한 삶, 존엄한 죽음(부제: 기독교 생사학의 의미와 과제)』(서울: 새물결플러스, 2014), 131-132.

3. 인생사에서 가장 중대한 사건, 죽음에 대한 철저한 준비

죽음이 삶을 완성하는 은혜로운 사건, 하나님의 영원 속으로 들어가는 사건이라면, 우리가 죽음을 무작정 부정만 할 것이 아니라, 하나님의 은혜와 평강 안에서 복된 죽음을 맞이하기 위해 준비하는 삶을 살아가야 할 것이다. 이 사실을 일찍이 간파했던 초대 교인들은 죽음을 인생사에서 가장 중대한 사건, 철저한 준비가 필요한 영적인 사건으로 인식하였다. 그들은 특별히 임종의 자리가 예수 그리스도께서 걸으신 십자가의 길을 실천할 수 있는 마지막이자 가장 중요한 장소라고 확신하였다. 이에 그들은 죽음이라는 신성한 순간을 복되게 맞이하기 위해 평생의 삶에 걸쳐서 준비했던 것이다. 그들은 예수께 대한 신앙을 삶 속에서 실천하고자 혼신의 힘을 기울이는 가운데 죽음을 자주 묵상했는데, 왜냐하면 죽음에 대한 준비와 묵상이 기독교 역사 내내 이어져 내려온 귀중한 전통이기 때문이다.[15]

특별히 기독교 역사 면면히 그리스도인들은 죽음을 앞둔 이를 헌신적으로 돌보는 가운데 예수의 죽음과 부활을 믿는 신앙을 실천

---

15) R. Moll/이지혜 옮김, 『죽음을 배우다』(서울: IVP, 2013), 36.

하였다. 그들은 죽음에 앞서 영성이 깊어져가는 임종자에게서 배우기를 힘썼는데, 이는 죽음에 가까워질수록 사람의 영혼이 하나님께 점점 가까이 다가간다고 확신했기 때문이다. 이 확신 속에서 죽음을 앞둔 이들 중에는 공개적 임종을 맞이하기도 했고 임종자 가족과 친구들은 사랑하는 이의 죽음을 기록으로 남겨 교회의 성도들에게 전해주기도 했는데, 그러면 형제자매를 잃은 교회 공동체는 하나님이 주시는 평안과 소망 가운데 고인을 애도하고 서로 위로하면서 마음을 하나로 모을 수 있었다. 사실 죽음은 무척 슬프고 끔찍스러운 사건일 수 있지만, 좋은 죽음은 얼마든지 아름다운 추억이 되어서 오히려 슬픔을 거둬가는 사건이 될 수 있음을 알리기 위해서였던 것이다. 특별히 죽음이 공개적인 사건이 되면 주변사람들이 죽음을 두려워하지 않게 될 수도 있다고 한다. 그러므로 가족과 친지들의 좋은 죽음을 목격한 이들은 죽는 법을 배우기가 한결 수월해질 수 있다고 한다.

여기서 우리가 특별히 주목해야 할 것은, 많은 임종자를 인격적으로 대면해왔던 사역자들이 사람의 임종이 특별한 현상을 동반하는 영적인 체험이라고 이구동성으로 주장한다는 사실이다.[16] 오랜 세월 임종의 자리를 지켜 온 많은 전문 사역자는 주장하길, 죽음을 앞둔 임종자와 함께 있으면 사람이 죽음을 통해 영원으로 들어간다는 사실을 실감하게 된다고 한다. 또한 하나님께서 사랑하는 자녀의 임종 시에 분명히 활동하신다고 말하기도 하는데, 왜냐하면 하나님 보시기에 성도의 죽음이 참으로 귀하기에 우리가 이생을 떠나는 일

---

16) 곽혜원, 『존엄한 삶, 존엄한 죽음』, 194; P. Fenwick & E. Fenwick/정명진 옮김, 『죽음의 기술』(서울: 부글북스, 2008), 44.

이 하나님께는 초미의 관심사이기 때문이라는 것이다.17) 특별히 호스피스 병동에서는 야간 근무를 하는 간호사들에게 죽어가는 환자 상당수가 자신들이 경험하는 삶의 종말에 대한 이야기를 고백하는 것으로 전해진다.18) 사실 의료인들은 이런 현상을 인정하는 데 인색한 경향이고 심도있는 과학적 연구도 매우 미흡한 상황이지만, 죽음을 앞둔 임종자가 이성적으로는 알 수 없는 것들을 보고 듣고 지각할 수 있다는 사실은 과학도 결코 부정할 수 없는 바이다.

기독교 역사를 보면, 일생일대 중대사인 죽음에는 준비가 필요하다는 사실이 분명하다. 예수님은 십자가를 지시기 전날 밤 당신의 죽음을 준비하셨을 뿐만 아니라, 제자들에게도 죽음을 준비시키셨다(마 26:17-46; 마 14:12-42; 눅 22:14-46). 이렇게 죽음에 대한 준비를 강조함으로써 기독교 역사상 그리스도인들은 허망하게 스러져갈 이 세상의 부귀영화에 마음을 빼앗기지 않고 평생 영원을 마음에 품고 살아갈 수 있었다. 항상 죽음을 떠올리면서 삶의 최우선 순위에 마음의 중심을 모을 수 있었던 것이다. 이처럼 그리스도인의 정체성을 지키면서 평생을 그리스도인답게 신실하게 살아가면서, 자연스레 그리스도인답게 좋은 죽음을 맞이할 수 있었던 것이다. 이런 사실을 고려할 때, 좋은 죽음에 반드시 필요한 영적인 준비는 하루아침에 이루어지는 것이 아니라, 평생에 걸쳐서 서서히 쌓아가야 한다는 사실을 알 수 있다.

사실 성경은 죽음 이후의 세계가 어떤 곳인지, 예수님께서 우리

---

17) 곽혜원, 『존엄한 삶, 존엄한 죽음』, 205.
18) P. Fenwick & E. Fenwick, 『죽음의 기술』, 52-53; R. Moll, 『죽음을 배우다』, 110-111.

를 데려가겠다고 약속하신 말씀인 요한복음 14장 3절의 말씀("가서 너희를 위하여 거처를 예비하면 내가 다시 와서 너희를 내게로 영접하여 나 있는 곳에 너희도 있게 하리라")의 정확한 의미가 무엇인지 상세히 알려주지 않기에 천국의 삶을 소망하는 우리 그리스도인에게도 죽음의 과정은 여전히 두려울 수 있다. 성경은 우리가 궁극적으로 구원받을 운명이라는 것을 확실히 약속하지만, 우리는 연약한 인생들이기에 거기까지 가는 과정이 두려운 것이다. 그러나 우리 앞서 살았던 믿음의 선배들은 죽음을 두려워하는 것이 인간이라면 누구나 인지상정으로 느끼는 것이라고 말하면서도, 이와 동시에 죽음이라는 영적인 과정이 그리스도가 십자가에서 거두신 승리를 믿고 평안을 누리는 과정이라는 사실을 강조하였다.[19] 특별히 종교개혁자 마틴 루터(M. Luther)는 죽음 준비에 관해 쓴 설교문에서 죽음을 앞둔 이들이 느끼는 공포심에 공감하면서도, 그래도 죽음이라는 것이 "하나님께 가는 길이기 때문에 기쁘고 담대하게 발을 내디디라"고 성도들을 독려하기도 했다.[20]

　이처럼 죽음을 신성하게 준비했던 초대 기독교의 귀중한 전통은 오늘날 우리에게 시사하는 바가 매우 크다고 아니할 수 없다. 왜냐하면 오락과 안락, 향락과 쾌락을 즐기는 현대인들은 눈에 보이는 삶의 현실에 지나치게 집착하는 가운데 죽음을 부정하면서 살아가기 때문이다. 나날이 진지한 사고를 기피하는 현대 그리스도인들도 이러한 세속의 흐름에 급속도로 함몰되면서 기독교의 아름다운 전통을 잃어버렸기 때문이다. 사실 좋은 신앙인으로 잘 사는 것도 중

---

19) R. Moll, 『죽음을 배우다』, 87.
20) A. Reinis, *Reforming the Art of Dying: The Ars Moriendi in the German Reformation*(1519-1528) (Surrey, U.K.: Ashgate, 2007), 51에서 인용.

요하지만, 신앙적으로 잘 죽는 것도 그에 못지않게 대단히 중요하다고 아니할 수 없다. 이제 우리는 오랜 세월 간직되어온 기독교의 귀중한 전통을 잘 계승해 나가서 초대 교인들의 신앙의 본을 따라 평생의 삶을 통해 인생사에서 가장 신성한 사건인 죽음을 철저하게 준비해야 할 것이다.

4. 점진적 죽음의 과정과 의술의 지혜로운 사용

과거에는 생로병사의 과정이 한 인간이 뿌리 내리고 살아가는 삶의 터전 위에서 이뤄졌으며, 또한 생로병사의 문제는 마을 주민들이 서로 함께 공유하면서 십시일반으로 품앗이를 하던 영역이었다. 그러던 것이 오늘날에는 기술문명의 획기적 발전과 급속한 도시화로 큰 변화가 일어남으로써, 태어나고 죽는 과정이 모두 병원에서 이뤄지는 시대가 도래하게 되었다. 즉 탄생은 산부인과에서, 질병은 다양한 분과의 소관으로, 죽음조차 병원의 중환자실과 장례식장을 통해야만 마무리가 되는 '생로병사의 의료화'가 진행된 것이다. 문제는 인간 생애의 모든 사이클이 기술 중심의 의료 영역에 포섭될 때, 인간의 존엄성이 훼손당할 수 있다는 사실이다.[21]

무엇보다 심각한 현실은 과거에 자연적으로 맞이하던 '죽음이 의료화'됨으로써 평온한 임종을 맞이하지 못하는 일이다. 죽음의 의료화가 일어난 배후에는 20세기 들어와 의학의 엄청난 발달로 말미암아 확연히 변화된 죽음의 과정이 놓여있다. 즉 20세기 이전에는 사람들이 급성질환으로 갑작스럽게 죽음을 당하는 경우가 많았지만, 오늘날에는 만성질환으로 점진적으로(대략 3~5년 기간에 걸쳐) 죽음에 이르게 되었다. 이를 통해 인류는 역사상 처음으로 자신의 죽음을 예상할 수 있는 상황을 누리고 있다. 사실 죽음이라는 문제는 인류 역사와 함께 존재해 온 문제이기에 그다지 새로울 게 없지만, 죽음이 언제 찾아올지를 어느 정도 예상하면서 자신의 죽음을 지켜볼 수 있게 된 것은 실로 획기적인 사건이라 아니할 수 없다.

　　하지만 점진적 죽음은 마지막 생애를 알차게 보낼 수 있는 유익한 기회도 제공하지만, 또 다른 한편으론 의료기술과 관련한 부작용도 수반되어 자칫하면 인생의 마지막을 중환자실에서 의료기기들에 둘러싸인 채 보낼 수도 있게 되었다.[22] 즉 애매한 죽음 궤도로 인해 좋은 임종을 준비할 기회를 놓칠 수도 있게 된 것이다. 이러한 상황 속에서 의술에 대한 지혜로운 사용이 매우 중요하게 대두되고 있다. 이는 곧 의술의 치료효과에 지나치게 과도한 기대를 두지 않도록 주의해야 한다는 것이다. 그러한 기대는 우리가 의술을 전적으로 의지했다가 별 효과가 없을 때 의료계의 성과에 실망해서 죽음을 받아들이기가 더욱 힘들어지고 두려워하는 결과를 낳을 수 있기 때문이다.

　　더욱이 '사전의료의향서'를 통해 분명한 의사표시를 하지 않는

---

21) 윤영호, 『나는 죽음을 이야기하는 의사입니다』, 202-203.
22) A. Deeken/오진탁 옮김, 『죽음을 어떻게 맞이할 것인가』(서울: 궁리 2002), 17.

한 예외없이 무의미한 연명의료가 시행되는 상황 속에서 많은 사람이 몹시 고통스럽게 생을 마감하고 있다. 환자가 도저히 회생할 수 없는 상황임에도 불구하고 생명연장의 의술을 과잉 공급하는 현상은 환자와 가족 모두에게 고통의 연장이 될 수밖에 없다. 특히 가장 대표적 연명의료인 심폐소생술·인공호흡기·기관삽관술은 본래 응급환자를 위해 개발된 의술인데, 유독 우리나라에선 임종기 환자에게 적용됨으로 인해 많은 부작용을 낳고 있다. 연명의술은 워낙 극심한 육체적 고통과 충격(목에 구멍을 뚫거나 갈비뼈 골절 등)을 동반하다 보니, 환자의 고통을 덜어주기 위해 수면제와 진통제를 투여하는 경우가 대부분이어서, 환자는 생애 마지막에 유언 한마디 남기지 못하고 세상을 떠나는 일이 비일비재하다. 그러므로 말기 환자를 치료하는 많은 의료진은 연명의료 시술이 임종기 환자에겐 절대 해선 안 되는 의료행위라고 주장한다.

　임종이 임박한 말기암 환자에게 시행하는 공격적인 항암치료도 무의미한 연명의료다. 암이 급속도로 진행되는 말기에 이르면 항암치료가 환자에게 도리어 해가 될 수 있어서, 이를 과감하게 포기하는 것이 환자를 위하는 것이기도 하다. 오랜 기간 의료현장에서 말기 환자들을 돌보면서 이들의 열악한 상황을 지켜봐 온 의료진들은 이구동성으로 주장하기를, 모든 수단과 방법을 동원했음에도 불구하고 병세가 계속 악화되는 상황이라면, 더욱이 환자가 치료에서 오는 부작용을 도저히 감당할 수 없는 여건이라면 더 이상의 적극적인 의료행위는 의미가 없다고 한다. 그러므로 공격적인 항암치료를 강조하는 의료인들도 임종하기 한두 달 전에는 항암치료가 오히려 환자에게 해가 되는 단계라는 데 동의하고 있다.

사실 무의미한 연명의료 문제만이 아니어도, 병원에서 맞이하는 임종환경 자체가 참으로 최악의 상황이라고 해도 과언이 아니다.[23] 특별히 우리 국민의 상당수가 사생활이 극도로 침해당하는 다인용 병실에서 엄청난 스트레스를 받으면서 죽어간다. 임종이 임박하면 '임종실'이나 '영면실'로 옮겨가 평온하게 임종을 준비해야 하지만, 대다수 임종자가 전혀 배려 받지 못하는 열악한 여건 속에 놓여있는 것이다. 더더욱 안타까운 것은 환자가 마지막 생애를 공격적인 항암치료를 받느라 자신의 삶을 정리하지 못한 채 허망하게 세상을 떠나는 일이다. 생의 마지막 순간에는 삶을 조용히 회고하면서 마지막으로 삶을 정리하는 시간이 반드시 필요하다. 또한 사랑하는 가족과 그동안 못다 했던 이야기를 나누면서 사랑을 재확인하고, 혹여라도 가족에 대한 불편한 심경이 남아있으면 죽기 전에 모두 내려놓아야 한다. 이외에도 존엄한 죽음을 맞이하기 위해 환자는 참으로 많은 준비를 해야 한다.[24]

하지만 환자가 의식이 있을 때는 무의미한 연명의료에 매달리느라 삶을 마무리할 아무런 여력이 없고, 죽음에 임박해서는 사경을 헤매다가 황망한 죽음을 맞이하는 게 다반사다. 평생 참으로 열심히

---

23) 여기서 병원에서의 임종에 관해 언급할 필요가 있다. 현대 사회에서 병원은 점점 더 많은 사람이 즐겨 찾는 '죽음의 장소'로 사용되고 있다. 병원에서의 임종은 한편으론 환자가 고도로 전문화된 의학기술의 도움을 신속히 받을 수 있다는 면에서 유용하지만, 다른 한편 임종 환자를 비인간화·비인격화·고립화시키는 문제점을 야기한다. 즉 거대한 관료조직으로서의 병원은 병원체제의 효율적 운영을 일차적 목표로 삼기 때문에, 환자의 개인적이고 사회적인 정체성에 대한 고려 없이 환자를 일률적으로 단지 '환자'로만 관리하며, 의료진은 환자에 대한 감정이입 없이 환자를 치료한다. 더욱이 의료진의 일차적 관심사는 환자의 치료와 회복에 있으므로, 더 이상 치료될 가망이 없는 말기 환자는 많은 경우 기피대상이 된다. 그뿐만 아니라 죽음을 앞둔 말기 환자는 위생적 문제 등으로 인해 의료진의 엄격한 통제 하에서만 사람들과 만날 수 있으므로 고립감 속에서 홀로 죽음을 맞이하는 경우가 많다: 곽혜원, 『현대세계의 위기와 하나님의 나라』(서울: 한들, 2008), 260-261.
24) Cf. 곽혜원, 『존엄한 삶, 존엄한 죽음』, 322-325.

살아왔는데 죽음의 목전에서 삶을 제대로 마무리하지 못한다면, 당사자나 가족의 입장에서 얼마나 안타까운 일인지 모른다. 사실 환자나 가족이나 의료진이나 모두 죽음을 준비해야 할 때가 결국 오게 마련이지만, 멈춰야 할 때 용단을 내리는 것은 쉽지 않은 일인 것 같다. 그러므로 환자와 가족은 이제 그만 편안한 임종을 준비해야 할 때가 언제인지를 지혜롭게 직시해야 할 것이다.

물론 생애 말기에 연명의료에 의존하는 데에는 나름의 정당한 사유가 있을 수 있다. 그러나 오로지 의술에만 의존하다가는 복된 죽음을 준비할 시간을 허비할 수 있다. 마지막으로 신변을 정리하면서 죽음에 앞서 영성이 깊어질 기회도 놓칠 수 있다. 이에 치료에 대한 인간적 욕구와 죽음이라는 실체 사이에서 올바른 균형을 잡는 법을 배워야 한다.[25] 또한 그리스도인이라면 마땅히 인생의 말년뿐만 아니라, 평생을 영원의 관점에서 살아가도록 힘써야 한다. 그러므로 모든 노력을 기울였음에도 치료가 불가능한 상황이라면, 이제 그만 예수 그리스도 안에서 영원한 삶을 소망하는 가운데 하나님이 그 삶으로 향하는 여정에서도 돌보아 주실 것을 확실히 믿으면서 죽을 때 영원한 생명으로 인도해 주실 것이다.

---

25) R. Moll, 『죽음을 배우다』, 48-49.

5. 존엄한 죽음을 위한 의료 인프라(호스피스·완화의료)의 적극적 활용

많은 환자가 임종기에 접어든 후에도 엄청난 고통 속에 무의미한 연명의료를 받다가 존엄하지 못한 죽음을 당하는 상황 속에서 존엄한 죽음(=무의미한 연명의료 중단)을 위한 의료 인프라를 구축하는 일은 매우 절실한 과제다. 이를 우리가 적극적으로 활용하는 일 역시 대단히 중요한 일이다. 이 문제가 원활하게 해결되지 못할 경우, 인류의 오랜 딜레마인 안락사(=의사조력자살)[26] 문제가 불가피 대두될 것이기 때문이다. 안락사는 인류역사에서 가장 오랫동안 존중되어 온 도덕률, 곧 '살인하지 말라'를 침해하는 행위임에도 그토록 암암리에 시행되어왔는데, 이것은 임종을 앞둔 환자들이 겪는 총체적·전인적 고통과 긴밀한 관련이 있다.

여기서 말기 질환자에게 가장 힘든 문제로 거론되는 극심한 통증에 대해 짚고 넘어가지 않을 수 없다. 특별히 말기암 환자가 겪는 암성 통증은 일반인이 결코 상상할 수 없는 극한의 통증으로 알려져

---

26) 현재 안락사와 존엄사 및 존엄한 죽음이 서로 혼용되는 경향인데, 명백한 살인 행위이자 자살 방조인 안락사는 절대 존엄한 죽음이 아니다. 존엄사 및 존엄한 죽음은 다른 말로 '무의미한 연명의료 중단'이라고 표현할 수 있다.

있다. 출산의 고통이 10점 만점에 7~8점이라면, 말기암 환자의 경우 10점 이상도 되는 통증이 일주일 내내 지속된다고 보면 거의 틀리지 않다.[27] 이처럼 환자들이 극심한 통증에 시달리게 되면, 통증에 얽매여 아무 생각도 못하게 된다. 이 때 그들에게 아름다운 마무리에 대해 거론한다는 자체가 너무나 애처롭고 잔인한 일일 것이다. 눕지도 제대로 잠들지도 못하면서 '차라리 죽여달라'고 하소연하는 말기암 환자에게 인생을 의미있게 마무리할 여력은 존재하지 않을 것이기 때문이다.

한 호스피스 의사는 토로하기를, 어떤 목회자가 너무나 고통스럽게 죽어가는 모습을 교인들이 지켜보다가 시험에 들은 것을 목격하면서 호스피스 의사가 되기로 결심했다고 한다.[28] 이에 아름다운 마무리를 위해 극심한 통증의 조절은 다른 무엇보다 중요한 과제라고 해도 과언이 아니다. 그러나 말기암 환자에게 몸과 마음의 지옥을 펼쳐놓던 통증이 조절되고 나면 비로소 자신의 인생과 대면하여 마지막 삶을 정리하게 된다. 이러한 현실은 통증조절이 제대로 되어야만 비로소 환자들이 정상적인 삶을 영위하는 가운데 아름다운 마무리를 할 수 있다는 사실을 의미한다. 때로는 통증조절을 통해 식욕이 회복돼서 식사량이 늘어나고, 또 그로 인해 기력이 회복되고 운동량도 증가해서 병세가 호전되는 사례도 적잖게 보고된다.

이처럼 극심한 통증의 조절은 다른 무엇보다 우선적인 과제이지만, 매우 안타깝게도 많은 말기암 환자가 마지막 생애를 너무나 고통스럽게 보내고 있다. 특별히 진통제에 대한 잘못된 편견이 강하게

---

27) 김여환, "'쥑'이는 여의사 김여환의 행복처방" 2회, 「조선일보 프리미엄」(2013.11.16.).
28) Cf. 김여환, 『죽기 전에, 더 늦기 전에』(서울: 청림, 2012).

자리잡고 있는 우리나라에서 말기암 환자가 겪는 고통은 다른 나라 환자에 비해 훨씬 더 심각하다. 한국의 말기 질환자에게 있어서 통증을 제거하는 마약성 진통제의 사용은 다른 의료 선진국에 비해 10분의 1에 지나지 않는데, 이것은 말기암 환자의 약 50%(캐나다: 5%, 미국: 10%)가 사망 한 달 전까지도 공격적인 항암치료를 받는 현실과 커다란 대조를 이룬다. 이러한 사실은 우리 국민이 극심한 통증 속에 매우 불행한 임종을 맞이하는 현실을 여실히 보여준다.

마약성 진통제에 대한 지나친 편견과 달리, 많은 연구결과는 통증 억제제가 말기 환자에게 의학적 해악이 그다지 심각하지 않으며, 내성에 대한 염려도 오해라는 사실을 발표하고 있다.[29] WHO(세계보건기구)도 말기암 환자에게 사용하는 마약성 진통제가 위험하지 않다는 의견을 제시한 바 있다.[30] 이에 오늘날 말기 환자를 돌보는 의료진들은 통증 억제를 통해 환자의 삶의 질을 높여줌으로써 남은 여생을 아름답게 마무리하도록 도와줄 수 있다고 확신한다. 한편 심리적 이유로 인해 통증이 악화되기도 하는데, 곧 가정불화나 경제적 빈곤처럼 환자의 심경을 괴롭히는 요인이 발생하면 우울과 불안이 가중되면서 통증의 역치가 낮아지게 된다. 그러므로 극심한 통증의 조절은 적절한 약물처방과 함께 반드시 총체적 돌봄이 동반되어야 한다.

이러한 상황 속에서 말기 환자가 죽음에 이르는 과정에서 불가피 겪게 되는 총체적·전인적 고통을 완화해 줌으로써 이들로 하여금 존엄한 죽음에 이르도록 도와주는 의료 서비스가 마련돼 있는데,

---

29) Cf. 곽혜원, 『존엄한 삶, 존엄한 죽음』, 292-296.
30) 윤영호, 『나는 죽음을 이야기하는 의사입니다』, 163; 윤영호, 『나는 한국에서 죽기 싫다』 (서울: 엘도라도, 2014), 131.

이것이 바로 호스피스 케어와 고통을 완화시키는 의료(완화의료)이다. 죽음을 앞둔 말기 환자와 그 가족을 사랑으로 돌보는 데 혼신의 힘을 기울이는 호스피스는 환자가 여생동안 인간으로서의 존엄성을 간직하면서 삶의 마지막 순간을 평안하게 맞이하도록 신체적·정서적·사회적·영적 도움을 주기 위한 총체적·전인적 돌봄이기 때문이다. 그러므로 호스피스와 완화의료는 완치를 목적으로 하는 의학적 방법이 더 이상 효과가 없는 말기암 환자들의 삶과 죽음의 질을 높여줌으로써 존엄한 삶·존엄한 죽음을 가능케 하는 최상의 의료 서비스라고 말할 수 있다.

이로 보건대, 극심한 통증조절과 총체적 돌봄이 말기 질환자에게 있어서 가장 절실한 일임을 깨닫게 된다. 또한 이것이 인류의 오랜 딜레마인 안락사 문제를 해결할 수 있는 방안이라는 사실을 발견한다. 그런데 말기 질환자의 극심한 통증조절과 총체적 돌봄은 다름 아닌 호스피스와 완화의료의 주된 사역이기에, 바로 호스피스와 완화의료가 안락사 문제에 대한 최선의 대안이라는 결론에 도달하게 된다. 즉 호스피스와 완화의료가 말기 질환자에 대한 총체적·전인적 돌봄에 주력한다는 사실은, 양자가 존엄한 죽음을 실현할 수 있는 최선의 의료 서비스라는 사실을 말해준다. 그러므로 종교계와 WHO 등에서는 호스피스와 완화의료를 안락사를 예방하는 최선의 의료적 대안으로 제시하고 있다.

그런데 너무나 안타깝게도 우리나라에서는 호스피스와 완화의료에 대한 왜곡된 인식이 확산돼 있다. 죽음에 대한 금기가 팽배해 있듯이, 호스피스도 '죽으러 가는 곳'으로 잘못 인식되고 있다. 이로 인해 우리나라에서는 호스피스 이용률이 13.8%(말기암 사망자), 3%(전체 사망자)에 불과한데, 이것은 싱가포르에서 국민의 80% 이상이 호스피스 시설에서 죽음을 맞이하고, 또 미국의 호스피스 이용률이 40%(전체 사망자)를 넘는 것과는 너무나 큰 대조를 이룬다. 게다가 우리나라의 호스피스 관련시설은 매우 열악해서 최근에야 비로소 필요한 병상의 40% 좀 넘게 충족시키게 된 상황이다.[31] 결론적으로 말해, 호스피스에 대한 대중적 인식은 잘못된 편견에 불과하고, 오히려 정반대로 호스피스는 환자의 삶의 질을 가장 최우선시할 뿐 아니라 경우에 따라 남은 생명도 연장시킬 수 있다. 적절한 시기에 시작하는 호스피스와 완화의료는 환자의 삶의 질을 최대한 향상시킴은 물론 생명의 기간까지도 연장할 수 있다고 전문가들은 역설한다.

상황이 이렇다 보니, 말기암 환자들이 죽음에 이르는 과정에서 겪게 되는 총체적·전인적 고통을 완화하기 위한 호스피스와 완화의료의 인프라가 우리 사회에 제대로 정착되지 못하고 있다. 이에 이들의 상당수가 극심한 통증에 시달리면서 비참한 생을 연명하거나 안락사만을 바라고 있는 실정이다. 그러므로 호스피스와 완화의료에 대한 잘못된 편견이 하루속히 극복될 뿐만 아니라 관련시설이 잘 구비되어서 임종기 환자들이 인간으로서 마땅히 지녀야 할 존엄성을 갖추고 행복하게 삶을 마무리하면서 마지막 생애를 평온하게 보낼 수 있어야 할 것이다. 이러한 맥락에서 죽음에 대한 범국민적

---

31) 통상 인구 5,000만 명당 필요한 호스피스 병상 수는 2,500개인데, 우리나라는 2016년 10월 현재 1208개 밖에 충족시키지 못하고 있다. 우리나라의 소위 '빅5 병원'(서울대병원·삼성서울병원·서울아산병원·서울성모병원·신촌세브란스병원)은 최첨단 연명의료 장비를 갖추고 있지만, 호스피스 병동이 있는 곳은 서울성모병원과 신촌세브란스병원 두 곳뿐이다. 정부가 암 환자의 삶의 질을 높이기 위해 만든 국가기관인 국립암센터에도 호스피스 병상은 마련돼 있지 않은데, 이것은 말기 환자를 대하는 우리 사회의 현실을 적나라하게 보여주는 것이다.

인 의식 전환과 존엄한 죽음을 실현하려는 사회적 에토스 조성이 절실히 요청된다고 말할 수 있다.

6. 존엄하지 못한 죽음의 확산 속에서 가정적·사회적 유대관계의 강화

오늘날 우리가 살아가는 사회에서 존엄하지 못한 죽음과 관련해 나날이 심각한 양상을 드러내는 문제가 바로 고독사(孤獨死) 및 무연사(無緣死) 문제인데, 여기서는 고독사를 극복하기 위한 방안을 고민하면서 존엄한 죽음의 실현 가능성을 생각해보고자 한다. 이러한 고독사 및 무연사가 일본에 이어 우리나라에서도 급속도로 확산되고 있다. 그럼에도 불구하고 아직 국내에서는 이에 대한 논의는 차치하고 정부의 공식적인 통계조차 전무한 상황이다. 이것은 일본이 고독사에 대한 해결방안을 모색하기 위해 치열하게 고민하면서 범사회적인 대책을 마련하는 것과는 상반된 현실이다.

현재 초(超)고령 사회를 향해 나아가는 상황 속에서 고독사의 일차적 피해자는 홀로 거주하는 독거노인일 것이다. 최근 우리 사회는 급격한 사회변동을 겪으면서 가족의 결속력이 급속도로 와해되고 효와 경로사상 역시 쇠퇴함으로써, 이제는 부모 부양을 위해 자신을 희생하지 않으려는 태도가 강하게 분출하고 있다. 이러한 상황 속에서 가장 험난한 인생여정을 살아가는 연령층이 현재 독거노인의 대다수를 차지하는 노년층이다. 격동의 세월을 살아오면서 대한민국의 오늘을 일궈낸 노년층의 세계 최고 수준의 자살률은 이분들의 고단한 인생역정을 그대로 보여준다. 이분들은 부모와 자식, 사회와 국가에게 평생 희생적으로 헌신했지만, 매우 취약한 사회 안전망과 가정해체, 빈곤의 현실 속에서 몹시 곤궁한 삶을 살아가고 있다.

독거노인 못지않게 걱정스런 문제는 복지의 사각지대에 방치돼 있는 중장년 남성이다. 실제로 중장년 남성의 고독사가 가장 많은 비중을 차지하는데, 특히 이혼 등으로 인해 가족이 뿔뿔이 흩어지거나, 생업을 잃고 사회적으로 고립된 남성이 고독사의 직격탄을 맞을 가능성이 크다.[32] 이혼은 단순히 부부간 인연의 단절로 끝나지 않고 고독사를 유발하는 다양한 요인과 연결되는데, 이는 가족해체가 가정사에만 국한되지 않고 사회에 대한 결속감마저 떨어뜨림으로 사회적 고립을 심화시키기 때문이다. 최근 우리나라는 가정위기 시대를 맞이한 가운데 1인 가구가 급증하고 가족해체가 나날이 심각한 양상으로 진전됨으로써, 사회적·가정적 유대관계를 강화할 수 있는 다각도의 대책 마련이 매우 시급한 상황이다.

이로 보건대, 사회적·가정적 유대관계는 삶의 질은 물론 죽음의 질도 좌우하는 중요 조건, 특히 존엄한 삶·존엄한 죽음을 결정하는 최대 변수라고 말할 수 있다. 즉 타자에게 의존적 존재인 인간에게 있어서 타인과의 긴밀한 유대관계는 인간의 생존을 좌우하는 열

---

32) 필자는 고독사의 최대 위험군이 일정한 직업 없이 지병을 앓으면서 혼자 살아가는 중장년 이혼 남성 혹은 독신 남성이라고 예단한다: 이에 대해 곽혜원, 『존엄한 삶, 존엄한 죽음』, 376.

쇠다. 인생사에 위기와 난관이 닥쳤을 때 의지할 수 있는 돈독한 인간관계의 구축은 생사를 결정하는 문제라고 해도 과언이 아니다. 특별히 사람에 따라 정도의 차이가 있을지언정, 타인과의 관계가 인간으로서의 존엄한 삶·존엄한 죽음을 좌우하는 중요한 변수라는 것은 공인된 사실이기도 하다. 이것은 무엇보다 사회적 관계가 단절되고 가족의 따뜻한 지원을 받지 못하는 상황 속에서 일어나는 고독사 사례에서 확연히 드러난다. 그러므로 존엄한 죽음을 실현하기 위해 사회와 국가와 교회와 개인이 건강한 가족관계의 구축을 위해 사력을 다해야 할 것이다.

존엄한 삶·존엄한 죽음을 위한 개인적으로 많은 노력을 기울여야 할 사안을 덧붙인다면, 1. 남의 도움을 받지 않고 스스로의 힘으로 일상생활을 영위할 정도의 신체적·정신적 건강을 관리하고, 2. 위기가 닥쳤을 때 주변에 의지할 수 있는 인간관계를 돈독히 쌓으며, 3. 삶에 의미를 부여하고 삶의 기반을 견고케 하는 일거리(의식주를 가능케 하는 생업과 함께 삶에 활력소가 되는 소소한 일거리도 포함)를 찾아 몸을 부지런히 움직이는 자세가 중요하다.[33] 특별히 생애 마지막 10~20년을 존엄하게 살다가 존엄하게 마무리하기 위해 젊을 때부터 "100년 쓸 몸을 만든다"는 각오로 건강을 관리하면서 노후에 누구와 함께 어디서 어떻게 무엇을 하면서 살 것인가를 미리미리 준비하고 살아가는 것이 현실적으로 매우 중요하다.

끝으로 은사(恩赦)로 받은 생명에 대한 사랑을 충만히 누리면서 기쁘고 감사하게 살아가는 것은 살아있는 자의 의무이다. 사실 우리 인생은 삶에 허덕이느라 살아있다는 자체가 좋은 일임을 느끼기 어

---

[33] 조선일보 특별취재팀, "한국인의 마지막 10년"(2부) 7회, 「조선일보」(2014.09.13.).

려울 때가 많지만, 서서히 다가오는 죽음을 감지하면서 살아있다는 것 자체가 아름다운 일임을 절실히 깨닫게 된다. 이에 죽음을 목전에 둔 이들은 살아있음을 원망하는 사람에게 생명, 곧 살아있다는 것은 그 자체에 있어서 좋은 일이라고 강권적으로 말하는 것이다. 우리는 인생을 살아가면서 때때로 슬픈 일과 괴로운 일을 만나 절망의 심연을 헤맬 수도 있지만, 절대로 죽을 때까지 고통스럽지는 않을 것이다. 고통의 한복판에 있을 때는 죽을 것처럼 힘들고 절망스럽지만, 언젠가 고통의 날은 지나가고 새 날이 다가오게 될 것이기 때문이다. 34)

바로 이 지점에서 사랑을 실천해야 할 그리스도인의 세심한 역할이 절실히 요청된다. 인생을 존엄하게 마무리하기 위해 건강과 인간관계, 일거리가 중요하다는 것이 아무리 명약관화하더라도, 삶의 의지를 잃어버린 사람은 스스로를 구제할만한 여력이 없다. 이때 단 한 사람이라도 관심을 기울여주는 이가 있다면, 그토록 속절없이 세상을 포기하지는 않을 것이다. 특별히 자살과 고독사로 목숨을 잃은 희생자의 절대다수가 패배의식에 사로잡힌 사회적 약자라는 사실을 유념할 때, 스스로 절망을 딛고 일어설 수 있도록 희망을 주고 자립·자조 의식을 심어주는 것이 중요하다. 희망의 끈을 놓지 않으면 다시 일어설 수 있다는 것은 어떤 고통과 굴욕 속에서도 부여잡아야 할 삶의 계명이자 인생의 강력한 히든카드(희망의 저력)이다. 오늘 우리가 희망의 끈을 놓지 않고 꿋꿋하게 살아남을 수 있었던 것도, 과거 언젠가 우리를 도와주었던 그 누군가가 있었기에 가능한 일이었다.

---

34) 곽혜원, 『자살문제, 어떻게 할 것인가(부제: 한국인의 자살실태와 해결 방안에 대한 종교사회학적 접근)』(서울: 21세기교회와신학포럼, 2011), 238-239.

참고 문헌

곽혜원. "그리스도 안에 있는 산 자와 죽은 자의 연대성에 관한 연구"「조직신학논총」제10집(2004.10).

_____. "사회 양극화 현상으로서의 자살에 대한 신학적 성찰",「신학논단」제59집(2010.03).

_____.『자살문제, 어떻게 할 것인가: 한국인의 자살실태와 해결 방안에 대한 종교사회학적 접근』, 서울: 21세기교회와신학포럼, 2011.

_____.『존엄한 삶, 존엄한 죽음: 기독교 생사학의 의미와 과제』, 서울: 새물결플러스, 2014.

_____. "존엄한 죽음과 의료인의 책임적 과제",『과학은 죽음을 극복할 수 있는가?』, 서울: 이폴출판사, 2019.

국제신문 취재팀. "고독사, 노인보다 40·50대가 더 많다",「국제신문」(2013.11.19).

_____. "고독사…인연이 끊긴 사회", 1회-5회,「국제신문」(2013.11.19.~12.17).

김균진.『기독교 신학』5권, 서울: 새물결플러스, 2020.

_____.『죽음과 부활의 신학』, 서울: 새물결플러스, 2015.

_____.『죽음의 신학』, 서울: 대한기독교서회, 2002.

김동건.『빛, 색깔, 공기: 우리가 죽음을 대할 때』, 서울: 대한기독교서회, 2013(개정판).

김여환.『죽기 전에, 더 늦기 전에』, 서울: 청림, 2012.

_____. "'죽'이는 여의사 김여환의 행복처방" 2회,「조선일보 프리미엄」(2013.11.16.)

박승혁, "'21세기 에디슨' 도발 예언 … '2045년 되면 인간은 죽지 않는다'",
「조선일보」(2013.07.20.)

서종한.『심리부검』, 서울: 학고재, 2015.

오진탁.『자살, 세상에서 가장 불행한 죽음』, 서울: 세종서적, 2008.

_____.『죽음, 삶이 존재하는 방식』, 서울: 청림, 2004.

윤영호.『나는 죽음을 이야기하는 의사입니다』, 서울: 컬처그라퍼, 2012.

_____.『나는 한국에서 죽기 싫다』, 서울: 엘도라도, 2014.

이경신.『죽음 연습(부제: 잘 늙고 잘 죽는 것을 넘어 잘 사는 것에 대한 사색)』, 서울: 동녘, 2016.

조선일보 특별취재팀, "한국인의 마지막 10년"(2부) 7회,「조선일보」(2014.09.13.).

총회목회정보정책연구소 엮음,『목회 매뉴얼: 죽음 목회』, 서울: 한국장로교출판사, 2018.

최준식.『너무 늦기 전에 들어야 할 죽음학 강의』, 서울: 김영사, 2014.

_____.『임종 준비』, 서울: 모시는사람들, 2013.

_____.『죽음학 개론』, 서울: 모시는사람들, 2013.

최철주.『이별서약: 떠날 때 울지 않는 사람들』, 서울: 기파랑, 2014.

_____.『해피엔딩, 우리는 존엄하게 죽을 권리가 있다』, 서울: 궁리, 2008.

_____.『존엄한 죽음』, 서울: 메디치, 2017.

최화숙.『아름다운 죽음을 위한 안내서』, 서울: 월간조선사, 2002.

한국가톨릭 호스피스협회 엮음.『호스피스의 이해』, 서울: 현문사, 2005.

한국자살예방협회 엮음.『자살의 이해와 예방』, 서울: 학지사, 2008.

한국죽음학회 엮음.『죽음맞이(부제: 인간의 죽음 그리고 죽어감)』, 서울: 모시는사람들, 2013.

_____.『한국인의 웰다잉 가이드라인』, 서울: 대화문화아카데미, 2010.
황명환.『죽음, 새로운 삶의 시작』, 서울: 섬, 2013.

시마다 히로미/이소담 옮김.『사람은 홀로 죽는다』, 서울: 미래의 창, 2011.
요시다 타이치/김석중 옮김.『유품정리인은 보았다!』, 서울: 황금부엉이, 2012.
푸웨이쉰/전병술 옮김.『죽음, 그 마지막 성장』, 서울: 청계, 2001.
Basiliadis, N./박용범 옮김.『죽음의 신비(부제: 죽음과 부활에 대한 정교회의 신학)』, 서울: 한국정교회출판부, 2010.
Callanan, M./이기동 옮김.『마지막 여행(부제: 감동으로 엮은 존엄사 실천 가이드)』, 서울: 프리뷰, 2009.
Cave, S./박세연 옮김.『불멸에 관하여(부제: 죽음을 이기는 4가지 길』, 서울: 엘도라도, 2015.
Chen, P. W./박완범 옮김.『나도 이별이 서툴다』, 서울: 공존, 2008.
Daubigin, I./신윤경 옮김.『안락사의 역사』, 서울: 섬돌, 2007.
Deeken, A./오진탁 옮김,『죽음을 어떻게 맞이할 것인가』, 서울: 궁리 2002.
Elias, N./김수정 옮김.『죽어가는 자의 고독』, 서울: 문학동네, 2013(개정판).
Fenwick, P. & Fenwick, E./정명진 옮김,『죽음의 기술』, 서울: 부글북스, 2008.
Gawande, A./김희정 옮김,『어떻게 죽을 것인가(부제: 현대 의학이 놓치고 있는 삶의 마지막 순간)』, 서울: 부키, 2015.
Grashoff, U./배진아 옮김.『이제 그만 생을 마치려 합니다』, 서울: 해토, 2005.
Kimble, M. A.외 3인 공저/노인사목연구위원회·김열중·이순주 공역,『노화·영성·종교』, 서울: 소화, 2011.

Mischler, G./유혜자 옮김.『자살의 문화사』, 서울: 시공, 2002.

Moll, R./이지혜 옮김,『죽음을 배우다』, 서울: IVP, 2013.

NHK무연사회프로젝트팀/김범수 옮김.『무연사회: 혼자 살다 혼자 죽는 사회』, 서울: 용오름, 2012.

Nuland, S. B./명희진 옮김,『사람은 어떻게 죽음을 맞이하는가』, 서울: 세종서적, 2010.

Pillemer, K./박여진 옮김,『내가 알고 있는 걸 당신도 알게 된다면』, 서울: 토네이도, 2012.

Schulz, Th./강영옥 옮김.『200세 시대가 온다(부제: 실리콘밸리의 사상 초유 인체 혁명 프로젝트』, 서울: 리더스북, 2019.

Shapira, H./정지현 옮김,『행복이란 무엇인가: 이스라엘 최고 랍비 하임 샤피라의 명강의』, 서울: 21세기북스, 2013.

Trafford, A./오혜경 옮김.『나이듦의 기쁨』, 서울: 마고북스, 2004.

<ABSTRACT>

Wie wird ein würdiger Tod(ein unängstlicher Tod) verwirklicht?

Kwak, Hyewon
(Forum for Church & Theology in 21C)

Der Prozess der Geburt, des Alterns und des Sterbens in Krankheit ist das wahre Bild unseres Lebens, aber viele Menschen ignorieren den Tod und achten nur auf das Leben. Und eines Tages sterben die Menschen plötzlich in großer Angst, als sie plözlich auf den Tod stoßen. Diejenigen, die vor dem Tod stehen, haben eine sehr schmerzhafte Erfahrung, während sie Angst vor dem Tod haben, der sie nie überlegt haben, mit der Trauer, dass sie sich für immer von allen trennen müssen, die sie geliebt haben. Die Menschen lösen die Probleme gründlich, indem sie sich auf die vielen Krisen vorbereiten, die man auf dem Weg des Lebens treffen kann, aber in den meisten Fällen wird der unvorbereitete Tod, der schrekliche und schmerzhafte Tod in den wichtigsten Momenten des Lebens verursacht.

Hier möchte ich betonen, dass Menschen Angst vor dem Tod haben, weil sie ihre Pflicht ignoriert haben, über den Tod nachzudenken. Wenige von denen, die den Tod bedenken und vorbereiten, haben überraschenderweise zu dem Schluss gekommen, dass sie den Tod fürchten. Das stimmt jeder zu, der den Tod gründlich erforscht. Wenn wir uns die Realität des Todes ansehen und genau erkennen, was er ist, werden wr erkennen, dass der Tod nicht mehr eine Person ist, die Angst hat oder Schmerzen verursacht. Der Tod ist die letzte und beste Gelegenheit unseres Lebens, um zu erkennen, wie wir leben müssen. Wenn wir den Tod vor dem Angesicht des Todes nachdenken, erwacht erstaunlicherweise das Leben. Wenn wir über den Tod aufwachen und auch unser Leben aufwachen, können wir das gegebene Leben zum besten Wert machen und vernünftig den Tod annehmen.

Jeder Mensch hat das Recht, ein würdiges Leben zu führen und einen würdigen Tod zu erleiden. Der würdige Tod, den ich definiere, ist wie folgt. Das ist der Tod, der mit der Würde, die der Mensch in der 'Gestalt Gottes'(Gen 1,26-27) geschaffen wurde, hat und das Leben glücklich beendet und friedlich stirbt. Dies ist das Geschenk Gottes, der 'die Qüelle des Lebens'(Ps 36,9) ist. Jeder Mensch, der ein edles Leben erhält, sollte es genießen können. Heute wird ein würdiger Tod als ein natürlicher Tod bezeichnet, der keine sinnlose Heilung der Lebenserwartung durchführt. Aber wir müssen darauf hinweisen, dass der würdiger Tod(= die Unterbrechung der sinnlosen Heilung von Lebenserwartungen) und Euthanasie(= Selbstmord durch Ärzte) durch Verwechslung verzerrt werden. Ich versichere, dass ein würdiger Tod ein völlig anderer Tod ist als ein Selbstmordversuch, eine Euthanasie, in Bezug auf Absicht und Zweck. Ich schlage einige Prinzipien vor, die wir praktizieren können, um einen würdigen Tod zu erleiden.

Wir sollten uns an die Sterblichen anpassen und ein neues Bewußtsein für das Altern haben.

Wir sollten den Tod mit einer ausgewogenen Sichtweise, die beide Seiten des Todes betrachtet, richtig verstehen.

Wir sollten uns auf den Tod vorbereiten, den wichtisten Fall unseres Lebens.

Wir sollten die Grenzen der Medizintechnik in einem allmählich fortschreitenden Sterbeprozess sehen und klug anwenden.

Wir sollten die medizinische Infrastruktur Hospice für einen würdigen Tod aktiv nutzen.

Wir sollten die familiäre und soziale Beziehungen in der Verbreitung von unwürdigen Todesfällen stärken.

| Keyword |

Der Prozess der Geburt, des Alterns und des Sterbens in Krankheit, Angst vor dem Tod, Würde für das Leben, Würde für den Leben, sinnlose lebensverlängende Medizin, ein würdiger Tod, Euthanasie, Alleintod, Hospice

특·별·기·고 ②

안락사의 개념 정의에 따른 기독교 윤리적 고찰
The Christian Ethical Reflection of Euthanasia Controversy, According to the Conceptional Definitions of Euthanasias

노 영 상*
(숭실사이버대학교 이사장)

[국문 초록]

이 글의 주제는 "안락사의 개념 정의에 따른 기독교 윤리적 고찰"이다. 이 글에서 필자는 서로 혼동하여 쓰고 있는 안락사의 다양한 용어들에 대해 정리했다.

먼저 다양한 안락사들을 분류 기준들에 의거하여 유형별로 구분한 후, 분류상의 혼선의 문제들을 지적하였다. 두 번째로 필자는 자살, 의사조력자살, 살인의 개념을 소극적 안락사의 개념과 비교하였다. 세 번째로 안락사에 관한 형법상의 용어들에 관하여 검토하였다. 일상에서 쓰는 안락사의 개념과 형법상의 이에 관한 용어들이 다른 상이한 바가 있어 이를 자세히 검토했다. 마지

---
*논문 투고일: 2020년 9월 11일　*논문 수정일: 2020년 9월 25일
*게재 확정일: 2020년 11월 12일
*총회한국교회연구원장

막 부분에서 필자는 교회 내의 보수, 중도, 진보 각각의 기독교 윤리적인 견지에서 안락사에 대한 입장들을 비교하였다.

특히 최근 들어 비자의적 소극적 안락사로서의 '존엄사' 문제가 법률적으로 논의되는 상황에서 소극적 안락사의 개념을 정리한 본 논문이 많은 참조가 될 것이라 생각한다.

| 주제어 |
안락사, 소극적 안락사, 존엄사, 자비사, 의사조력 자살, 자비로운 살인, 기독교윤리, 리빙 윌, 자연사, 도태사, 간접적 안락사, 자의적 적극적 안락사

1. 안락사의 유형 구분[1]

안락사의 개념 정의는 간단하지 않다. 안락사엔 여러 유형이 있을 뿐 아니라, 각 용어들에 대한 정의도 사용하는 사람에 따라 상이하다. 본 글은 이러한 혼란된 안락사의 용어들에 대해 분석하고 면밀하게 규정하는 것을 목표로 한다. 이러한 고찰이 안락사에 대한 여러 논의들에 긴요할 것이라 생각한다.

1) 안락사의 유형 구분을 위한 분류 기준들

〈표1〉 안락사의 분류 기준들[2]

분류 기준	관련 유형들		
환자의 자기결정권[3] 행사여부에 따른 유형/ 환자의 자율성 (autonomy) 문제	자의적(voluntary)	비자의적(nonvoluntary)	반자의적(involuntary)
	환자의 결단	환자가 의식이 없어 자기의 뜻을 표명할 수 없을 경우. 대리자가 결단. '임의적 안락사'라고도 한다.	생명주체인 환자의 적극적인 반대에도 불구하고 제 3자에 의한, 사실상의 자기결정권을 무시한 안락사. 이에 강제적 안락사, '타의적 안락사'라고도 부른다.

1) 본 논문은 필자의 책, 『기독교생명윤리개론』(서울: 장로회신학대학교출판부, 2004)의 제7장에서 상당 부분 수정 인용하였다.

'행위주체'에 의거한 유형	능동적(active)	수동적(passive)	
	환자 본인이 주체	환자 이외의 사람, 곧 의사 등이 주체	
'행위동기'에 따른 유형	자비적(beneficient)	존엄적(with dignity)	도태적(selective)
	환자의 고통과 고난 경감이 목적.[4] 전통적인 좁은 의미의 안락사. 자비로운(mercy) 살인, 간단히 자비사 또는 반고통사라고도 불린다.	생명의 질 및 환자의 이익(beneficence)이라는 기준으로 판단. 넓은 의미의 안락사에 포함됨. 이것을 존엄사(death with dignity)라고도 한다.	삶의 가치가 없는 생명의 말살. 사회공동체의 공동적 이익을 위한 안락사로 도태사, 포기사라고도 불린다.
생명단축의 여부에 따른 유형/ '인과적 접근성'의 문제	직접적(direct)	간접적(indirect)	
	죽음의 원인을 직접적으로 제공. 혈관에 공기나 약물을 주입하여 사망하게 하는, 즉 생명을 단축시킬 것을 처음부터 목적하여 이루어지는 안락사	병을 치료하지 않거나 연명장치(연명의료)의 보류나 철회를[5] 통해 시행. 이 경우 환자는 질병으로 말미암아 죽는 것이다.[6]	

---

2) 안락사를 분류함에 있어 기타 다음의 요인들이 있다: 환자의 고통에 대한 배려로서의 환자의 유익성과 의사의 온정주의(paternalism)에 대한 견제, 의사의 연명 및 보호 의무로서의 요인, 의료비의 부담과 의료비 할당에 대한 사회정의적 요인, 의사에 대한 법적인 보호와 환자에 대한 법적인 보호, 개인의 생명권과 사회적 유용성의 문제, 의료환경과 의료체계에 대한 고려 등이다. '온정주의'란 한 사람의 의지에 반하여, 그 사람에게 유리한 일을 위해 그의 일에 간섭하는 것을 말한다(http://plato.stanford.edu/entries/paternalism/).
3) 환자의 자기결정권이라 함은 전문가인 의사로부터 충분한 정보제공과 알기 쉬운 설명을 듣고 자신의 납득과 자유로운 의사에 기초해 자기의 의료행위를 동의하고 선택하며 혹은 거부할 권리를 말한다.
4) 고통(pain)이란 육체적인 것을 말하며, 고난(suffering)이란 심리적인 것을 의미한다. 인간의 고통은 육체적인 것으로만 해석할 수 없으며, 상당 부분 심리적 문제와 연관된다. 이러한 고통과 고난은 일방적 제거의 대상만으로 보아선 안 되며, 인간의 삶의 부분으로 적극적 요소도 있음을 인정해야 한다.
5) 치료(특히 life-sustaining treatment-연명의료)의 보류(withholding)는 치료를 시작하지 않은 것을 말하며, 철회(withdrawing)는 시작한 치료의 중지를 의미한다. 치료의 중지가 심리적으론 더 어려운 일이지만, 양자 사이의 도덕적 차이는 별로 없다. Mark W. Foreman, *Christianity and Bioethics: Confronting Clinical Issues* (Joplin: College Press Publishing Co., 1999), 117.
6) 인공적으로 영양과 수분(nutrition and hydration)을 공급하는 것을 중단하는 것도 간접적 안락사의 범주에 넣어야 할 것인가 하는 것에 대한 논란이 있다. 일군의 학자들은 그것들은 치료의 행위가 아니므로, 중단해서는 안 된다고 주장하기도 하며, 어떤 학자들은 그것을 치료행위의 일부로 보아 정당화하기도 한다. Mark W. Foreman, *Christianity and Bioethics: Confronting Clinical Issues*, 135-136.

위의 분류기준에 능동적인 안락사라는 것이 들어있다. 이에 있어 능동적인 안락사가 과연 안락사의 범주로 적당한가라는 의문이 생긴다. 능동적 안락사의 경우, 그것은 안락사라고 말하기보다는 자살이라고 보아야 할 것 같기 때문이다. 보통 아래 표에서와 같이, 자의적 능동적 직접적 안락사를 의사조력자살(physician-assisted suicide)이라고 표현한다. 능동적인 안락사는 안락사라기보다는 자살의 범주에 넣을 수 있다. 의사조력자살의 경우 그러한 안락사를 주체적으로 수행하는 것은 환자 자신이며, 의사는 그러한 안락사의 수행을 돕는 보조적인 위치에 있는 것이다. 오늘날 안락사를 논함에 있어, 능동적인 안락사들은 안락사의 범주 내에서 보통 제거되고 있는바, '의사조력자살'이란 개념으로 독립적으로 취급되는 것이 보통이다. 곧 '의사조력자살'은 일종의 자살로서 안락사의 범주와는 독립적으로 다루어야 한다는 것이다.[7]

2) 분류 기준의 조합에 따른 안락사의 유형[8]

〈표2〉 분류 기준의 조합에 따른 안락사 유형

자의/타의	능동/수동	직접/간접	안락사 구분	설명
자의적	능동적	직접적	①자의적 능동적 직접적	의사조력자살(physician-assisted suicide) 또는 안락사적 자살(euthanatic suicide)이라고 한다. 법적으로는 자살교사죄와 연관된다. 미시건주의 케보키언(Jack Kevorkian) 박사 사건이 예이다.[9]
		간접적	②자의적 능동적 간접적	환자가 치유 불가능한 질병임을 알고 치료를 능동적으로 거부하는 것

---

7) 의사조력자살을 독립적으로 다룬 좋은 책으로 하버드 대학교의 윤리학 교수로 있는 다이크(Arthur J. Dyke)의 *Life's Worth: The Case against Assisted Suicide* (Grand Rapids: Eerdmans, 2002)를 들 수 있다. 다이크는 이 책에서 의사조력자살을 반대하고 있다. 의사조력자살은 안락사라기보다는 자살에 대한 방조로 보아야 한다는 것이다.

자의/타의	능동/수동	직접/간접	안락사 구분	설명
	수동적	직접적	③자의적 수동적 직접적	환자의 뜻에 의해서나, 환자의 혼수상태 이전의 뜻에 따라,[10] 생명을 직접 단축하는 형태이다. 자비로운 살인의 측면도 가짐
		간접적	④자의적 수동적 간접적	환자의 뜻에 의해서나, 환자가 혼수상태가 되기 전 안락사가 시행될 상황에 대해 미리 약속하고, 그것에 의거 연명장치를 제거하는 경우이다.
비자의적	능동적	직접적	⑤비자의적 능동적 직접적	
		간접적	⑥비자의적 능동적 간접적	
	수동적	직접적	⑦비자의적 수동적 직접적	전형적 '자비(로운) 살인'(mercy killing). 자비적 안락사(beneficent euthanasia)라고도 함
		간접적	⑧비자의적 수동적 간접적	죽게 내버려 둠(letting die, allowing one to die), 죽음을 느리게 함(slowing death). 카렌 퀸란(Karen Quinlan) 사건은 이 예에 해당. 환자가 혼수상태에 이르기 전 본인의 의사를 미리 개진하지는 않은 경우이다.
반자의적	능동적	직접적	⑨반자의적 능동적 직접적	이것은 강요에 의해 스스로가 자신의 목숨을 끊는 경우이다.
		간접적	⑩반자의적 능동적 간접적	
	수동적	직접적	⑪반자의적 수동적 직접적	의사가 강제적이며 직접적 방법으로 안락사시킴. 도태사가 이런 유형이다.
		간접적	⑫반자의적 수동적 간접적	의사가 강제적이며 간접적 방법으로 안락사시킴

　　안락사에 대한 분류 기준을 세 가지로 구분하고, 그에 따른 조합의 모든 경우들을 위에 열거하였다. 위의 표에서 5, 6번과 9, 10번은 논리적론 조합이 가능하지만, 실질적인 논리로서는 의미가 없는 조합이다. 비자의적이거나 반자의적이면서 동시 능동적인 안락사를

---

8) 맹용길, 『생명의료윤리』(서울: 장로회신학대학출판부, 1987), 93-96을 참조함.
9) 케보키언의 사례에 대한 연구는 Gregory E. Pence, *Classic Cases in Medical Ethics* (New York: McGraw Hill, Inc., 1995), 62ff를 참조할 수 있다.
10) 혼수 이전의 환자의 뜻을 보통 '사전연명의료의향서'(living will)라고 부른다. 이것은 환자가 혼수상태에 들어가기 전 연명의료의 거절로서의 존엄사의 문제를 미리 정리해두는 생존유효유언을 말한다.

예상할 수 없기 때문이다. 비(非)자의적이란 자신이 안락사를 원치 않음을 의미하며, 능동적이란 자신이 주체가 되어 안락사를 시행하는 것을 의미하는데 그런 논리는 가능하지는 않다. 곧 원치는 않지만, 스스로가 안락사를 행동에 옮긴다는 것은 상식적으로 납득이 가지 않는 내용이다. 물론 그에 대한 일면의 해석을 필자는 위의 표에서 제기하였다. 곧 자신은 원치 않지만 남의 강요에 의해 안락사를 스스로가 수행한다는 해석이다. 자신은 원치 않는데 타자가 안락사를 강요한 경우, 그러한 강요받는 안락사는 그 안락사를 수행하는 주체에게 기쁨과 유익을 주지 않으므로 그런 죽음은 '좋은 죽음'(euthanasia,[11] 안락사)일리 없다. 환자의 고통을 온정적으로 보는 의사가 환자의 고통을 차마 보기 어려워, 스스로 목숨을 끊기를 바라지 않는 환자에게 강제적으로 안락사를 수행하도록 강요할 수 있는가라는 문제가 대두될 수는 있겠다. 하지만 만약 강요에 의해서 안락사를 수행하였다면, 그것은 살인교사죄에 해당한다. 또한 능동적인 안락사는 자살의 범주에 드는 것이므로 1, 2번이 제거되며, 논리적으로 합당치 않은 5, 6, 9, 10번의 안락사가 제거되면, 남는 것은 3, 4, 7, 8, 11, 12번이 된다.

3) 분류상 혼선의 문제

　　분류상의 혼선을 가져오는 핵심은 'active euthanasia'와 'passive euthanasia'의 사용에 있다. 이 두 단어를 위와 같이, '능동적 안락사'

---

[11] 안락사의 용어 표기인 'euthanasia'는 그 어원인 헬라어 '유+싸나티스'로서 좋은 죽음이란 뜻을 갖는다.

와 '수동적 안락사'로 번역할 수 있다. 그러나 근래에 와서 위의 두 단어가 '적극적 안락사'와 '소극적 안락사'라는 말로 더 많이 번역된다. 이에 있어 'active euthanasia'와 'passive euthanasia'의 이전의 사용과 근래의 사용을 비교하면 〈표3〉이 된다.

〈표3〉 'active euthanasia'와 'passive euthanasia'

영어	다른 한글 번역	설 명
active euthanasia	능동적 안락사	환자 본인이 주체
	적극적 안락사	'의사조력사망'(physician-assisted death)으로 불리기도 함. 일종의 죽이는 행위
passive euthanasia	수동적 안락사	환자 이외의 사람, 곧 의사 등이 주체
	소극적 안락사	치료를 중단하거나 보류(연명의료의 보류)함으로써 환자가 자연사하도록 방치하는 행위('치료 중단 결정'으로 불리기도 함)[12] 죽도록 내버려 두는 것

최근에는 위의 두 영어 단어가 적극적 안락사나 소극적 안락사로 번역되고 있다. 보통의 쓰임새는 위의 〈표3〉의 설명과 같다. 적극적 안락사란 가망이 없는 환자를 약물 등을 투여하여 적극적으로 죽이는 안락사를 말하며, 소극적 안락사는 연명의료 중단하거나 보류함에 의한 안락사를 말한다. 이러한 적극적 안락사와 소극적 안락사에 대한 정의는 앞의 〈표1〉에서의 직접적(direct) 안락사와 간접적(indirect) 안락사의 정의와 비슷해 보인다.[13]

그러나 형법상에선 이러한 적극적 안락사나 소극적 안락사, 직접적 안락사나 간접적 안락사란 단어들이 다음과 같이 구별되곤 한다. '소극적 안락사' 라고 할 때에는 죽음의 과정에 들어선 환자에게

---

12) http://www.saehanphilosophy.or.kr/15/1503.htm
13) 안락사에 있어 능동적(active), 직접적(direct), 긍정적(positive) 안락사를 같은 의미로, 소극적(passive), 간접적(indirect), 부정적(negative) 안락사를 같은 종류로 분류하는 입장들이 있다(http://www.all.org/article.php?id=10163).

치료 등 적극적인 행위를 취하지 아니함(즉 "부작위")으로써 죽음을 초래하게 된다는 점을 강조한다. 따라서 법학적 개념으로는 '소극적 안락사'는 '부작위에 의한 안락사'로 많이 일컬어지고 있다. '간접적 안락사'의 경우 죽음이라는 결과와 그 원인된 특정 행위(그것은 소극적인 행위 즉 부작위일 수도 있고 적극적 행위 즉 작위일 수도 있음) 사이의 인과관계의 간접적 혹은 부수적 성격에 강조점이 있다. 형법상에서는 소극적 안락사를 "환자의 의사결정권"과 그와 연관된 "의사의 부작위"를 분석의 변수로 삼고 있는 것이다.

<표4> 형법상의 설명

구 분	형법상의 설명	다른 설명
적극적(active) 안락사	치사량의 약물을 투입하여 말기 환자를 죽임	
소극적(passive) 안락사	부작위에 의한 환자에 대한 연명의료 중단	
직접적(direct) 안락사	형법상으로 볼 때에도 직접적 안락사는 적극적 안락사와 진배없다.	죽음의 원인을 직접적으로 제공. 혈관에 공기나 약물을 주입하여 사망하게 하는, 즉 생명을 단축시킬 것을 처음부터 목적하여 이루어지는 안락사
간접적(indirect) 안락사	환자의 고통을 완화하기 위해 모르핀을 주사하는 것이 간접적으로 환자의 수명을 단축함	병을 치료하지 않거나 연명장치(연명의료)의 보류나 철회를 통해 시행. 이 경우 환자는 질병으로 말미암아 죽는 것이다.

위의 표에서 보는 대로, 직접적 안락사에 대한 형법상의 개념은 적극적 안락사의 개념과 차이가 없다. 이에 형법상에선 네 가지 종류의 안락사를 적극적, 소극적, 간접적 안락사의 세 종류로 구분하는 것이다. 이에 있어 적극적 안락사는 적극적 직접적 안락사를 말한다고 볼 수 있을 것이다. 적극적 안락사는 치사량의 약물을 투입하여 환자를 안락사시키는 것이며, 소극적 안락사는 모든 연명의료를 중

단하거나 보류하는 것으로 부작위에 의한 안락사이며, 마지막으로 간접적 안락사는 말기 환자의 진통을 완화하기 위해 모르핀을 주사하는 것인데, 이에 의해 환자의 생명을 간접적으로 영향을 받아 단축되게 된다는 것이다.

이에 직접적, 간접적 안락사들을 제거하고 조합된 표를 만들어 보면, 아래의 <표5>와 같이 된다. 아래 표에서 언급된 안락사들에 추가하여, '의사조력자살'을 별도로 검토할 수 있을 것이다. 아래 표는 위 표에서 무의미한 것으로 생각된 안락사를 제거하고, 남은 안락사들을 유형별로 분류한 것이다. 필자는 앞에서 능동적 안락사들은 논리적으로 합당치 않음을 설명한 바 있다.

<표5> 안락사에 대한 최근의 분류

자의/타의	적극/소극	안락사 구분	설명
자의적	적극적	① 자의적 적극적 안락사	환자의 뜻에 의거하여 의사가 적극적인 안락사를 시행하는 경우이다. '의사조력자살'은 이 경우에 포함되지 않는다. 의사조력자살의 주체는 환자이기 때문이다.
	소극적	② 자의적 소극적 안락사	환자의 뜻에 의거 치료를 중단하거나 연명장치를 제거하는 경우이다. 미국에선 이 개념을 자연사(natural death) 또는 진정안락사[14]라 부른다. 미국의 많은 주들에서는 자연사법(natural death act)을 만들어 이 같은 소극적 안락사를 인정하고 있다. 1976년 뉴저지주의 퀸란(Karen Quinlan)의[15] 경우가 대표적 사례이다.
비자의적	적극적	③ 비자의적 적극적 안락사	자비로운 살인(mercy killing) 또는 자비적 안락사(beneficent euthanasia)라고도 불려짐. 환자의 고통 경감과 심각한 장애 회피를 위해 죽임. 반고통사(antidysthanasia)라고도 한다.
	소극적	④ 비자의적 소극적 안락사	연명의료를 철회함으로 죽게 내버려 둠(letting die)으로써 죽음을 느리게 함(slowing death)을 말한다. 존엄사로도 지칭한다.

---

14) 임종에 직면한 환자에게 고통 없이 사인사하게 죽음을 도와주는 행위로 진정 안락사라고 부른다.
15) 퀸란의 사례는 Gregory E. Pence, *Classic Cases in Medical Ethics*, 3ff를 참조할 수 있다.

분류상의 혼란의 또 다른 원인은 '비자의적'(nonvoluntary)이란 단어와 '반자의적'(involuntary)이란 단어의 혼선에서 비롯된다. '죽게 내버려둠'(letting die)을 많은 책에서 반자의적 소극적 안락사로 분류한다. 반자의적이라 함은 환자의 의견과 반대되는 결정을 하는 것을 의미한다. 그러나 '죽게 내버려 둠'의 케이스는 보통 자신의 의사를 표명할 수 없는 사람에 대한 안락사의 시행을 말한다. 그러므로 이 경우는 반자의적인 분류 속에 넣기보다는, 비자의적인 분류 속에 넣어야 할 것이다. 이와 같이 많은 책들에서 비자의적이란 단어와 반자의적이란 단어를 서로 다르게 사용하고 있다. '자비로운 살인'(mercy killing)도 '반자의적' 적극적 안락사로 분류하기보다는, '비자의적' 적극적 안락사로 구분되어야 할 것이다. 왜냐하면 자비로운 살인으로서의 자비사 또한 환자의 사실상의 뜻 및 그 환자의 추정적 뜻에 반하지 않는다는 조건이 있기 때문이다. 만약에 의사가 환자와 의논함이 없이, 진통제의 강도를 높여 치사량 정도의 진통제를 주었을 경우, 이것은 반자의적 적극적 안락사에 가깝게 되며, 만약 의사가 혼수상태에 있는 환자에 대해 대리인과 의논한 후 적극적 안락사를 시행하였을 경우엔 비자의적 적극적 안락사가 될 것이다. 반자의적 적극적 안락사는 자비로운 살인으로서의 넓은 의미의 안락사의 개념에 들어가나 오히려 살인에 가까운 행위로 볼 수 있다.

위 표에서 필자는 능동적 안락사들을 안락사의 범주에서 전부 제거하였다. 이에 위 표의 안락사는 모두 의사에 의해서 수행되는 경우라는 것을 염두에 두어야 한다. 위의 구분에 있어 안락사에서 가장 문제가 되는 것은 자비로운 살인으로 불리는 비자의적 적극적 안락사이며, 다음이 자의적 적극적 안락사이고, 가장 문제가 덜 되는 것이 비자의적 소극적 안락사와 자의적 소극적 안락사이다. 비자의적 소극적 안락사는 뇌사 상태에 있는 환자가 자신의 의사를 표명할 수 없을 때, 의사와 환자의 가족이 의논하여 연명장치를 제거하는 경우이고, 자의적 소극적 안락사의 경우는 환자가 스스로의 고통이 못이겨 연명장치를 제거해달라고 하여 시행되는 안락사이다. 후자의 경우, 환자가 의식이 있음에도 연명장치를 제거하는 것이 합당한 것인가 하는 문제가 생기게 된다. 환자가 뇌사 상태에 들어가지 전 미리 자신이 뇌사 상태에 들어가면 연명의료를 하지 말고 의사를 표명한 경우는 자의적 소극적 안락사에 넣어야 할 것이다.

4) 찬성과 반대의 양 측면에서 선호하는 용어들

〈표6〉 찬성과 반대의 양 측면에서 선호하는 용어들

	안락사를 찬성하려는 측이 제안하는 용어	안락사를 반대하려는 측이 제안하는 용어
자의적 적극적 안락사	자의적 적극적 안락사	의사조력'자살'(suicide)
비자의적 적극적 안락사	반고통사	자비로운 '살인'(killing)
자의적 소극적 안락사(진정 안락사)	자연사	일종의 '자살'에 가깝게 보기도 한다.
비자의적 소극적 안락사	존엄사, 무의미한 치료의 중단	죽게 내버려 둠(letting die), 죽게 방치하는 것

소극적 안락사를 지지하는 사람들은 '소극적 안락사'보다는 '무의미한 치료의 중단'이란 용어를 선호한다. '무의미한 치료의 중단'은 환자의 고통을 덜어주고, 수액과 영양을 공급하는 등의 기본적인 치료는 계속하지만, 환자에게 오히려 고통을 주는 힘들고 의미 없는 치료는 하지 않는 것을 말한다.[16] 뒤에 안락사란 말이 붙는 용어들

---
16) http://www.cbioethics.org/data/view.asp?idx=72&sour=a

은 안락사를 지지하는 사람들의 표현으로 보아, 사용을 회피하는 극단적인 측도 있다. 오히려 그것을 자살이나 살인으로 강조하여야 한다는 것이다.

2. 안락사와 자살의 개념 구분과 상호연관성: 자살, 조력 자살, 의사조력자살 등

자살은 자기 자신의 생명을 자의적으로 그리고 의도적으로 끊는 행동을 말한다. 자살을 정의함에 있어 중요한 요소는, 자신의 생명을 끊으려는 의도(intention)성이다. 만일 어떤 사람이 다른 사람의 목숨을 구하기 위한 행동을 하다가 죽게 되었을 경우, 우리는 그것을 자살이라고 부르지 않는다. 또한 자신의 종교적인 신념 때문에 순교를 한 경우, 우리는 그것을 자살이라고 말하지는 않는다. 자살과 연관된 또 다른 논점 중 하나는 '죽을 권리'(the right-to-die)에 대한 질문이다. 그러나 우리에게 주어진 권리란 오히려 생명권(the right to life)으로, 자신을 죽이는 것은 결국 이러한 자연적 생명권에 대한 침해로 보아야 한다는 주장이 설득력을 갖는다.[17]

힘들고 어려운 치료를 비상적 치료(.extraordinary treatment)라고 하는바, 통상적 치료(ordinary treatment)와 구분된다.
17) Mark W. Foreman, *Christianity and Bioethics: Confronting Clinical Issues*, 124.

다음으로 조력 자살(assisted suicide)이란 개념이 있다. 자신의 아내가 말기 암으로 고통당하면서 자신의 고통으로부터 구출되기 위해 자살을 도와 줄 것을 요청하였을 때, 그의 남편이 그녀의 자살을 도와주었을 경우 우리는 그것을 조력 자살이라 부른다. 조력 자살의 경우, 남편은 치사량의 약물을 아내에게 제공하는 데에만 그치고, 그것을 자신에 주사하는 일은 그 스스로가 하여야 한다. 다음으로 의사조력자살(physician-assisted suicide, PAS)은 그러한 자살의 도움을 의사가 주는 경우를 의미한다. 이때 의사는 치사량의 약물을 환자에 제공하는 등의 수단을 통해 환자의 자살에 대한 요청을 도울 수 있는 것이다. 물론 의사조력자살의 경우도, 그 약물의 투여는 환자 자신이 하게 되는 것이다.[18] 의사조력자살은 의사가 환자가 자살하려는 의도가 있음을 알고, 그것을 수행하기 위해 필요한 수단, 곧 자살을 위한 정보, 처방, 그리고 자살기계(suicide machine) 같은 수단을 제공할 때 일어난다.

안락사는 위의 자살, 조력 자살, 의사조력자살의 개념과 차이를 가진다. 안락사는 그 안락사를 정하는 주체가 고통을 당하는 환자가 아니라, 그 고통을 옆에서 보는 사람에 의해서 수행되는 경우이다. 이에 있어 안락사의 개념은 다음과 같은 다섯 가지의 요건을 갖고 있음이 분석된다. ① 행위자와 주체(agent and subject): 안락사는 한 사람이 다른 사람에게 행하는 것이다. 자기 스스로 행하는 것은 안락사라기보다는 자살로 보아야 한다는 것이다. ② 행위자의 의도(intention

---

18) Committee on Medical Ethics, Episcopal Diocese of Washington, Episcopal Church House, Mount Saint Alban, *Assisted Suicide and Euthanasia: Christian Moral Perspectives, The Washington Report* (Harrisburg: Morehouse Publishing, 1997), 11-12.

of agent): 행위자는 환자의 죽음을 야기하려는 의도를 갖는다. ③ 행위자의 동기(motive of agent): 행위자는 환자에게 최선의 이익을 베풀려는 동기에서 행동한다. 그 행위의 동기가 환자를 괴롭히고 환자에게 악행을 가하려는 데에 있어서는 안 된다는 것이다. ④ 인과적 접근성(causal proximity): 행위자가 행하거나 혹은 행하지 않음으로의 선택이 그 환자의 죽음의 원인이 된다. ⑤ 결과(outcome): 그 행위의 결과로 환자는 죽는다.[19]

여기에서 중요한 점은 안락사의 주체가 환자가 아닌 다른 사람이라는 것이다. 옥스퍼드 영어사전은 안락사를 "조용하고 안락한 죽음을 야기하는 행위"로 웹스터 1976년 새 국제사전은 "치료할 수 없는 상황이나 질병으로 인하여 고통받는 사람을 아무런 고통도 주지 않고 죽여주는 행위나 관행"으로 정의하고 있다. 이러한 정의들도 안락사의 주체가 환자 자신이 아니며, 그것을 수행하는 의사임을 언급한다. 이런 정의에서 순수한 안락사의 범주에 들어갈 수 있는 것은 자의적 적극적 안락사와 비자의적 적극적 안락사뿐이 된다. 여기서 자의적 적극적 안락사는 보통 의사조력자살로 분류되기도 하는 바, 그것도 안락사의 범주에서 제거하면 비자의적 적극적 안락사만 남게 된다. 비자의적 적극적 안락사는 인정되어서는 안 될 행위일 것이다. 하지만 오늘에 있어 안락사를 이와 같은 적극적인 것으로만 한정하는 입장은 그리 많지 않다. 대부분에 있어서는 비자의적 적극적 안락사와 비자의적 소극적 안락사를 안락사의 범주에 포함시키는 것이 보통이다. 자의적 적극적 안락사는 의사조력자살로서의 자

---

19) 한국의료윤리교육학회 편, 『의과대학 학습목표에 기초한 의료윤리학』(서울: 계축문화사, 2001), 292-294.

살의 범주에 넣는 것이 통상적이다. 또한 자의적 소극적 안락사는 일종의 자살의 범주에 넣기도 하고, 진정안락사라고 하여 안락사의 범위 내에서 고찰되기도 한다.

안락사의 영어 단어 'euthanasia'는 헬라어 'eu'(well, good)와 'thanatos'(death)의 합성어이다. '좋은 죽음,' '행복한 죽음'이란 의미를 갖는다. 이는 본래 불치의 질병으로 죽음 앞에서 고통당하는 환자가 편안하게 임종을 맞도록 돕는 것을 의미하였다. 그러나 최근 의학에서의 진통의술과 연명의료술의 발달로 인하여, 전통적인 안락사의 개념에 변화가 야기되었다. 이전의 심각한 질병으로 인한 고통은 진통 의술을 통해 많이 극복될 수 있었다. 오늘에 있어 더 문제되는 것은 뇌사 상태에 있는 인간의 생명을 연명의료를 과격히 이용하여 생명을 유지할 필요가 있는가 하는 것에 대한 것이다. 전통적 안락사의 개념은 무의미한 연명의료를 중단하여 인간답고 존엄스러운 죽음 곧 품위 있는 죽음을 맞이하고자 하는 목적에서 행해지는 의료적 조치였다. 그러나 최근에는 생명의 단축을 야기하는 것으로서의 안락사 문제로 변화되게 되었다는 것이다. 고통을 줄이기 위한 안락사라는 개념보다는, 인공호흡기 등의 연명장치를 제거할 것인가 아닌가의 판단이 더욱 중요하게 된 것이다. 특히 이러한 인간의 생명의 질적인 존엄성의 고려에 따른 생명 단축이 존엄사라는 개념으로 표현되고 있는바, 전통적 안락사의 문제가 오늘에서는 '존엄사'의 문제로 대치되고 있다는 것이다. 전통적 안락사는 고통의 완화에 초점을 두고 있지만, 존엄사는 무의미한 연명의료를 중지하여 인간다운 품위 있는 죽음을 맞이할 환자의 '죽을 권리'(right to die)에 초점이 맞추어져 있다. '존엄사'는 의식이 있든 없든 간에 회복이 불가능한 말기상태의 고통당하는 환자와 고통은 없지만 뇌사 상태에서 무의미하게 생명을 연장하는 환자의 연명장치를 제거하여, 인간다운 존엄을 지키며 품위 있게 죽는 죽음이라 정의 내려진다. 이에 의거 안락사란 용어는 전통적인 정의로 표현되기 어렵게 되었는바, 오늘의 시점에서 안락사의 개념을 다시 정의하여 보면 다음과 같이 된다. "불가역적인 결정적 죽음의 과정에 들어선 타인의 생명의 종기를 인위적으로 앞당기거나, 아니면 그 연장의 가능한 조치를 중단해 버리는 행위이다."[20] 이에 안락사와 유사한 개념들을 비교하여 차이를 분석함으로 우리는 다음과 같은 표를 만들 수 있게 된다.

<표7> 안락사와 연관된 용어들의 비교

용어	개념 파악	안락사와의 관계
자살	자기 생명을 자의적으로 의도적으로 끊는 행위	안락사로 볼 수 없다.
의사조력자살	자살의도를 가진 환자에게 자살의 수단(mean)을 제공하는 것	안락사보다는 '자살'에 해당되는 개념이다.
존엄사	의식불명의 고통당하는 환자의 고통을 경감해주기 위해, 의사가 연명장치를 제거하여 죽게 내버려 두는(letting die) 행위이다.	비자의적 소극적 안락사로서 이전에는 안락사의 범주에 넣었지만, 최근에는 이 같은 '존엄사'를 안락사의 범주에서 제거하는 경향이 있다.
자비로운 살인	환자의 요청 없이 적극적인 수단으로 환자를 편안하게 죽게 하는 행위이다. 예) 심한 결함이 있는 태아나 심한 고통을 당하는 죽어가는 사람을 직접적 방법으로 죽게 하는 것	비자의적 적극적 안락사로서, 자의적 적극적 안락사와 함께 오늘날 좁은 의미의 안락사를 표명할 때 쓰이는 개념이다.
자의적 소극적 안락사(자연사)	환자의 뜻에 의거 치료를 중단하거나 연명장치를 제거하는 경우	이전 안락사로 구분되었던 자의적 소극적 안락사는 오늘에서 일종의 '자연사'로 분류되고 있다.

---

20) 유선경, "형법상 안락사 존엄사에 관한 연구" (미간행석사학위 논문, 단국대학교대학원, 2001), 13-14.

3. 안락사와 연관된 형법상 용어들

안락사의 문제는 형법상의 살인죄에 해당하는 용어들과 관련되어 있다. 그 환자의 자의적인 요구가 있을 때에는 형법상으로 촉탁살인죄 또는 승낙살인죄가 적용되고(형법 제252조 제1항), 환자의 자살을 교사하거나 방조했을 경우에는 자살교사죄 혹은 자살방조죄[21]가 성립한다(형법 제252조 제2항).[22] 위에서 촉탁살인죄란 죽음을 결심한 피해자의 부탁(혹은 요구)을 받고 살인을 시행한 경우이다. 따라서 환자 자

---

21) 이 두 가지를 총칭하여 자살관여죄라고도 함.
22) 우리나라의 형법 제24장은 살인죄를 다음과 같이 규정하고 있다.
  제24장 살인의 죄
  제250조 (살인, 존속살해)
   ① 사람을 살해한 자는 사형, 무기 또는 5년 이상의 징역에 처한다.
   ② 자기 또는 배우자의 직계존속을 살해한 자는 사형, 무기 또는 7년 이상의 징역에 처한다.〈개정 95.12.29〉
  제251조 (영아살해)
   직계존속이 치욕을 은폐하기 위하거나 양육할 수 없음을 예상하거나 특히 참작할 만한 동기로 인하여 분만중 또는 분만직후의 영아를 살해한 때에는 10년 이하의 징역에 처한다.
  제252조 (촉탁, 승낙에 의한 살인 등)
   ① 사람의 촉탁 또는 승낙을 받아 그를 살해한 자는 1년 이상 10년 이하의 징역에 처한다.
   ② 사람을 교사 또는 방조하여 자살하게 한 자도 전 항의 형과 같다.
  제253조 (위계 등에 의한 촉탁살인 등)
   전조의 경우에 위계 또는 위력으로써 촉탁 또는 승낙하게 하거나 자살을 결의하게 한 때에는 제250조의 예에 의한다.

신의 부탁을 받고 살인을 시행한 의사의 경우에도 촉탁살인죄가 적용될 수 있다. 승낙살인죄는 피해자를 살해하기로 결의한 자가 피해자로부터 이에 대한 동의 받고 살인하는 행위를 지칭한다. 또한 의사가 환자를 부추기어 안락사적 자살을 시행하였을 경우, 자살교사죄가 부과될 수 있다. 방조란 남의 범죄수행을 돕는 유형무형의 모든 행위를 말하는 데, 자살을 결의하고 실행하고 있는 자를 도움을 주어 자살을 용이하게 하는 경우 자살방조죄가 성립한다. 앞에서 언급한 대로 자살관여죄란 타인의 자살 행위를 교사하거나 또는 방조하여 그의 자살에 관여한 것을 의미한다.

1) 소극적 안락사와 형법

소극적 안락사는 연명장치의 제거를 통해 죽음의 과정에 들어선 것이 확실한 환자의 생명을 지연하지 아니하고 방관하여 죽음에 이르게 하는 안락사이다. 이 경우 의사나 보호자가 그 의무를 이행하지 않고 방치하여 환자를 죽게 하였다면 부작위에 의한 살인죄에 해당하지만, 환자 자신이 자기결정권에 의해 그러한 조처를 거부하였을 경우엔, 의사나 보호자의 인위적 연명의무가 소멸하여 부작위에 의한 살인죄가 성립하지 않다고 보는 견해가 지배적이다. 우리나라의 경우, 소극적 안락사를 임상적으로 허용한다고 보는 것이 다수설이다. 그러나 환자가 자기결정권을 바로 행사할 능력이 없거나, 혼수상태에 있어 자신의 의사를 표명할 수 없을 시에는, 환자의 추정적 승낙을 통해 치료중지의 행위를 할 수 있다고 보아야 할 것이다. 그러나 이러한 환자의 추정적 의사를 가족이 대행하는 문제에 대해

회의적인 의견과 판례가 많다.[23] 이러한 대리인의 결정에 회의적인 입장에서, 그에 대한 대안으로 '리빙 윌 법안'(the living will act, 사전연명의료의향서 법안)이 만들어진 바 있다.[24] '리빙 윌 법안'이란 환자가 혼수상태에 들어가기 전 연명의료의 거절로서의 존엄사의 문제를 미리 정리해두는 생존유효유언에 대한 법안이다.[25] 이러한 '사전연명의료의향서'에 의거 모든 안락사가 용인되는 것은 아니며, 존엄사 내지 소극적 안락사를 위한 치료중지에 관련해서만 인정되고 있다. 이와 같이 소극적 안락사를 시행하는 경우, 그것을 위해 먼저 의사결정확인의 객관화 절차를 거치는 것이 필요할 것이라 생각한다.[26] 그러나 '리빙 윌' 및 환자의 자기결정권에 너무 의존하는 것이 환자의 자율성을 지나치게 옹호하는 결과를 나을 수도 있다. 이에 대한 제한장치로 환자의 요청을 검토하는 안락사 시행의 제한적 규정을 만드는 것이 중요하다.[27] 곧 환자가 안락사를 원한다고 하여 안락사를 다

---

23) 유선경, "형법상 안락사 존엄사에 관한 연구", 32-34, 51.
24) 미국에서 1976년부터 제정되기 시작한, '리빙 윌'은 자신의 생명에 대한 유언을 말하는바, 법정 자격이 있을 때 유언을 남김으로써 의식이 거의 마비되거나 올바른 선택을 할 수 없는 불치의 병에 걸릴 경우, 자신이 어떻게 취급되어야 하며 떠 어떻게 취급받지 말아야 하는가에 대해 자신의 소망을 표현하는 내용을 포함한다. [T. 샤논, J. 디지아코모], 『생의윤리학이라?』, 황경식 김상득 역 (서울: 서광사, 1988), 89.
25) Edward J. Larson and Darrel W. Amundsen, *Euthanasia and the Christian Tradition: A Different Death* (Downers Grove: InterVarsity Press, 1998), 177-184. 문국진, 『생명윤리와 안락사』 (서울: 여문각, 1999), 288-296. '리빙 윌 법안'(Living Will Act)은 '사전연명의료의향서 법안'으로 번역되기도 한다.
26) 유선경, "형법상 안락사 존엄사에 관한 연구," 76-78.
27) 리빙 윌 법안은 환자가 어떤 상태가 되었을 때, 어떤 치료를 하지 말 것을 정의하는데, 이에 대한 문제점들이 그간 지적되어 왔다. 1) 그것은 의학적 치료의 '종료'에만 관계되어 있다. 계속 치료하여야 할 것에 대해서는 애매한 것이다. 2) 그것은 환자의 '상태'에 대한 정의가 모호하다. 3) '대리자'에 의한 결정에 문제가 있다. 4) '구체적인' 어떤 의료적 개입을 멈출 것인가에 대해 분명하지 않다. 이러한 문제점들 때문에, 리빙 윌 법안에 수정이 필요하다는 의견들이 많은 것이다. [Ezkiel J. Emanuel and Linda L. Emanuel, "Living Wills: Past, Present, and Future," Thomas A. Shannon, ed., *Bioethics*, 4th edition, 227-233.]

시행할 수 있는 것이 아니며, 일정한 조건이 갖추어졌을 때에만이 안락사 시행을 가능하게 하여야 한다는 것이다. 이를 위해 소극적 안락사나 간접적 안락사를 시행하기 위한 실천적 지침이 필요할 것이라 생각한다.[28]

소극적 안락사 지침에서의 중요한 요소 중 하나는, 그 환자의 상태에 대한 판단이다. 전뇌사(whole brain death) 상태에 있지 않은 무의식 상태의 환자에 대해서는 안락사를 시행되지 않는 것이 상례로 되어 있다.[29] 그러므로 전뇌사의 상태가 아닌 대뇌의 활동만 중단되어 있는 식물인간상태(persistent vegetative state, PVS)의 환자에 대한 인공영양공급의 중단과 같은 행위는 살인죄로 취급될 공산이 큰 것이다.[30] 우리나라에선 가망 없는 환자의 경우, 본인이나 가족의 퇴원요청이 있을 시, 병원이 이에 응하는 방식으로 무의미한 치료행위의 중지가 관행적으로 이루어져 왔다.[31] 소극적 안락사는 <표8>와 같이 세분될 수 있다. 특별히 자의적 소극적 안락사는 진정안락사[32] 또는 자

---

28) 김상득, 『생명의료윤리학』(서울: 철학과 현실사, 2000), 326.
29) 물론 우리나라는 장기이식의 경우만 뇌사를 예외로 하며, 그 외의 경우에는 뇌사를 죽음으로 인정하지 않는다.
30) 전뇌사란 혈액순환과 호흡 및 무의식적 반응을 담당하는 뇌간을 포함한 전체의 뇌가 죽은 상태이며, 식물인간의 상태란 인간의 사고작용을 관장하는 대뇌만 죽고 뇌간의 기능을 살아있는 상태 곧 대뇌사(cerebrum death)의 상태를 말한다. 일반적으로 뇌사라 하면, 전뇌사의 상태를 일컫는다.
31) 허대석, "무의미한 치료의 중단," 「대한의사협회지」 제44권 제9호 (2001.9.), 957.
32) 그 개념 자체에서 진정(眞正)안락사는 고통 없이 자연사를 맞이할 수 있도록 한다는 의미에서, 생명 단축 또는 침해를 전혀 하지 않는 것을 의미하는 것으로, 개념 자체에서 법상 문제없는 것이다. 그러나 소극적 안락사는 엄밀한 의미에서는 자연사에 이르도록 소극적으로 연명(연장)조치(치료 등)를 하지 않는 것으로서, 생명단축을 야기했다고 볼 수 있는 개연성이 남아 있다는 개념으로 인식되기도 한다. 따라서 양자를 완전히 동일시하기는 어려운 점도 있다. 예컨대, 환자의 진료거부 의사에 따라 의사에게 연명의무가 존재하는 상황임에도 (설득이나 상황 설명을 하지 아니하고) 그저 자연사에 이르도록 방치하여 생명연장의 가능성을 방기(放棄)해 버렸다면, 분류상 소극적 안락사가 되겠지만, 법적으로 책임 논란이 될 수 있는 것이다.

연사라고도 불려지는바, 이 경우는 생명단축이나 침해를 하지 않은 것이므로, 살인죄나 상해죄에 해당되지 않는 것은 물론이다. 그러나 소극적 안락사라 하더라도 환자의 뜻에 의한 것이 아닐 때에는 일종의 강요죄가 성립될 수 있겠다(형법 324조). 소극적 안락사의 경우에는 의사의 연명의무가 소멸하거나 적어도 현저하게 축소되고 있다. 의료처치의 중단이나 연명장치의 제거가 뇌사자나 식물인간의 완전한 죽음에 이른다는 점이 인식되면서도, 환자의 자기결정권이나 가족의 '처분권'[33]을 의사의 생명유지의무보다 우선시하기 때문이다.

〈표8〉 소극적 안락사의 구분

환자의 상태	환자나 대리인의 의사	의사의 결정	법적인 문제
자기결정능력이 있는 환자	환자가 계속적 치료 원할 경우	연명의료의 중단	법적인 문제 소지 있음
		의사가 치료계속	아무 문제 안 됨
	환자가 치료 원치 않을 경우(이 경우도 안락사로서 시행되기 위해서는, 여러 조건에 합치하여야 가능하다고 판결 내린 판례가 많다.)	연명장치의 제거 인공적 영양과 수분의 공급 중단	소극적 안락사(자연사)의 경우임. 환자의 자기결정권과 의사의 생명유지의무 양면을 비교 검토하여 결정함
		의사가 치료 계속	의사의 법적인 책임 묻기 어려움. 그러나 과중한 치료비의 문제가 대두됨.
자기결정능력이 없는 환자(혼수상태)	혼수상태에 들어가기 전 환자가 표명한 의사 및 추정 의사에 의거, 대리인이 치료 계속 요구	의사가 치료 중단	법적인 문제 소지 있음
		의사가 치료 계속	문제없음. 의료비 부담의 문제
	혼수상태에 들어가기 전, '사전연명의료의향서'(리빙 윌)을 표명하였을 경우	'리빙 윌'에 의거하여 시행	
	위와 같은 근거로 하여, 대리인이 치료 중단 요구	이 경우는 병원(또는 안락사)윤리위원회의 심의와 가족의 동의를 거치는 것이 통례이다.	

---

33) 자신의 삶에 대한 환자의 영향을 선택 결정할 권리

2) 간접적 안락사와 형법

간접적 안락사는 모르핀 등의 진통제를 계속적으로 증량 주사하여 말기환자의 고통을 덜어주는 의료조치인바, 환자의 생명을 직접적으로 단축하는 것을 목적으로 삼지는 않는다. 그러나 이에 의해 불가피하게 환자의 생명단축을 부수적으로 야기하게 되는 일종의 결과적 안락사이다.[34] 소극적 안락사는 연명장치를 제거하는 것이라면 간접적 안락사는 환자의 통증을 완화하기 위해 모르핀을 주사하는 것이며, 적극적 안락사는 치사량의 약물을 투여함으로 안락사를 시행하는 경우이다. 이에 있어 간접적 안락사로서의 의사의 조처를 적법한 것으로 보는 경향이 있는데, 이를 지지하는 이론으로 긴급피난설, 치유행위설, 그리고 허용된 위기의 이론 및 사회상규합치설 등이 있다.[35] 이러한 간접적 안락사는 환자가 불치의 질병으로 죽음에 임박하였고, 환자의 고통이 극심하며, 환자가 의식이 명료한 상태 아래 진지하게 요구한 경우에, 오로지 환자의 고통을 제거 또는 완화하기 위하여, 의사에 의해 윤리적으로 타당성이 인정되는 방법으로 시술된 경우에는 정당행위(형법 제20조)로서 위법성이 인정되지 않는 것이 보통이다. 환자의 자기결정권과 의사의 생명유지의무가 대등하게 취급되는 셈이다. 이러한 간접적 안락사의 범위 규정을 위해서는, 사용된 약의 타입과 양 및 의사와 환자의 의도에 대한 면밀한 검토가 요청된다 하겠다.[36]

---

[34] 여기서 '간접적'(indirect)이란 용어의 의미가 앞에 〈표1〉에서 사용된 의미와는 차이가 있어 보인다. 이와 같이 사용하는 사람에 따라 그 의미들이 약간씩 차이가 나고 있음을 감안할 필요가 있다.
[35] 유경선, "형법상 안락사 존엄사에 관한 연구", 27-32.

3) 적극적 안락사와 형법

적극적 안락사의 경우엔, 벌을 가하여야 한다는 가벌설과, 가할 수 없다는 불가벌설로 나누인다. 가벌설을 주장하는 입장에선 적극적 안락사를 살인으로 본다. 피해자의 촉탁이나 승낙이 있을 경우엔 촉탁살인죄가 성립되며(형법 제252조 제1항), 그렇지 않은 경우 곧 의사가 임의로 직접적 안락사를 시행한 경우엔 살인죄가 성립된다는 것이다. 불가벌설의 입장은 간접적 안락사의 적법성 인정 논리와 비슷하며, 특히 환자의 승낙이 있었던 경우에, 살인죄로 적용될 수 없음이 주장되고 있다.[37] 환자의 자기결정권보다는 의사의 생명유지의무가 더 중요한 것으로 생각되는 것이다.

적극적 안락사의 경우는 보통 촉탁살인죄 및 승낙살인죄에 연관되어, 규제하는 것이 일반적이다. 적극적 안락사를 적법하다고 인정하게 되면, 촉탁살인죄가 성립할 수 있는 행위도 같이 자칫 위법성이 조각된 것으로 평가되기 용이해지므로, 적극적 안락사를 법적으로 용인하는 문제는 신중하여야 한다는 것이다.

---

36) Committee on Medical Ethics, Episcopal Diocese of Washington, *Assisted Suicide and Euthanasia: Christian Moral Perspectives*, 14-15.
37) 유선경, "형법상 안락사 존엄사에 관한 연구", 34-39.

4. 안락사에 대한 기독교의 입장

〈표14〉 안락사와 연관된 개념들에 대한 기독교의 입장

구분		개념에 대한 이해	기독교적 입장
자살			반대
의사조력자살		자의적 능동적 직접적 안락사	자살의 범주로 여겨 반대
존엄사		비자의적 소극적 안락사. 코마 상태의 환자에 대한 삶의 질을 고려하여 대리인이 요청함('리빙 윌'을 통해 뇌사 상태에 이르기 전 자기의 뜻을 밝히는 것이 필요하다.)	전뇌사의 상태일 때와 의식이 없는 식물인간 상태일 때로 구분된다. 각 경우 대리인의 의견에 따른 병원윤리위원회에서의 논의가 필요할 것이다. 의사나 대리인의 단독적인 결정보다는, 폭넓은 의견수렴이 요청되는 경우이다. 결론이 유보적이다.
자연사		자의적 소극적 안락사	자신의 치료선택에 대한 자기결정권 존중, 이 경우에 있어서도 환자의 합리성과 정서적 안정의 상태에 대한 판단이 필요할 것이다. 자기결정을 할 수 있다는 것은 뇌사 상태와 같이 심각한 상황에 들어가지 않음을 의미하는 것으로 이런 상황에서 연명의료를 중단하는 것이 쉽지 않는 것으로, 결론이 유보적이다.
전형적 안락사 (적극적 안락사)	자비로운 살인	비자의적 적극적 안락사	고통의 문제는 자신이 정할 문제, 가장 강한 반대를 받음
	자의적 적극적 안락사	환자의 뜻에 의거, 의사가 적극적 안락사 시행. 촉탁살인의 형태에 가까움	의사의 손을 빈 것만 다를 뿐이지, 의사조력자살과 유사한 점이 많아, 자살에 대한 반대의 논리로서 이것도 부정되어진다.
도태사		쓸모없는 인간에 대한 제거	반대
유아안락사		결함 있는 유아의 적극적 소극적 안락사로서, 유아에 대한 소극적 안락사는 존엄사의 문제와 유사하며, 적극적 안락사는 자비로운 살인과 비슷하다.	유아에 대한 적극적 안락사는 반대되며, 소극적인 경우에 대해서는 상황에 따라 유보적이다.
간접적 안락사		진통제의 투여	죽음의 직접적 결과를 야기하지 않는 범위에서의 허용하고 있는 것이 통상적이다.

위의 내용을 여러 입장들에 따라 다시 정리하여 다음과 같은 표를 얻게 된다.

〈표15〉 안락사에 대한 입장들의 비교

구분	소극적		간접적 안락사	적극적		
	자연사	존엄사		의사조력자살	자의적 적극적 안락사	자비로운 살인
안락사의 유형	자의적 소극적	비자의적 소극적	자의적+ 비자의적	자의적 능동적 직접적	자의적 적극적 (수동적)	비자의적 적극적
핵심 논점	자율성	생명의 존엄성과 대리인의 자격	고통의 완화	고통의 회피	고통의 회피 자율성	고통의 완화 자율성
자유주의적 입장	○	○	○	○	○	○
절충주의적 입장	○	△	○	×	×	×
보수주의적 입장	×	×	×	×	×	×

위의 표에서 소극적 안락사에 대한 입장과 적극적 안락사에 대한 입장으로 구별된다. 오늘날 대부분의 여론은 적극적 안락사 시행에 반대하고 있으며, 소극적 안락사의 문제에 대해서는 의견이 갈리고 있는 실정이다. 필자도 이에 대해서는 결론적 의견을 유보하겠다. 신중한 논의가 필요할 것이다. 위 표에서 보듯, 소극적 안락사와 적극적 안락사 속엔 여러 분기개념들이 있는바, 각각에 대한 독립적 검토가 있어야 할 것으로 본다. 문제는 존엄사의 경우인데, 그러한 존엄사를 결정하기 위해선 환자의 상태, 대리인의 자격에 대한 문제, 그리고 의견을 모으는 장치 등, 여러 면에서의 논의가 필요할 것으로 생각된다. 존엄사의 문제는 이러한 것들에 대해 충분히 검토된 후, 결론이 내려져야 한다고 생각한다. 한 가지 부언하고자 하는 것은, 안락사 문제 있어 자유주의적 입장을 선도하는 네덜란드와 우리 사

이의 의료사회학적 환경이 사뭇 다르다는 것이다. 네덜란드는 99.4%의 거의 모든 주민들이 의료보험에 가입하여 의료적인 혜택을 받고 있는 나라이다. 그리하여 경제적인 이유로 치료가 중지될 위험이 적다. 특히 그 나라는 홈닥터와 전문의를 이분하는 의료제도를 갖고 있다. 홈닥터는 일종의 가정의로서 환자를 일생 동안 돌보는 책임을 갖고 있다. 홈닥터는 환자에게 중대한 질병이 생긴 때에만, 그 치료를 전문의에게 의뢰하게 된다. 네덜란드의 국민들은 장기간 동안 홈닥터와의 접촉을 통해, 의사와 환자 사이의 신뢰관계를 신장하여 왔다. 그러나 우리의 의료요건은 그와 같지 않다. 의사와 충분한 논의를 통해 자기결정을 할 수 있는 기회가 우리에게는 부족하다. 심지어는 자신의 병명도 고지 받지 못하고 자신에게 무슨 일이 일어났는지도 모른 체, 생을 마감하는 환자들도 허다하다.[38] 이와 같은 네덜란드와 우리나라의 의료환경의 차이가 안락사 문제에 대한 견해의 차이를 가져오게 하는 것이라 생각한다.

---

[38] 유선경, "형법상 안락사 존엄사에 관한 연구," 191-192.

참고 문헌

김상득. 『생명의료윤리학』. 서울: 철학과 현실사, 2000.
노영상. 『기독교생명윤리개론』. 서울: 장로회신학대학교출판부, 2004.
맹용길. 『생명의료윤리』. 서울: 장로회신학대학출판부, 1987.
T. 샤논, J. 디지아코모. 『생의윤리학이라?』, 황경식 김상득 역. 서울: 서광사, 1988.
유선경. "형법상 안락사 존엄사에 관한 연구." 미간행석사학위 논문, 단국대학교대학원, 2001.
한국의료윤리교육학회 편. 『의과대학 학습목표에 기초한 의료윤리학』. 서울: 계축문화사, 2001.
허대석. "무의미한 치료의 중단," 「대한의사협회지」 제44권 제9호 (2001.9.).

Committee on Medical Ethics, Episcopal Diocese of Washington, Episcopal Church House, Mount Saint Alban. *Assisted Suicide and Euthanasia: Christian Moral Perspectives, The Washington Report.* Harrisburg: Morehouse Publishing, 1997.

Dyke, Arthur J. *Life's Worth: The Case against Assisted Suicide.* Grand Rapids: Eerdmans, 2002.

Emanuel, Ezkiel J. and Emanuel, Linda L. "Living Wills: Past, Present, and Future," Thomas A. Shannon, ed. *Bioethics*, 4th edition. Mahwah: Paulist Press, 2009..

Foreman, Mark W. *Christianity and Bioethics: Confronting*

Clinical Issues. Joplin: College Press Publishing Co,, 1999.

Larson, Edward J. and Amundsen, Darrel W. *Euthanasia and the Christian Tradition: A Different Death.* Downers Grove: InterVarsity Press, 1998.

Pence, Gregory E. *Classic Cases in Medical Ethics.* New York: McGraw Hill, Inc., 1995.

http://plato.stanford.edu/entries/paternalism/
http://www.all.org/article.php?id=10163
http://www.cbioethics.org/data/view.asp?idx=72&sour=a
http://www.saehanphilosophy.or.kr/15/1503.htm

<ABSTRACT>

The Reflection of Euthanasia Controversy, According to the Conceptional Definitions of Euthanasias

Ro, Youngsang
(Chairman of Korea Soongsil Cyber University)

The subject of this article is "The Christian Ethical Reflection of Euthanasia Controversy, According to the Conceptional Definitions of Euthanasia."

The contents of this article are as follows.

1. The Types of Euthanasia
   1) The Criteria for Classifying the Types of Euthanasia
   2) The Types of Euthanasias, According to the Conjugation of the Criteria
   3) The Matter of Confusion in Classification
   4) The Terms Preferred by the Positive Side and the Negative Side

2. The Difference and Interrelationship in the Concepts of Euthanasias: Suicide, Assisted Suicide and Physician-Assisted Suicide(PAS),

3. The Comparison between Euthanasia and the Terms of Criminal Law
   1) The Passive Euthanasia and The Matter of Criminal Law
   2) The Indirect Euthanasia and The Matter of Criminal Law
   3) The Active Euthanasia and The Matter of Criminal Law

4. The Christian Standpoints of Euthanasias

In the first section of chapter Ⅰ, I suggested three classifying criteria: the classification according to the right of self-determination, the location of acting subject and the motivation of euthanasias.

⟨Table 1⟩ The Classification Criteria of Euthanasias

Classification Criteria	Related Types		
the Right of Self-determination	voluntary	nonvoluntary	involuntary
the Place of Acting Subject	active	passive	
Motivation of Euthanasia	beneficient	with dignity	selective
Effect of Action	direct	indirect	

In the second section, I conjugated above criteria to make 12 types of euthanasia. And I explained twelve types of euthanasia one by one.

In the third section, I showed the confused situation in defining several terms of euthanasias. We use one term as different concepts each other. Especially, I dealt with the matter of using terms, 'active' and 'passive.' I referred the meanings of those terms were changed, unlikely as previous meanings.

In the second chapter, I compared the concept of euthanasia with the ones of suicide and physician-assisted suicide. There, I referred to several terms, related with the euthanasia: suicide, assisted suicide, death with dignity, mercy killing and natural death. And then I investigated the possibility of euthanasia, regarding with suicide and killing.

In the third chapter, I compared the euthanasia with the terms of criminal law. Here, I explained the three concepts of passive euthanasia, indirect euthanasia and active euthanasia, analyzing the terms of criminal law. I dealt with the right of self-determination by patients and the responsibility of life-sustaining by physicians as important issues.

In the last chapter, I showed Christian standpoints about each euthanasia. There are three kinds of view toward euthanasia: liberal, compromising and conservative. The compromising view of euthanasia allows passive euthanasia to some degree, but does not allow active euthanasia. I caught the direction of this conclusion, while analyzing the various concepts of euthanasia.

| Keyword |

Euthanasia, Assisted Suicide, Passive Euthanasia, Active Euthanasia, Definitions of Euthanasia, Living Will, Christian Ethics, Death with Dignity, Mercy Killing

특·별·기·고 ③

품격 있는 죽음 준비

윤 상 철*
(CCC & SGTS 연구교수)

[국문 초록]

　경제적으로는 국내총생산(GDP) 규모가 전 세계 205개국 중 12위를 차지하고, 초대형 교회들이 즐비하고 인구대비 많은 크리스천들의 비율을 자랑하지만 세계경제협력개발기구(OECD) 국가 중 자살률은 1위라는 불명예를 안고 있는 현실을 어떻게 하면 인간의 품성을 회복하여 품격 있는 삶을 영위할 것인가를 품격 있는 죽음준비에서 그 해답을 찾고자 했다.
　죽음은 모든 사람들이 인간의 순수본성을 찾고 진솔해지도록 하는 위대한 힘을 가진다. 그럼에도 불구하고 우리 사회가 죽음에 대해 공론화되지 않은 이유 중 하나는 어니스트 베커(Ernest Becker)의 주장처럼 죽음 자체나 그 파괴를 부정하는 무의식적인 방어 메커니즘을 사용하기 때문이다. 그러나 엘리자베스 큐블러-로스(Elizabeth Kubler-Ross)의 주장처럼, 죽음의 공론화 과

---
*논문 투고일: 2020년 9월 15일　　*논문 수정일: 2020년 9월 25일
*게재 확정일: 2020년 11월 12일
*쉼힐링센터장

정을 통해 품격 있는 죽음을 준비하기 위해서는 공개적인 논의가 필수적이다.

다행히 2018년 2월부터 시행된 '사전연명의료의향서' 법 제정이 죽음과 관련된 많은 단체의 노력의 결과로 제정된 이후 사망 문제에 대한 공론화가 시작된 것은 바람직하다.

연구자는 자연의 사계절을 삶의 계절로 응용하여 겨울이라는 노년의 교훈을 집중적으로 강조하면서, 노년기에 주어진 가장 중요한 삶의 통합은 영성을 통한 삶의 의미 발견이 곧 '성공적인 노화(successful aging)' 임을 강조했다.

결론적으로 연구자는 아툴 가완데(Atul Gawande)의 저서 「어떻게 죽을 것인가?」에 소개된 3가지 유형의 죽음을 소개하며 '품격 있는 죽음'을 준비하는 방법을 밝혔다.

이를 위해 버킷리스트, 엔딩노트, 데스클리닝, 용서와 화해, 유언장 작성, 남겨질 가족을 위해 축복기도 등을 작성하면서 가족이나 가까운 이웃에게 부담을 주는 것이 아니라 소중한 사람들과 함께 아름답게 삶의 여정을 마무리하는 단계를 소개했다.

| 주제어 |
죽음에 대한 죽음준비, 인생의 계절, 죽음의 역사, 죽음의 형태

I. 서 론

A. 문제제기와 연구의 필요성

지금 우리나라는 삶과 죽음 사이에서 심한 몸살을 앓고 있는 중환자 국가이다. 우리나라의 경제지수는 2018년도 기준으로 세계은행(WB)에 따르면 국내총생산(gross domestic product: GDP) 규모가 전 세계 205개국 중 12위를 차지했고, 1인당 국민총소득(GNI) 순위는 세계 30위권[1]이지만 세계경제협력개발기구(OECD) 국가 중 자살률은 1위[2]라는 것이 증명한다. 천하보다 귀한 생명들이 의미 없이 어떤 충동이나 모방 그리고 심한 수치심 때문에 하루 37.5명꼴로 극단적인 선택을 하는 이런 현상은 물질적인 혜택은 선진국 형이지만 정신적인 행복지수는 아직도 후진국 형을 면치 못하고 있다는 반증이다.

---

1) 연합뉴스, "한국 GDP 순위 12위 유지…1인당 국민소득은 세계 30위권." https://www.yna.co.kr.
2) dongA.com, "한국, OECD 국가 중 자살률 1위…하루 37.5명꼴." http://www.donga.com.

그럼에도 불구하고 삶의 질을 향상시키는 공론화뿐 아니라 이와 대비되는 죽음에 대한 공론화도 아직은 미미한 상태이다. 이처럼 죽음에 대한 공론화가 되지 않은 이유를 1974년 플리처상 수상작인 어니스트 베커(Ernest Becker)의 "죽음의 부정(The Denial of Death)"에서 베커(Becker)는 다음과 같이 강조한다.

> "인간행동의 기본적 동기는 자신의 기본적 불안을 다스리고, 죽음의 공포를 부정하려는 생물학적 욕구인데, 이것이 공포의 근원이다. 죽음의 공포가 어찌나 압도적인지 우리는 이 공포를 무의식에 묻어두려 하는데 이것은 '성격의 필수적 거짓'으로 무력함의 고통스런 자각으로부터 우리를 보호하는 첫 번째 방어선이다."[3]

베커(Becker)의 말대로 우리 인간은 죽음에 대한 이야기나 토론은 여러 가지 이유를 들어 기피하거나 부정하는 무의식적 방어기제를 사용하므로 자신을 보호하고자 하는 욕구가 크다. 그러나 일찍이 이런 첫 번째 방어선을 넘어 엘리자베스 퀴블러 로스와 어니스트 베커(Ernest Becker)는 '죽음'과 '죽어감'을 공론화하는 문화 혁명에 앞장선 동맹이었다.[4]

엘리자베스 퀴블러 로스가 우리로 하여금 죽음의 과정을 통해서 품위 있게 죽는 법을 실천해주었다면, 어니스트 베커(Ernest Becker)는 죽음에 대한 성찰이 두려움과 공포와 존재론적 불안을 동반할 수밖에 없음을 일깨워 주었다. 베커(Becker)는 이와 관련하여 "우리를

---

3) Ernest Becker, *The Denial of Death*, 노승영 역 「죽음의 부정」 (서울: 한빛비즈, 2019), 12-13.
4) Ibid., 13.

추한 몰골로 살게 하는 것은 위장된 공포이지 자연적인 동물적 본성이 아니다"라면서[5] 소크라테스(Socrates)처럼 우리에게 죽음을 연습하라고 충고한다.

그러나 우리의 현실은 어떠한가? 여러 시민단체들의 노력으로 2018년 2월부터 시행된 '사전연명의료의향서' 법을 기준으로 죽음에 대한 공론화가 일어나고 있지만 아직도 우리사회는 죽음과 죽어감에 대한 이야기를 기피하거나 터부시하고 있는 사회문화적 분위기이다.

이런 시대적 흐름을 주도하기 위해서 이폴(EPOL)연구소가 제한적이지만 교회 내에서 죽음문제를 공론화하고 부활신앙을 고백하는 기독인으로서 삶의 마무리를 어떻게 할 것인가에 대한 차원에서 '품격 있는 죽음준비' 운동을 전개하고자 한다.

B. 선행연구

김순이 등(2001)의 연구에 따르면, 가족과 임종에 대한 이야기를 나누어 본 적이 있는 환자는 불과 23.5%였고, 자신이 말기환자가 될 경우 생명연장술 여부를 가족이 결정해 줄 것이라는 응답은 88.2%로 대부분의 환자들은 죽음에 관한 대화를 꺼리는 것으로 나타났다.[6]

---

5) Ibid.,18.
6) 김순이, 이미애, 김신미. 성인의 Advance Directives(AD, 생명연장술(生命延長術) 사전선택(事前選擇))에 대한 태도 연구.한국의료윤리학회지 2001;2(4):231-44.

그러나 고무적인 현상은 최근 들어 우리사회가 죽음에 대하여 관심을 갖기 시작하면서 많은 연구들이 시작되고 있다는 것이다. 예를 들면, 김세원, "노년기 영성이 죽음불안에 미치는 영향에 관한 연구."(2009), 이정민, "노년기 죽음불안 극복을 위한 희망과 기독교 상담."(2018), 서혜경, "성별에 따른 죽음에 대한 태도 비교연구-남여 노인들의 임종과 죽음에 대한 불안도 측정을 중심으로."(1990), 김기태, "노인의 죽음불안이 성공적 노화에 미치는 영향."(2019), 박명선, "노인의 죽음불안이 자아통합감에 미치는 영향."(2018), 기노진, "성인 남성들의 죽음불안과 노화불안."(2012), 박성호, "죽음불안 감소를 위한 기독교상담 방안: 진리요법."(2018), 임송자, "죽음에 대한 태도가 죽음불안에 미치는 영향."(2012), 김용민, "중년기의 죽음불안에 영향을 미치는 요인에 관한 연구."(2014), 이숙주, "중년기의 죽음불안에 미치는 영향."(2009), 김웅지, "기독교인의 죽음 불안 및 죽음 준비에 미치는 영향연구."(2016), 이영미, "기독노인의 하나님 이미지와 죽음불안과의 상관관계."(2013), 김선화, "죽음에 대한 현대인들의 태도."(2008), 배민아, "죽음준비교육의 기독교적 방안연구."(1992) 등이다.

외국의 연구로 Geoffrey Gorer, "*The Pornography of Death*"(2003)이 있다.

그러나 우리가 주목해야 할 것은 영국 이코노미스트연구소(economist intelligence unit, EIU)가 2010년 OECD 40개국을 대상으로 '죽음의 질 지수(quality of death index)'를 조사한 바에 따르면, 영국은 1위를, 우리나라는 32위를 차지했다.

이런 이유가 무엇인가? 문제제기와 연구의 필요성에서 강조했듯이 죽음문제에 대한 공론화가 아직도 미흡하다는 반증이다. 그래서 우리사회에서 죽음문제를 공론화하기 위한 대표적인 선구자로 오진탁, "우리 사회는 죽음을 바르게 이해하고 있는가?"(2013)에서는 죽음에 대한 불교와 기독교, 티베트, 생사학에서의 죽음이해를 밝히면서 평온한 죽음과 아름다운 마무리 즉 품격 있는 죽음을 제시했다.

정은선, "영국의 생애말기 돌봄 전략"(2014)에서 영국이 OECD 40개 국가 중에서 죽음의 질이 1위를 차지한 이유는, 생애말기 돌봄 전략의 실행으로 죽음에 대한 인식의 변화를 유도했으며, 생애말기 환자들이 양질의 진료 접근에 커다란 도약을 이끌어 냈기 때문이다. 동 보고서에서는 '좋은 죽음(good death)'이란, '익숙한 환경에서', '존엄과 존경을 유지한 채', '가족·친구와 함께', '고통 없이' 죽어 가는 것으로 정의했다.

이와 같은 학문과 현실적인 배경을 감안하여 기독인으로서 '품위 있는 죽음준비'가 더욱 절실함을 느끼며 이폴(EPOL)연구소를 통해 이 운동을 전개하고자 한다.

Ⅱ. 자연의 사계절이 주는 교훈

성인기 발달이론의 가장 대표적인 학자인 다니엘 레빈슨(Daniel J. Levinson)은 인생을 25년 정도의 주기인 4개의 국면으로 나누면서 인생사계절을 전 성인기(미성년기: 0-22세), 성인전기(성인초기: 17-45세), 성인중기(중년기: 40-65세), 성인후기(노년기: 60세 이후)로 주창하면서, 평온한 시기(안정)와 바뀌는 시기(변화)가 번갈아 온다고 했다.[7)]

또한 스위스의 내과의사이면서 정신의학자인 폴 투르니에(Paul Tournier)는 그의 저서 "*The Seasons of Life*"에서 인생의 사계절이란 유년기-사춘기-갱년기-죽음에 접근하는 위기적 시기로 구분하면서 각 계절마다 각각 고유한 특징과 독자적인 법칙을 나타낸다[8)]고 한다.

이 이론을 다음과 같이 자연의 사계절을 인생의 사계절에 적용해 본다. '봄'과 같은 어린 시절은 우리에게 기대와 희망을 심어준다.

---

7) Daniel J. Levinson, *The Seasons of Man's Life*, 김애순 역, 「남자가 겪는 인생 사계절」 (이화여자대학교출판문화원: 2003). 41.
8) Paul Tournier, *The Seasons of Life*, 한준석 역, 「삶의 계절」 (서울: 쉼, 2000), 26.

그래서인지 봄에 내리는 비는 깊은 겨울잠에서 생명들을 깨우기라도 하듯이 살포시 그리고 조용조용 얌전하게 내린다. 시간이 갈수록 잠에서 깨어난 나뭇잎이나 꽃들의 줄기들은 마치 어린 아이들의 피부처럼 싱그럽고 아름답다. 그래서 많은 사진작가들과 그림 작가들의 마음을 사로잡는다. 그러나 이때 어린 싹이 상처를 받으면 세상을 향한 불신이 자리하게 되면서 자신에게도 매우 힘들어하는 일들이 생기게 된다.

그러다가 '여름'이 오면 나뭇잎과 꽃들은 서로 경쟁이라도 하듯이 쉬지 않고 열심히 자기들의 공간 확보를 위한 무한경쟁에 들어간다. 때때로 거칠게 몰아붙이는 장마 비에도 꿋꿋하게 버티어 낸다. 간혹 피곤한 길손들이 자기들이 만든 그늘에 잠시 쉬어가도록 자기들만의 공간도 양보한다. 이것은 아름답고 건강한 정체감 형성으로 '청년기'라는 여름이 우리에게 주는 선물이다.

그러나 시간이 흘러 '가을'이란 손님이 오기 시작하면 나무들은 바빠지기 시작한다. 삶의 절정기에 있는 나무들은 자기 나름대로 최고의 작품들을 마음껏 생산해야 하기 때문이다. 그 시간이 그리 넉넉지는 못하다. 다음에 오는 손님을 위하여 모든 것을 정리해야 하는 시간이 짧기 때문이다. 그 손님은 인정사정이 없다. 지체하면 예상치 못한 일이 생기기도 한다. 그래서 마음이 바빠진다. 간혹 내리는 무심한 가을비는 이런 마음을 더 재촉한다. 이루지 못한 지난날들의 일들로 인한 아쉬움 때문에 속이 타기도 하고, 자랑하고픈 마음을 여러 가지 색으로 표현되기도 하고, 예쁜 색을 가진 열매들로 뽐내는 계절이다. 사람들은 이런 모습이 아름답다고 신나기도 한다. 그러나 사람들이 모르는 것이 하나 있다. 우리 뒤에 성큼성큼 다가

오는 겨울이라는 손님에게 자리를 내어주기 위해서는 수분과 에너지를 위에서부터 처음 시작했던 곳으로 철수해야 하기 때문에 바쁜 계절이다. 그리고 조용히 지난날들을 회상하면서 내면의 풍요와 안정감을 유지하는 여유가 필요하다.

그다음 찾아오는 계절은 우리에게 지금까지 살아온 시간들의 못 다한 일들은 비어두고, 현재의 모습을 보면서 삶의 통합을 요구하기에 거칠게 느껴진다. 이때 겨울이 임박했다고 알리는 특사가 오는데, 이가 오면 웬만한 것들은 모두 그 앞에 풀이 죽어 고개를 숙이게 만드는 강력한 힘을 가진다. 그의 이름은 '서리'이다. 또한 시간이 지나면 세상은 모든 것이 다 공평하다며 하얀 눈으로 온 세상을 덮어 죽은 듯이 조용하게 만든다.

창조주는 이 사계절을 통해 우리에게 말없는 교육을 반복하고 있다. 그 중에 '노년기'는 자기만의 공간 확보와 자기역량을 최대한 발휘하기 위해 무한경쟁을 하던 여름과 많은 사람들의 시선을 끌던 풍요로운 가을을 지나서 오는 마지막 계절 겨울과 같다. 겨울은 우리에게 하던 일들을 멈추게 하고 안식하게 만든다. 가족들이나 가까운 친구들이 화롯불 가에 앉아 오순도순 지난 추억들을 이야기하며 정을 나누는 재미를 누리게 한다.

한편 겨울은 또다시 모든 것이 새롭게 변신하는 아름다운 봄이 온다는 희망을 가지게 하는데, 이를 위해서는 혹독한 추위를 잘 이겨내야 한다. 다시 오는 '봄'은 우리에게 '소망' 그 자체이다. 여기서 말하는 봄은 영원한 다음 세상을 가리킨다. 사람들은 겨울을 싫어하지만 겨울이 지나야 봄이 오고, 봄을 다시 맞이하기 위해서는 겨울을

잘 보내야 하듯이 남은 삶을 건강하게 잘 보내야 다시 맞는 다음 세상을 소망 가운데 기다릴 수 있다.[9]

이 모든 삶의 과정을 A-B-C-D로 정리할 수 있다. 시작을 말하는 출생(birth)이 있으면 그 시작의 종말인 죽음(death)이 있고, 그 사이에 우리는 끊임없이 매순간 선택(choice)을 하며 생존하는데, 이 과정에서 가장 중요한 것은 삶에 대한 태도(attitude)이다.

삶에 대한 태도에 대하여 빅터 프랭클(Victor Frankl)은 인간이 지녀야 할 가치가 세 가지가 있는데 곧 활동을 통해 실현되는 창조적 가치와 경험에서 실현되는 경험적 가치, 그리고 마지막으로 가장 높은 영역인 태도적 가치를 강조한다.[10] 이처럼 창조주가 자연세계를 통해서 주시는 삶의 지혜를 발견하고 거기에 올바른 태도적 가치로 응답하며 사는 사람만이 삶의 마지막 순간까지 품위를 지킬 수 있고, 또한 품격 있는 죽음을 맞이할 수 있다.

이와 관련하여 노년기에 주어진 가장 중요한 삶의 통합은 '성공적인 노화(successful aging)에 있는데 이를 위해서는 영성을 통한 삶의 의미 발견이 중요하다. 특히 노년기의 영성은 내적인 강인함을 주는 기제(오복자. 강경아, 2001)로, 자신을 초월하여 개인의 완전성을 추구하고, 삶의 의미와 목적을 가지고 내적 가치에 근거하여 삶의 방향을 결정한다(Westgate, 1996, 최금주, 제석봉, 2007 재인용). 이러한 영성은 발달단계를 떠나 심리적인 안녕상태에 긍정적인 영향을 미치는 것으로 보

---

9) 윤상철, "겨울이 노년기에 주는 메시지." 광진노인복지회관 회지(2018.12).
10) V. Frankl, *Aerztliche Seelsorge*. 유형심 역, 「프랭클심리분석과 정신치료」 (서울: 한글, 1993), 123.

고되고 있으며(Coyle, 2001, Sinclair et al., 2006), 노년기의 불안과 우울을 낮추고 삶의 질을 높인다고 밝혀진 바 있다(염형욱 외, 2005, 김지숙, 2008; 이현영, 2004). 이것이 자연의 사계절이 삶의 사계절에 주는 교훈이고 의미이다.

Ⅲ. 죽음과 우리의 삶

삶과 죽음은 동전의 양면과도 같아 늘 우리 곁에 **동행**하지만[11] 일반적으로 사람들은 삶에 대해서는 많은 관심을 갖는 반면에 죽음에 대해서는 어니스트 베커(Ernest Becker)의 주장대로 우리의 무의식 안에 가두어놓거나 억압하려고 한다.

그에게 있어서 인간의 죽음은 다른 동물의 죽음과 달리 단순히 개인의 몸의 소멸로 인한 생물학적 문제로 끝나는 것이 아니라, 몸의 소멸이라는 사실 때문에 갖게 되는 다양한 정신적이고 동시에 사회적인 공포를 불러낸다. 인간은 바로 이러한 공포에서 벗어나기 위해

---

[11] 이그린 NEWS, "지구촌의 사망자수 연 5,900만명." 2013.12.18. 이 자료에 따르면 해마다 약 5900만 명이 사망한다. 따라서 1초에 평균 2명이 죽는 셈이다. 여러 가지 원인으로 인해 얼마나 많은 사람이 죽어 가고 있는지 다음의 통계에 유의해 보라. 전쟁: 102초에 1명 사망. 살인: 61초에 1명 사망. 자살: 39초에 1명 사망. 교통사고: 26초에 1명 사망. 굶주림 관련 원인: 3초에 1명 사망. 5세 미만의 어린이: 3초에 1명 사망.

다양한 몸짓을 하고 있지만 개인적이든지 집단적이든지 간에 인간 스스로 자신의 유한성 혹은 피조물성의 한계인 죽음과 그것의 공포를 벗어날 수 없다. 그래서 인간은 자신의 유한성을 벗어나게 해주는 타자로서의 영웅을 열망하고 있는 존재이다.[12]

그 이유를 필립 아리에스(Philippe Aries)의 「죽음의 역사」와 심리적 배경에서 찾는다. 첫째로, 필립 아리에스(Philippe Aries)는 인간의 죽음이 네 가지 형식으로 존재해 왔는데 곧 '길들여진 죽음 - 자신의 죽음 - 타인의 죽음 - 금지된 죽음'[13]이라고 한다.

그에 의하면, "길들여진 죽음"은 중세부터 18세기까지 이어져온 죽음의 양태로 사람들이 자신의 죽음이 다가오는 것을 알고 그 죽음을 준비하는 모습을 보게 된다. 인간은 수세기 동안 그리고 수천 년 동안 이렇게 죽어가고 있었다. "그들은 죽음을 서두르지 않았지만 죽음의 시간이 임박했다고 생각하면 서두르지도 지체하지도 않으면서 바로 필요한 그 시간에 죽어가고 있었다."[14] 이렇듯이 자신의 종말이 다가오고 있다는 사실을 알기 때문에 죽어가는 사람은 이에 대한 준비를 하고 있었다.

"자신의 죽음"은 11세기부터 중세 말기인 15세까지 죽음을 차분히 맞이하던 시대에서 조금씩 변화가 생긴 모습이다. 16세기에는 결정적인 변화의 시점이 오는데 '최후의 심판'이란 개념이 사회 전반을 물들이면서 죽음 자체에 대한 개념이 바뀌게 되었다. 게다가 물질문

---

12) Ernest Becker, *The Denial of Death*, 22. 여기에 대한 연구자의 반론으로 인간에게는 '죽음에 대한 부정 본능'뿐만 아니라 '죽음 과장 본능'도 있음을 간과하고 있다.
13) Phillippe Aries, *L'homme devant la mort I. Le temps des gisants*, 이종인 역, 「죽음의 역사」 (서울: 동문선, 2016), 19.
14) Ibid., 23.

명이 발달하게 되면서 세속적 성공에 대한 인식이 달라졌고 그럼으로써 죽음 앞에서 두려움을 갖게 되었다고 설명한다. 이때부터 묘비명이 생기기 시작했고, 또 데쓰 마스크(death mask)가 성행하기 시작했다[15]고 분석하고 있다.

"타인의 죽음"은 18세기에 들어오면서 죽음이 낭만성을 띠게 된 모습이다. 그리고 그러한 의식의 변화는 19세기에 더욱 증폭 되었다. 그러한 변화의 결과물로 묘지 숭배 의식이 생겨나게 된다. 이제 죽음은 단순히 나 혼자 죽는 것에서부터 가족 전체에게 그 슬픔은 확장 되어버린다. 이 시대에는 중세처럼 죽음과 원죄의식에 시달리지 않아도 되었다. 게다가 지옥에 대한 믿음도 흔들렸으며 그런 이유로 이제 죽음은 더 이상 정신적인 영역에만 속하지 않는다. 이 시점에서 국가는 기념비를 세우고 국립묘지를 조성하기 시작 한다.[16]

'금지된 죽음'은 20세기 죽음의 양식이다. 이제부터 죽음은 노베르트 엘리아스(N. Elias)의 표현대로 '죽어가는 자의 고독'이 되어버렸다. 현대에 들어와서 아이들은 죽어가는 자에게서 격리되고 주변사람들은 필요 이상으로 울부짖거나 흥분하지 않는다. 이 시대의 병원은 죽음의 장소이기도 하다. 병원에서 사람들은 소생하기도 하지만 그 공간에서 싸늘하게 죽어가는 곳이 되었다. 즉 소생과 소멸이 같은 공간에서 이루어지게 된다. 그리고 장의사의 역할이 중대되는 시·공간이 된다.[17]

---

15) Ibid., 36~51.
16) Ibid., 52~69.
17) Ibid., 70~86.

이런 현상에 대하여 엘리아스(Elias)는 "오늘날의 사람들처럼 조용하게, 위생적으로, 그리고 고독감을 조장하는 사회적 조건 속에서 죽게 되는 건 역사상 유래 없는 일"[18]이라고 말한다. 이와 같이 현대인들은 아무도 없는 영역으로 이동하여 가족 중에서 마지막으로 의지할 대상을 상실한 채 고립된 죽음이 시작되었다.

둘째로, 죽음을 우리의 무의식 안에 가두어놓거나 억압하려는 정신적인 방어선을 갖는 이유는 심리적인 배경에서 찾는다. 아동에게 있어서 어머니는 절대적인 존재로, 대상관계이론가인 임종렬은 '모신(母神)'이라고 표현했다. 이처럼 절대의존의 대상인 어머니가 없으면 외로움을 느끼고 만족을 박탈당하면 좌절감을 느끼고, 배고프고 불편하면 짜증을 낸다. 이것을 '대상상실'의 불안이라고 하는데, 라인골트(J. C. Rheingold)는 소멸불안[19]이라 하면서, 이런 죽음에 대한 두려움은 사회가 만들어 내는 것이며, 동시에 개인을 복종시키는데 이용된다고 했는데, 이러한 현상을 몰로니(J. C. Moloney)는 '문화기제'라고 칭했고, 허버트 마르쿠제(Herbert Marcuse)는 '이데올로기'라고 했다.[20]

이런 관점에서 어린 시절에 나쁜 경험을 가진 사람들은 죽음에 대한 불안에 사로잡힐 것이며, 이들이 성장하여 철학자가 되면 죽음에 대한 두려움을 사유의 중심에 놓는다.

---

18) Norbert Elias, Uber die einsamkeit der sterbenden, 김수정 역, 「죽어가는 자의 고독」 (문학동네: 1982), 133.
19) Ernest Becker, The Denial of Death, 노승역 역 「죽음의 부정」, 48. 재인용.
20) Ibid., 49.

한편 정신의학자 지그문트 프로이트(S. Freud)는 인간의 본능(id)에는 두 개의 중요한 힘이 작용하는데 곧 사랑과 죽음(eros : thanatos)의 본능이다. 그는 사랑의 본능을 초기에는 성적 에너지라고 하는 리비도(libido)라고 불렀지만, 후에는 삶의 본능적 에너지라고 부름으로 개념을 확장시켰다. 그리고 죽음의 본능(thanatos)이라는 개념은 공격적 욕구로 설명했다.[21] 그에 의하면 성적 충동(libido)이나 공격적 충동(thanatos)이 사람의 행동을 결정짓는 요인이라 했다. 즉 자신의 욕구 충족에 방해가 되는 대상을 향해 공격적인 충동이 잠재하는 것은 그만큼 삶의 욕구가 강하다는 것을 의미하는데, 이 충동은 영아(嬰兒)때부터 인간의 본능 속에 자리하고 있음이 많은 학자들에 의해서 강조되고 있다.

이런 흐름에 동조하는 정신분석가 그레고리 질부르크(Gregory Zilboorg)는 그의 논문 "*Fear of Death*"[22]에서 대다수의 사람들은 죽음에 대한 두려움이 존재하지 않는다고 생각하지만 모든 겉모습 아래에는 죽음에 대한 두려움이 보편적으로 존재한다면서 이렇게 강조한다.

> 위험에 직면한 불안감 뒤에는 의기소침과 우울 뒤에는 언제나 죽음에 대한 기본적인 두려움이 도사리고 있다. 이 두려움은 무척 복잡한 세공을 거쳐 여러 간접적 방식으로 스스로를 드러낸다.[23]

---

21) Gerald Corey, Theory and Practice of Counseling and Psychotherapy, 조현춘, 조현재 공역, 「심리상담과 치료의 이론과 실제」 (서울: 시그마프레스, 2006), 80.
22) G. Zilboorg, *"Fear of Death."* Psychoanalytic Quarterly, 12:465-75.
23) Ibid.

그는 이 두려움이 실제로는 '자기보전 본능의 표현'이라고 한다. 그래서 사람들은 이 죽음의 본능을 감추거나 위장할 또 다른 대상을 찾는다.[24] 아지트 바르키(Ajit Vark)는 그의 저서 "부정본능(Denial)"에서 대다수의 인간은 종교를 통해 죽음의 두려움을 극복하는데 종교에 공통적으로 나타나는 것은 몸의 삶이 다한 후에도 우리 존재가 지속된다는 안도감을 주는 메커니즘 즉 죽음의 종국성을 부정하는 메커니즘이라고 한다.[25] 이러한 사례로 아주 오래전 인간의 유골이 스컬(Skhul: 지금 이스라엘에 위치한 지역)동굴에서 발견되었는데 유골 주변에는 멀리서 가져왔을 조개껍질들과 유골의 팔에서 발견된 야생돼지의 아래턱뼈 등이 함께 묻혀 있었다. 여기서 추론이 가능한 것은 죽은 사람을 매장했던 사람들은 묻힌 사람이 죽음의 변화를 겪었지만 어떤 형태로든 여전히 살아있는 존재로 인식했을 것이다.[26]

이에 더 나가 최근 몇몇의 과학자들은 과학의 힘을 활용하여 죽음극복을 위한 노력에 집중하고 있는데 그 대표적으로 죽음 자체를 부인한 로버트 란자(Robert Lanza)와 인간이 불멸의 삶을 구할 수 있다는 이안 피어슨(Ian Pearson), 조나던 와이너(Jonathan Weiner), 그리고 인간의 노화는 질병인데 이 질병을 예방할 수 있다고 주장한 오브리 드 그레이(Aubrey de Grey)가 있다.[27] 이 가운데 이안 피어슨(Ian Pearson)은

---

24) Ernest Becker는 "죽음과 불안의 장벽을 극복하기 위한 유일한 방법은 이렇게 현실을 부정하는 것"이라고 말한다. 여기서 부정(denial)이란 어떤 것을 무시하거나 무관심한 마음가짐이다. 다시 말해 "의식하면 참을 수 없는 사고, 감정 또는 사실들을 인정하지 않음으로써 불안을 누그러뜨리려는 무의식적 방어기제이다."
25) Ajit Vark, Danny Brower, *Denial*, 노태복 역, 「부정본능」 (서울: 부키, 2015), 156-7.
26) Ibid., 158.
27) 윤상철, "기독교인은 죽음문제를 어떻게 극복할 것인가?" 「과학이 죽음을 극복할 수 있는가」 (서울: 이폴연구소, 2018).

"인간은 곧 불멸을 손에 넣을 것이라"며 "2050년까지 85%"의 확률로 적중시킬 수 있다[28]고 장담했고, 조나던 와이너(Jonathan Weiner)는, 대표작으로 'not be long for this world'(번역서-'과학, 죽음을 죽이다.' 한세정 역, 2011)을 저술하여 장수학에 대한 전망을 내놓았다.

이처럼 인간은 죽음에 대한 거절 혹은 부정의 욕구 더 나아가 죽음을 과장시키는 욕구가 그 무엇보다 강하게 작용하고 있는 단면을 보는데 그만큼 죽음과 인간의 삶은 밀접함을 반증하고 있다.

그렇다면 어떻게 해야 우리의 삶이 아름다운 마무리를 할 수 있는가? 속담에 이르기를 '평생을 아름답게 살았어도 그의 죽음이 아름답지 못하면 그의 삶 전체가 아름답지 못하지만 마지막 아름다운 죽음은 그의 전 삶을 아름답게 만든다.'는 말이 있듯이 우리의 삶도 마지막이 아름다워야 한다. 이런 면에서 품격 있는 죽음 준비에 대하여 논하고자 한다.

---

28) 데일리시큐, "미래학자 피어슨, 인류 보존 위해 인간과 AI 융합 필요" 2019년 12월 19일 22면.

Ⅵ. 품격 있는 죽음준비

2019년 12월 3일 이폴(EPOL)연구소에서 죽음인문학 워크숍을 통해 죽음하면 떠오르는 10가지 단어를 정리하는 시간을 통해 가장 많이 나온 단어를 순서적으로 배열하면, 새로운 시작, 천국, 만남이라는 긍정적인 기대와 함께 이별, 그리움, 아쉬움, 슬픔이라는 감정적 단어가 많았다. 여기서 말하는 긍정적인 기대치를 나타내는 단어들은 바라던 천국에서 새롭게 시작되는 기대치를 나타내지만 이별, 그리움, 아쉬움, 슬픔이란 감정적 단어들은 가까운 사람들을 떠나보내고 남겨진 사람들의 입장에서 표현하는 감정적 단어들이다.

이런 비슷한 내용을 엘리자베스 퀴블러-로스[29]에 의하면, 죽어가는 사람들의 심리상태에 대하여, 품위상실, 외로움, 관계단절, 육체적 고통, 불안, 심판에 대한 불안을 말했는데 이 모든 핵심감정은 두려움에서 파생된 것이다.

죽음은 우리의 삶속에서 멀리 있지 않고 언제나 우리 곁에 있으며 마치 도적처럼 우리의 생명을 습격하듯이 찾아오기도 한다. 이러

---

29) Elisabeth Kübler-Ross, *On Death & Dying*(New York: MacMillan, 1969), 38.

한 사례로 각종 사고사로 인한 사별을 들 수 있다. 그 대표적인 예가 바로 건설노동 현장에서의 사고와 각종 교통사고로 인한 사별이다. 이런 돌발적이고 충격적인 죽음현장에서는 품격 있는 죽음과는 거리가 있지만 일반적으로 생로병사에서 말하는 일상적인 단계 가운데 죽어가는 과정에서는 얼마든지 품격 있는 죽음준비가 가능하다.

2014년 최고의 책으로 뉴욕 타임스와 아마존 베스트 1위를 차지한 아툴 가완디(Atul Gawande)의 저서 Being Mortal(김희정 역: 「어떻게 죽을 것인가?」)에 소개된 죽음의 형태는 다음과 같다.[30]

사람들은 일반적으로 건강에 별 문제를 느끼지 않으며 일상적인 삶을 살다가 병에 걸리면 갑자기 딛고 있던 땅이 꺼지듯 모든 것이 무너져 버리는 형태이다. 그 대표적인 사례가 심장마비와 각종 사고로 인하여 세상을 떠나는 경우이다. 이러한 형태의 죽음을 다음과 같은 그래프로 표시했다.

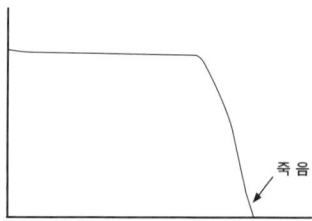

그러나 현대의학의 발달과 임상 지식이 늘면서 죽음의 형태에도 많은 변화가 왔다. 예를 들면 심장질환, 호흡기질환, 뇌졸중 등 수많은 성인병으로 인한 사망자 수를 줄이는 방법을 찾으면서 질병의

---

30) Atul Gawande, Being Morta, 김희정 역 「어떻게 죽을 것인가?」 (서울: 부·키, 2015), 50-55.

악화 속도와 패턴이 달라졌다. 이 질병들은 적절한 치료를 받으면 아래 그래프처럼 내리막길로 떨어지는 순간만을 늦추는데 그치는 것이 아니라 내리막길 자체를 절벽이라기보다 언덕을 내려가는 수준으로 완만하게 만들 수 있게 된다. 질병이 환자의 몸에 가져오는 손상은 피할 수 없을지도 모르지만 죽음은 늦출 수 있다. 투약, 주사, 수술, 집중 치료 등을 통해 위기를 넘길 지식과 기술이 있기 때문이다.

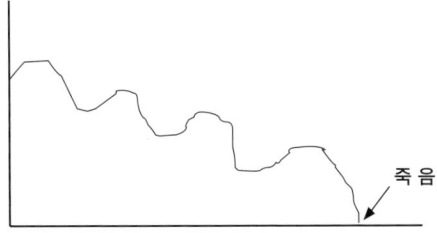

그러나 의학의 발전 덕분에 앞에서 말한 두 가지 죽음의 형태를 걷지 않아도 되는 사람들의 수가 훨씬 늘었다. 평생 건강하게 살다가 나이 들어 죽는 사람이 점점 많아지고 있기 때문이다. 그래서 노령은 진단명이 아니다. 의학의 힘으로 최선을 다해 여기저기 보수하고 기워 가며 유지하다가 아래 그래프에서 보듯이 신체기능이 종합적으로 무너지게 되면 죽음에 이른다.

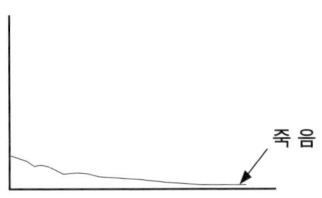

어떤 의미에서 현대의학의 발전은 두 가지 혁명을 가져왔다. 하나는 우리 삶의 궤적을 생물학적으로 변화시킨 것이고, 다른 하나는 이 궤적에 대해 우리가 어떻게 생각하는가를 문화적으로 변화시킨 것이다.

그러나 우리가 기피할 수 없는 죽음은 내가 무엇을 소유하느냐에 대한 문제가 아니고, 내가 무엇이 되느냐에 대한 문제이다(being or having). 예를 들면, 의사로부터 삶의 마지막 남은 기한을 통고받으면 두 가지 과정을 선택하게 되는데 곧 거부 - 추가항암치료 - 부작용으로 응급실 - 중환자실에서 임종 - 고통 정지를 선택하든지, 아니면 의사의 통고를 수용 - 남은 기간 동안 용서와 화해를 통해서 좋은 추억 만들기를 통해 좋은 이미지를 남기고 가는 과정을 선택하게 된다.

그렇지만 현실적으로 죽음과 싸우고 있는 대다수의 환우들의 모습에서 내가 무엇이 되느냐라는 문제보다 어떻게 하면 이 죽음의 늪에서 빠져나올 수 있느냐의 문제가 더 시급하게 느껴진다. 그러다 보니 질병을 통한 자신과의 만남보다 현실과 이상의 괴리사이에서 고통을 호소하는 경우들이 많다.

그리고 가족의 입장에서는 이런 현실에 대해서 좀 더 잘 돌보지 못한 것에 대한 심한 죄책감과 미안함으로 힘들어하는 경우 또한 많다. 그러다보니 의학의 한계를 만난 경우에도 마지막까지 의학의 도움에 의지하다보니 불필요한 의학의 개입으로 원치 않던 환우의 고통이 가중되는 경우도 많다. 이런 경우를 위해서 정부에서는 2018년 2월부터 '사전연명의료의향서' 작성을 통해 회복이 불가능할 경우 불필요한 의학의 도움을 거부하겠다는 본인의 의사표명을 할 수 있도록 법적인 제도가 시행되고 있다.

이와 반대로 호스피스병원의 제도적 도움을 통해 마지막 단계에서 진통을 조절하며 편안한 상태에서 개인적 종말을 맞이할 수도 있다. 모든 만물은 시작이 있으면 반드시 끝이 있다는 것은 누구나 아는 진리이다. 그러므로 우리의 생명이 다하기 시작할 때는 그 때를 구분할 줄 아는 지혜를 가지고 자신의 마지막을 어떻게 맞이할 것인가에 대한 지혜로운 선택과 결단이 있어야 한다.

그렇다면 품격 있는 죽음 준비는 어떻게 해야 하는가? 우리는 "하나님께서 택하신 족속이요, 왕 같은 제사장들이요, 거룩한 나라요, 그의 소유가 된 백성"(벧전2:9)으로서 부활신앙을 고백하고 또 우리 자신의 부활을 소망하는 품격 있는 신앙인들이다. 그렇다면 우리 삶의 과정도 품격이 필요하지만 삶의 마무리 또한 품격 있는 태도가 필요하다. 특별히 인생의 황혼기는 삶의 발달 과정 중 통합의 시기이다. 어린 시절에는 순종을 배움으로 하나님을 알게 되고, 장년시대는 활동하던 한복판에서 하나님을 알기도 하지만, 노년기에는 명상적인 휴식 속에서도 하나님을 알게 된다. 그러므로 품격 있는 마무리를 위해서는 지금까지의 삶의 여정을 회상하면서 다음과 같은 몇 가지 실천이 필요하다.

1. Bucket List / Ending Note를 작성하자.
지금까지의 삶을 회상하며 앞으로 남은 삶의 기간 동안 꼭 하고 싶은 일을 정리하면서 그 일을 감사와 기쁨으로 실천하는 자아실현의 마지막 기간으로 삼자.

2. 하던 일 넘겨주기 / Death Cleaning(물건나누기)이다.

모세는 자신의 임종을 맞기 전에 여호수아에게 지도자를 상징하는 외투를 입혀주고, 지휘권을 위임하였다. 그러니 이젠 욕심을 내려놓고 자신을 돌보는 기간으로 삼고, 다음 세대를 위한 공간으로 남겨놓자.

3. 용서와 화해의 기간으로 삼자.

지금까지 살아오면서 마음에 걸리는 사람들을 찾아 용서를 구하고, 정과 한을 풀고, 가까운 사람을 만나 감사함을 나누는 일이다. 용서에는 아픔이 따르지만 나를 살게 하기 때문이다.

4. 유언장을 작성하자.

남은 기간은 자신의 건강을 위한 세심한 관리가 필요할 뿐 아니라 마음의 건강도 잘 가꾸어야 하며, 사후의 유산 문제로 자녀들 간에 갈등이 없도록 법적인 조치를 따르는 유언장 작성과 자신이 원하는 장례와 장묘에 대해서도 장례 유언장을 작성하고, 사별에 대한 아픔을 함께 나누므로 생전에 품격 있는 죽음 준비가 필요하다.

5. 남겨질 가족을 위해 축복기도를 하자.

야곱처럼 죽음에 임박하여 남겨질 가족을 위해 축복기도로 마무리 한다면 이보다 더 좋은 유산은 없다. 그러므로 이런 준비는 가족이나 가까운 이웃에게 소중한 선물이며, 품격 있는 죽음으로 평가받는다.

V. 결론

　　지금 우리나라는 삶과 죽음 사이에서 심한 몸살을 앓고 있는 중환자 국가이다. 우리나라의 국내총생산량(gross domestic product: GDP)은 세계 10위이지만 세계경제협력개발기구(OECD) 국가 중 자살률이 1위라는 것이 증명한다. 천하보다 귀한 생명들이 의미 없이 어떤 충동이나 모방 그리고 심한 수치심 때문에 극단적인 선택을 하는 이런 현상은 물질적인 혜택은 선진국 형이지만 정신적인 행복지수는 아직도 후진국 형을 면치 못하고 있다는 반증이다.

　　그럼에도 불구하고 삶의 질을 향상시키는 공론화뿐 아니라 이와 대비되는 죽음에 대한 공론화도 아직은 미미한 상태이다. 이처럼 죽음에 대한 공론화가 되지 않은 이유를 어니스트 베커(Ernest Becker)의 주장대로 죽음 자체에 대한 기피나 죽음을 부정하는 무의식적 방어기제를 사용하기 때문이라는 데서 답을 찾았다. 이와 동시에 엘리자벳스 퀴블러 로스의 주장대로 죽음의 과정을 통해 품격 있는 죽음 준비를 위해서는 반드시 공론화가 필요하다.

　　다행히도 죽음관련 많은 단체들의 노력의 결과 2018년 2월부터 시행된 '사전연명의료의향서' 작성이 법제화되므로 죽음의 문제에 대한 공론화가 시작되었다는 것은 바람직스럽다.

　이런 배경에서 연구자는 품격 있는 죽음준비를 노년기에 초점을 맞추고 삶의 계절을 자연의 사계절 속에 담긴 창조주의 뜻을 헤아리면서 겨울이라는 노년기가 갖는 삶의 교훈을 강조했다. 또한 필립 아리에스(Philippe Aries)의 '죽음의 역사'를 통해서 오늘날 죽음의 문제가 '길들여진 죽음' - '자신의 죽음' - '타인의 죽음' - '금지된 죽음'이라는 네 가지 형식으로 변천해 왔음을 살펴보았다.
　이 과정에서 오늘날 우리의 죽음은 가정이 아닌 낯선 장소인 병원이 치료의 장소이기도 하지만 죽음의 장소로 변화되고 있음을 강조하면서 죽음이라는 공포에서 벗어나기 위해 다양한 몸짓을 하므로 자신의 유한성을 벗어나게 해주는 타자로서의 영웅을 열망하는 존재임을 설명했고, 또한 이런 모습을 심리적인 배경에서 설명했다.
　결론적으로 연구자는 아툴 가완디(Atul Gawande)의 저서 "Being Mortal"에 소개한 죽음의 세 종류 형태를 소개하면서 부활신앙을 고백하며 소망하는 그리스도인으로서 품격 있는 죽음 준비를 어떻게 할 것인가를 밝혔다. 곧 Bucket List, Ending Note를 작성, Death Cleaning(물건나누기), 용서와 화해, 유언장 작성, 남겨질 가족을 위한 축복기도하기 등을 통해 삶의 발달과정 중 마지막 단계를 가족이나 가까운 이웃에게 부담을 주지 않고, 소중한 사람들과 마지막을 아름답게 마무리하는 것이 부활신앙을 가진 그리스도인으로서 품격 있는 죽음준비임을 강조하며 결론을 맺는다.

참고문헌

Aries Phillippe. *L'homme devant la mort I. Le temps des gisants*, 이종인 역,「죽음의 역사」서울: 동문선, 2016.

Becker, Ernest. *The Denial of Death*, 노승역 역「죽음의 부정」서울: 한빛비즈, 2019.

Frankl, Viktor. *Aerztliche Seelsorge*. 유형심 역,「프랭클심리분석과 정신치료」서울: 한글, 1993.

Gawande, Atul. *Being Morta*, 김희정 역「어떻게 죽을 것인가?」서울: 부·키, 2015.

Kübler-Ross, Elisabeth. *On Death & Dying*, New York: MacMillan, 1969.

Vark, Ajit. Danny Brower, *Denial*, 노태복 역,「부정본능」서울: 부키, 2015. 156-7.

Zilboorg, G. *"Fear of Death."* Psychoanalytic Quarterly, 12:465-75

Corey, Gerald. *Theory and Practice of Counseling and Psychotherapy*, 조현춘, 조현재 공역,「심리상담과 치료의 이론과 실제」서울: 시그마프레스, 2006.

Elias, Norbert. *Uber die einsamkeit der sterbenden*, 김수정 역,「죽어가는 자의고독」문학동네: 1982.

Levinson, Daniel J. *The Seasons of Man's Life*, 김애순 역,「남자가 겪는 인생 사계절」이화여자대학교출판문화원: 2003.

Tournier, Paul. *The Seasons of Life*, 한준석 역,「삶의 계절」서울: 쉼, 2000.

김순이, 이미애, 김신미. 성인의 Advance Directives(AD, 생명연장술(生命延長術) 사전선택(事前選擇))에 대한 태도 연구. 한국의료윤리학회지 2001;2(4):231-44.

데일리시큐. "미래학자 피어슨, 인류 보존 위해 인간과 AI 융합 필요" 2019년 12월 19일 22면.

기노진. "성인 남성들의 죽음불안과 노화불안." 한서대학교 정보산업대학원 석사학위논문, 2012.

김선화. "죽음에 대한 현대인들의 태도." 인하대학교 교육 대학원 석사학위논문, 2008.

김기태. "노인의 죽음불안이 성공적 노화에 미치는 영향." 삼육대학교대학원 박사학위논문, 2019.

김세원. "노년기 영성이 죽음불안에 미치는 영향에 관한 연구." 연세대학교 행정대학원 석사학위논문, 2009.

김용민. "중년기의 죽음불안에 영향을 미치는 요인에 관한 연구." 광운대학교 상담복지정책대학원 석사학위논문, 2014.

김웅지. "기독교인의 죽음 불안 및 죽음 준비에 미치는 영향연구."총신대학교목회신학전문대학원 석사학위논문, 2016.

박명선. "노인의 죽음불안이 자아통합감에 미치는 영향." 한세대학교대학원 박사학위논문, 2018.

박성호. "죽음불안 감소를 위한 기독교상담 방안: 진리요법." 성결대학교 신학전문대학원 석사학위논문, 2018.

배민아. "죽음준비교육의 기독교적 방안연구." 이화여자대학교 교육대학원 석사학위논문, 1992.

서혜경. "성별에 따른 죽음에 대한 태도 비교연구 - 남여 노인들의 임종과 죽음에 대한 불안도 측정을 중심으로." 한국보건교육학회지,

1990.12.

이숙주. "중년기의 죽음불안에 미치는 영향." 침례신학대학교 사회복지대학원 석사학위논문, 2009.

이영미. "기독노인의 하나님 이미지와 죽음불안과의 상관관계." 한남대학교 국제신학대학원 석사학위논문, 2013.

이정민. "노년기 죽음불안 극복을 위한 희망과 기독교 상담." 계명대학교 대학원 박사학위논문, 2018.

임송자. "죽음에 대한 태도가 죽음불안에 미치는 영향." 호서대학교 벤처전문대학원 박사학위논문, 2012.

오진탁. "우리 사회는 죽음을 바르게 이해하고 있는가?" Korean Med Assoc 2013 February; 56(2): 129-134

윤상철. "기독교인은 죽음문제를 어떻게 극복할 것인가?"「과학이 죽음을 극복할 수 있는가」서울: 이폴연구소, 2018.

윤상철. "겨울이 노년기에 주는 메시지." 광진노인복지회관 회지, 2018.12.

최금주. "노인의 영적웰빙이 자아통합과 죽음불안에 미치는 영향." 대구가톨릭대학교대학원 박사학위논문, 2009.

<ABSTRACT>

Preparation For Dignified Death

Yoon, Sang Chul
(SSHHHUIM Healing Center)

Economically, the researchers wanted to find the answer in preparation for a decent death, as the gross domestic product(GDP) ranks 12th among 205 countries around the world, and boasts a large church population and a disgraceful suicide rate among The Organization for Economic Co-operation and Development(OECD) countries, but how to restore human character and lead a decent life.

Death has the great power to make everyone find and be honest with the pure nature of man. Nevertheless, one of the reasons why our society has not been publicized about death is because, as Ernest Becker claims, it uses unconscious defense mechanisms that deny death itself or its destruction.

But as Elizabeth Kubler-Ross claims, public discussion is essential to prepare for a dignified death through the process of publicizing death

Fortunately, it is desirable that public debate on the issue of death has begun since the enactment of the "the Life Sustaining Treatment Determination Act" law, which took effect in February 2018, was enacted as a result of the efforts of many organizations related to death.

The researcher emphasized that the most important life integration given in old age is the discovery of the meaning of life through spirituality, while focusing on the lessons of old age, which are winter, while applying the four seasons of nature as the season of life.

In conclusion, how will the researcher die, written by Atul Gawande, introducing the three types of deaths introduced in 'Being Mortal', he revealed how to prepare for 'Dignified Death'.

Taking this opportunity, he introduced the steps to beautifully complete the journey of life with precious people, not burdening family members or close neighbors, while writing bucket lists, ending notes, descleaning, forgiveness and reconciliation, writing a will, and blessing prayers for families to be left behind.

| Keyword |
preparation for death, season of life, history of death, form of death

기·획·논·문

황명환 한국교회 발전방안을 위한 수서교회
10억 공모전 평가와 분석

기·획·논·문 ①

한국교회 발전방안을 위한
수서교회 10억 공모전 평가와 분석

황 명 환 박사
(이폴연구소장)

[목차]

I. 서론
1. 연구의 배경 및 목적
2. 10억 공모전의 필요성
3. 연구의 범위

II. 본론
1. 지원 유형에 따른 평가와 분석
가. 운영지원
나. 건축지원
다. 운영지원과 건축지원

2. 지원 비용에 따른 평가와 분석
가. 10억
나. 1억~10억
다. 1억 미만

3. 지원 대상에 따른 평가와 분석
가. 교회
나. 교회와 사회
다. 사회

III. 선정 및 결론
1. 심사 기준과 선정 과정
2. 보완 사항 및 개선 방향
3. 발전적 제언

참고문헌
부록 공모작 134건 목록

I. 서론

1. 연구의 배경 및 목적

    수서교회는 2018년 7월 1일 헌당예배를 간소하게 드리면서 지금까지 인도해주신 하나님의 은혜에 대한 감사의 표현으로 한국교회에 필요한 일을 찾게 되었다. 그 결과 조성된 건축헌금액 100억 원의 십분의 일에 해당하는 10억을 침체된 한국교회 발전을 위해 사용할 방법을 모색하였다. 이를 위해 비전위원회[1]를 구성하였고, "한국교회 발전을 위한 아이디어 공모전"을 시행하게 되었다. 공모기간은 2018년 12월 8일(토)부터 2019년 2월 29일(목)까지로 정하였고, 공모대상은 한국교회, 기관 및 단체 그리고 각 개인들까지 누구나 참여 가능하도록 그 범위를 설정하였다. 비전위원회는 국민일보를 비롯한 한국기독공보 등 여러 신문매체를 통해 공모 내용을 알렸고, 그 결과 134건의 공모작이 접수되었다. 심사를 정확하고 신중하게 진행하기 위해 공모자들에게 양해를 구하고 심사 결과를 6월 30일로

---

[1] 비전위원회는 당회원 4명, 선교부장, 사회봉사부장, 담당교역자 등 총 7명으로 구성되었다.

연기하여 최종 당선작을 발표하였다.

본 연구는 한국교회를 대상으로 실시한 10억 공모전에 출품된 134건에 대한 평가와 분석을 다루는데 목적이 있다. 이를 위해 서론에서 연구의 배경과 목적, 공모전의 필요성 및 연구의 범위를 기술한다. 본론에서는 134건을 각각 지원 유형, 지원 비용, 지원 대상에 따라 분류하여 그 내용 전체를 체계적으로 살피고자 한다. 결론에서는 수서교회 비전위원회 심사기준에 따른 선정 과정과 차후 공모전을 진행할 때에 보완되어야 할 사항 및 개선되어야 할 사항에 대해서 다루고자 한다. 끝으로 발전적 제언으로 본고를 마무리 한다.

2. 10억 공모전의 필요성

한국교회는 짧은 기간 동안 유례가 없을 정도로 큰 부흥과 성장을 이루었다. 그러나 이러한 과정에서 약점도 노출되었다. 서로를 돌아보지 못하고 교회의 공적 사명에 충실하지 못했다는 점을 들 수 있다. 교회 건축을 계기로 수서교회는 교회의 보편성과 공동체성의 회복을 위한 일환으로 10억 공모전을 시행하기로 결의하였다. 이 운동이 앞으로도 한국교회의 공교회성 회복과 서로를 위한 섬김의 마중물이 될 수 있다고 생각한다.

3. 연구의 범위

본 연구는 수서교회 10억 공모전에 출품된 134건[2]에 한정한다.

---

2) 134건의 공모작(품명)은 부록에 가나다순으로 정리하였고, 고유번호(품번)를 매겼다. 이후

공모 작품들은 A4 용지 1장부터 100장이 넘는 것까지 내용과 규모에 있어서 차이가 많았다. 한국교회 아이디어 공모란 제목에 맞게 구체적인 예산 편성을 제시한 작품들이 있는 반면에 그냥 아이디어 차원에 머무는 내용들까지 그 범위가 다양하였다. 또한 공모작을 통해 얻을 수 있는 효과의 범위가 개인적인 영역에서부터 교회와 사회 영역까지 넓게 분포되어 있었다. 평가와 분석 대상은 기본적으로 기한 내에 최종접수 된 134건에 제한하였다. 몇 건은 두 세 개의 아이디어를 함께 공모했으나 그 중에 대표적인 것 한 건 만을 분석하였고, 나머지는 평가와 분석에서 제외하였다. 총 134건을 지원 유형에 따라, 지원 비용의 규모에 따라, 지원 대상에 따라 세 가지 범주로 평가 분석하였다.

공모작을 본 고에서 논의 할 때는 기본적으로 품번을 사용할 것이다. 품번을 통해 공모작의 품명과 지원유형, 지원비용, 지원대상을 확인할 수 있다. 그 외 구체적인 공모작 내용에 대해서는 susovision10@hanmail.net 을 통해 문의할 수 있다.

Ⅱ. 본론

1. 지원 유형에 따른 평가와 분석

134건 중 운영지원은 91건(표1~5)이었고, 건축지원은 36건(표6~7), 건축지원과 운영지원은 7건(표8)이었다. 운영지원 91건 중 프로젝트 영역은 36건(표1), 복음전도 영역은 28건(표2), 문화예술 영역은 11건(표3), 심리상담 영역은 5건(표4), 사회복지 영역은 11건(표5)이었다. 건축지원 36건 중 센터건축은 26건(표6), 교회건축은 10건(표7)이었다.

가. 운영지원

⟨표1⟩ 운영지원-프로젝트 영역 : 36건

No	품번	품명 및 프로젝트영역 내용
1	7	교단 기초통계 구축의 필요성을 위한 교세 자료조사
2	9	교회에서 할 수 있는 대안교육에 대한 제안
3	13	귀농 귀촌하는 그리스도인들의 정착을 돕기 위한 부지 구입

No	품번	품명 및 프로젝트영역 내용
4	16	다양한 자료를 모아 알림 포털 서비스로 운영하자는 '사랑의 샘'
5	17	기독교 코칭센터와 MOU 체결 요청
6	25	농어촌 교회를 위한 귀농 귀촌인을 위한 소규모 삶터 조성
7	27	다음세대 교육지도자를 위한 교육 드림컨설턴트
8	28	대구경북지역 농촌교회 목회자를 위한 마을목회 준비학교
9	34	네트워킹과 봉사를 위한 마을목회
10	37	목회자를 위한 목회통계서비스 제안
11	39	미래교육의 새 패러다임 5차원 전면교육 기획안
12	40	적은 투자로 고수익을 낼 수 있는 바나나 재배를 통한 목회 자립
13	41	박두진 시인 탄생 100주년 기념으로 시집 출판
14	52	다음세대 부흥을 위한 성인 교구개혁과 이를 위한 교역자 매뉴얼과 커리큘럼 교재 제작을 위한 연구와 자료개발
15	56	소외된 목회자 찾아가기 '유튜브 토크쇼'
16	58	청년공동 주거 1인용 쉐어 하우스
17	65	목회자와 평신도 영성형성 훈련을 위한 엠마어스
18	69	청년을 위한 영화 사이버교회
19	73	온라인 컨텐츠 개발보급사업 '교회친구'
20	74	올마이티 바이블 웹툰 제작 보급 지원
21	83	자비량 목회 지원을 위한 휴게소 스팀세차 설치
22	85	한국기독공보의 '작은교회 활성화 캠페인'
23	92	전세대 통합교육을 위한 유바디
24	99	존 로스 핵심가치를 계승하기 위한 존 로스 하우스
25	101	지리산 선교사 유적지 보존과 선교사 역사 발굴
26	102	한국교회 변혁을 위한 지역교회 사회 발전위원회 운영
27	103	전국 행복지원센터 조직 운영(기독교NGO 단체)
28	104	진주노회 자립 지원
29	111	청년회복을 위한 부채탕감
30	115	코젠플러스 지역에너지 사업 투자 요청
31	121	북한이탈 주민을 위한 마을공장교회 건축 지원
32	123	패러다임 전환을 위한 교회진단도구 개발
33	124	편부모 학습프로그램인 '수가성 사마리아 여인'
34	126	한국교회 명절 가정예배 지원
35	133	신자유주의 시대 종교공간의 재구성과 한국사회의 변동 연구
36	134	CARE(케어) 프로젝트 제안

〈표2〉 운영지원-복음전도 영역 : 28건

No	품번	품명 및 복음전도영역 내용
1	2	개척미자립 목회자를 위한 성장훈련원 지원
2	10	동두천 국내 아프리카 이주민 선교
3	11	굿워크 '사랑하는 사회 만들기 청년창법'
4	23	노숙인을 위한 양봉교육사업
5	24	노인선교와 미자립교회 전도 협력지원
6	26	농어촌미자립교회 달력보내기
7	29	도시와 농촌 동시 교회 개척
8	30	도전성경 100구절 암송
9	35	만주를 중심으로 한 한글 성경 번역에 관한 연구와 배포
10	42	전북 내주교회의 밥먹는 공동체
11	45	부산 항만에 들어오는 외국선원 복음 전도
12	50	삼척 바닷가 조각공원 내 카페 건물을 매입하여 열린교회 오픈
13	59	시흥지역 복음전도하는 시흥주왕교회 재정 지원
14	64	과천종합청사가 세종시로 이전하면서 생긴 안양아멘교회 재정 지원
15	77	사역자를 위한 유튜브 스튜디오
16	81	이주민 선교를 위한 한국어 도우미 양성 지원
17	84	작은교회 목회자 교육프로그램 운영 지원
18	87	장애인 전문 교역자 양성 지원
19	89	재단법인 설립과 총회 주관의 회사 설립
20	96	제주도 성시화운동 지원 요청
21	100	준비된 교회와 목회자에게 자립할 수 있는 물질을 지원해 달라는 건
22	106	집단 지성 기반의 사역콘텐츠 플랫폼인 위즈덤 운영
23	107	차세대 신앙교육을 위한 아동용 교리문답 앱 개발 및 유튜브 운영
24	108	참전상이군경을 위한 예배처와 돌봄을 위한 지원 요청
25	113	농촌목회 활성화를 위한 총회 농촌선교센터 사업 지원 요청
26	119	탈북민을 위한 생명창대교회 후원 요청
27	131	복음전도를 위한 헌금 사용에 대한 다양한 방향성 제시
28	132	15개 국어로 번역된 전도지 제작에 대한 건

〈표3〉 운영지원-문화예술 영역 : 11건

No	품번	품명 및 문화예술영역 내용
1	6	고려오페라단의 '함성 1919' 오페라 공연 지원 요청
2	14	문화의 시대 문화가 사라진 교회를 위한 365일 기독 문화 전용 극장
3	18	문화컨텐츠로 복음전파, 다음세대, 한국교회를 돕자는 문화창작가 모임
4	19	기독교적 예술체험 전시
5	20	지역아동센터 기능을 가진 기독문화센터 지원 요청
6	53	성탄절 특집방송 다큐멘터리 '부활' 제작비 지원
7	57	저소득층, 다문화가정 자녀를 위한 오케스트라창단을 위한 악기구매
8	70	제주지역 소외계층 예술활동을 위한 예아스 문화선교단 창립 지원
9	79	이안노바 예술융합 대안학교 지원
10	105	제주의 다음세대를 위한 질그랭이 문화예술학교 지원
11	109	창작 그림책 출판 보급 지원

〈표4〉 운영지원-심리상담 영역 : 5건

No	품번	품명 및 심리상담영역 내용
1	36	목회자를 위한 전문심리상담 및 치유사업
2	93	먹거리, 자연치유를 겸한 영혼육 전인치유센터 설립 제언
3	98	조울증 환자와 그 가족들을 위한 조우네 마음약국 지원
4	114	추방 및 비자거부 선교사를 위한 멤버케어 시스템 구축 지원
5	127	한국교회 순교자 유가족 치유센터 운영

〈표5〉 운영지원-사회복지 영역 : 11건

No	품번	품명 및 사회복지영역 내용
1	31	동네 아동돌봄센터
2	46	북한이탈주민을 위한 북한이탈민사랑 협의회 지원
3	51	생명경외 사상과 죽음준비 전문기관인 생명존중 및 죽음연구소 설립
4	60	실버세대를 위한 실버크로스 사역지원
5	86	장대현 대안학교 활용을 통한 통일 사역자 양성
6	88	직업 재활학교 성격의 장애학생을 위한 마을형 학교
7	90	전국목회자 의료 후원
8	112	청소년 자원봉사자 학교 지원
9	116	어린이를 위한 크리스천 키즈센터
10	122	특수아동을 위한 응급교회 설립
11	129	무료급식사업, 경로당운영 등 한벗교회 예사랑공동체 운영

나. 건축지원

〈표6〉 건축지원-센터 : 26건

No	품번	품명 및 센터건축 내용
1	1	시골마을의 도서관, 문화 공간, 지역사회 복음화 거점 감악산 비전센터
2	5	평택 고덕지구 내 대안학교와 다문화학교를 위한 종교부지 매입 지원
3	21	귀농귀촌인들을 위한 꽃피는 신상마을 게스트 하우스
4	32	문화공연을 위한 드림공장
5	33	목회자와 그 가정을 위한 르호봇 쉼터
6	43	농촌마을 회복을 위한 보나광덕공동체인 명동촌 조성 지원
7	44	봉화척곡교회 사택, 문화재 관리사무소, 명동서숙 시설물을 위한 지원
8	47	북한이탈 청소년을 위한 여명학교 교사 신축 지원
9	48	사회복지구현, 디아코니아, NGO 네트워크를 담아내는 사회복지방송
10	55	세종시에 교회, 공부방, 훈련원, 모임방, 찬양스쿨 등 커뮤니티 건축
11	61	아세아연합신학대학교 기숙사 건축비 지원
12	62	아프리카 탄자니아 복음선교를 위한 교회, 병원, 교실 건축 지원
13	63	안동도양교회 지역주민 문화활동 지원을 위한 센터 건축 지원
14	66	정보센터를 겸한 열린 훈련센터 건립
15	72	예천 상락교회 팬션형 숙소 건축 지원
16	75	울릉독도 선교 100주년 기념관 건축 지원
17	80	이주민 세계선교센터 건립 지원
18	82	교회를 겸한 자비량 목회를 위한 제빵 목공학교 건축 지원
19	91	전남대학교 글로벌기독센터 건립
20	95	제주지역교회 연합으로 추진하는 대안학교 건립
21	97	제주 북촌리지역 아동센터와 도서관 건축 지원
22	117	탄자니아 부코바 국제신학교 비전센터 건축 지원
23	118	탈북민을 위한 국제 성경 통독학교 건축 지원
24	120	탈북 청소년을 위한 비전센터 건축
25	125	필리핀 시니어 기술고등학교 건축 지원
26	128	한국기독교 미디어센터 '리틀송' 제안

〈표7〉 건축지원-교회 : 10건

No	품번	품명 및 교회건축 내용
1	3	경북 신도청이 들어설 곳에 교회 건축 지원
2	8	교회 간판 없는 교회를 위한 내부 리모델링 비용지원
3	22	충남도청이 들어선 내포신도시에 교회 건축
4	38	건축 중인 문경 새소망교회 건축비 지원
5	49	전국 농어촌 마을에 작은도서관을 세우자는 안
6	54	1만 3천여점의 성경에 나오는 물건을 전시할 박물관 건축 경비 지원
7	68	교육과 복지를 위한 다기능 영월 영락교회 건축 지원
8	71	예인교회 건축비 45억 중 일부 지원
9	78	육아우울증과 다문화 섬김 사회적 기업을 위한 교회 건축 일부 지원
10	110	철원 월촌교회 교육관 건축 지원

다. 건축지원과 운영지원

〈표8〉 건축지원+운영지원 : 7건

No	품번	품명 및 건축지원+운영지원 내용
1	4	경증발달장애 기독대안학교
2	12	굿플 '청년을 고용한 일자리 창출 아이디어'
3	15	기독교 사회혁신 컴퍼니 빌더
4	67	열방제자교회 리모델링과 전도버스 및 난민센터 지원
5	76	새터민을 위한 원산봉수 서울선교센터와 운영 지원
6	94	청소년 청년을 위한 제3세대 예수장이 마을 건축과 운영 지원
7	130	예배와 교육을 위한 한빛 글로리월드미션스쿨 건축 및 운영

2. 지원 비용에 따른 평가와 분석

134건 중 10억 규모의 공모액은 45건(표9)이었고, 1억부터 10억 사이는 35건(표10), 1억 미만은 42건(표11)이었다. 구체적인 지원 금액을 밝히지 않는 공모작은 분석을 위해 사업 규모와 내용을 보고 임의로 판단하여 공모액을 산정하였다. 그럼에도 불구하고 12건(표12)은 도저히 요청금액을 파악할 수 없는 아이디어 차원의 내용으로 정확한 예산을 파악할 수 없어서 그냥 아이디어 작품으로 묶었다. 물론 아이디어이지만 어느 정도 예산 규모가 판단이 되는 공모작은 가능하면 지원 비용에 따른 분류에 포함시켰다. 지원 비용에 따른 평가가 의의를 갖는 것은 예산 규모에 따라 공모 작품의 파급 효과와 영향력 등을 직간접적으로 파악할 수 있기 때문이다.

가. 10억 규모

〈표9〉 지원비용-10억 규모 : 45건

No	품번	품명 및 10억 규모 내용
1	3	경북 신도청 신도시 교회 건축 지원
2	4	발달장애학생들의 학교건물과 학생들의 치료와 교육을 위한 비용
3	5	고덕지구(평택) 종교부지 매입 지원
4	8	교회 간판 없는 교회를 위한 내부 리모델링 비용 지원
5	10	국내 아프리카 이주민 선교(동두천)
6	12	스튜디오와 오피스 마련 및 페스티벌 제작 비용, 직원 채용 비원 지원
7	14	기독교 문화 전용극장(365일 극장운영)
8	20	기독문화센터 지원 요청
9	21	꽃피는 신상마을 게스트하우스
10	22	내포(충남)신도시 교회 세우기 지원

No	품번	품명 및 10억 규모 내용
11	29	도시와 농촌 동시 교회 개척
12	43	마을회복을 위한 공동 거주지역인 명동촌 건축 지원
13	44	봉화척곡교회 사택과 문화재 관리사무실 건축 지원
14	47	북한이탈청소년을 위한 여명학교 교사 신축 지원
15	49	산간 오지 등에 교회와 연계한 작은 도서관 건립
16	50	삼척열린교회 예배당 매입 지원
17	54	현재 건축 중인 세계기독교박물관 건축비 지원
18	55	교회, 공부방, 훈련원, 모임방 등 세종크리스천 커뮤니티 센터 건립
19	60	실버사역을 위한 건물, 프로그램, 차량 등을 위한 경비 지원
20	61	아세아연합신학대학교 기숙사 건축비 지원
21	62	아프리카 복음선교회 탄자니아 교회, 병원, 학교, 지원 요청
22	63	안동도양교회 지역주민 문화활동 지원 시설 요청
23	66	대강당, 식당, 숙소, 세미나실이 있는 열린 훈련센터 건축
24	68	지역교육기관으로서 영월 영락교회 건축비 전액 지원
25	71	예인교회 건축비 중 일부 지원
26	72	숙소, 까페, 문화공간, 연습실 등 다용도 팬션형 숙소 건축 지원
27	74	올마이티 바이블 웹툰 제작보급 지원
28	75	울릉독도 선교100주년 기념관 건립 지원
29	76	새터민을 위한 프로그램, 인재육성, 복음화 등을 위한 원산봉수 서울선교센터
30	79	이안노바 예술융합 대안학교
31	91	전남대학교 글로벌기독센터 건립 지원
32	94	제3세대 예수장이 마을 건축과 운영을 위한 경비
33	95	제주 청소년 대안학교 설립을 위한 기금 요청
34	96	제주도 성시화운동 지원
35	101	지리산 선교유적지 보존과 선교사 역사 발굴
36	103	지역행복지원센터 조직 운영 제안(기독교 NGO단체) 프로젝트
37	109	창작 그림책 출판 보급 지원
38	111	청년회복(부채 탕감) 프로젝트
39	113	농촌선교사역을 위한 총회농촌선교센터 지원
40	115	코젠플러스 지역에너지 사업 투자
41	117	탄자니아 부코바 국제신학교 비전센터
42	120	탈북 새터민 청소년 비전센터
43	122	특수아동을 위한 응급교회
44	125	필리핀 시니어 기술고등학교 건축 지원
45	130	한빛 글로리월드미션스쿨 건축과 운영

나. 1억~10억

〈표10〉 지원비용-1억~10억 : 35건

No	품번	품명 및 1억~10억 내용
1	1	감악산 비전센터 건축
2	2	교단 교세파악을 교회전수조사와 교세 중장기 예측비
3	13	귀농 귀촌하는 그리스도인들의 정착을 돕는 사업(부지구입비)
4	15	사회혁신을 위한 사관학교, 창업교육, 임팩트 투자를 위한 임대료와 운영자금
5	25	귀농 귀촌인을 위한 교회당 지원금 3천만원씩 10교회 지원
6	27	교육컨설턴트로 교육프로그램과 컨텐츠제작비
7	28	대구경북지역 농촌교회 목회자를 위한 마을목회 준비학교를 위한 예산
8	33	목회자와 그 가정을 위한 르호봇 쉼터 건축비
9	34	봉사와 네트워킹을 위한 마을목회를 위한 프로젝트
10	36	목회자를 위한 전문 심리상담 및 치유사업 지원금
11	37	목회자를 위한 목회통계서비스 2년간 운영비
12	38	문경 새소망교회 건축비 부족액
13	39	미래교육의 새 패러다임 5차원 전면교육 기획안
14	48	SNTV 사회복지방송 프로그램 구성, 제작 사업지원
15	52	성인 교구개혁과 이를 위한 매뉴얼과 커리큘럼 제작
16	53	성탄특집 다큐멘터리 영화제작 '부활'
17	58	청년의 보금자리 마련을 위한 쉐어하우스 투자
18	67	열방제자교회 리모델링, 버스, 난민센터 건립
19	73	온라인 컨텐츠 개발보급 사업(교회친구)
20	77	사역자를 위한 유튜브 스튜디오 마련 비용
21	78	육아우울증과 다문화 섬김 사회적 기업을 위한 교회 건축 일부 지원
22	80	이주민 세계선교센터 건립 지원
23	81	이주민선교를 위한 한국어 도우미 양성
24	82	자비량 목회를 위한 제빵 목공학교 지원
25	97	제주 북촌리지역 아동센터와 도서관
26	102	지역교회 지역사회 발전위원회 운영
27	104	진주노회 자립 프로젝트
28	105	질그랭이 문화예술학교 운영
29	106	집단지성기반의 사역콘텐츠 위즈덤 운영
30	114	추방 및 비자거부 선교사를 위한 멤버케어 시스템 구축
31	118	탈북민 국제 성경 통독 학교 건축
32	121	통일선교를 위한 마을공장교회
33	127	한국교회 순교자 유가족 치유센터 운영
34	128	한국기독교 미디어센터 '리틀 송' 제안
35	133	신자유주의 시대 종교공간의 재구성과 한국사회의 변동 연구

다. 1억 미만

〈표11〉 지원비용-1억 미만 : 42건

No	품번	품명 및 1억 미만 내용
1	2	개척 미자립목회자 성장 훈련을 위한 전도비, 전도물품,달력제작, 자녀교육비
2	6	오페라 '함성 1919' 공연지원
3	9	교회에서 할 수 있는 대안교육에 대한 제안
4	11	굿워크-사랑하는 사회 만들기 청년창업-
5	16	기독교 알림 포털 서비스
6	17	기독교 코칭센터와 MOU 체결 요청
7	18	기독교 문화 창작가 모임
8	19	기독교적 예술체험 전시
9	23	노숙인 자립을 위한 양봉교육사업
10	24	노인선교와 미자립교회 전도 협력지원
11	26	농어촌 미자립교회 달력보내기
12	31	초중고생 20여명의 돌봄아동센터 운영비
13	32	문화공연을 위한 드림공장 운영 경비
14	40	바나나 재배를 통한 자립화 사업
15	41	박두진 시인 시집 출판 지원
16	42	밥먹는 공동체를 위한 전북 내주교회 매달 식사비 지원
17	45	외국선원 복음전도 위한 부산해양선교회 지원
18	46	북한이탈주민들의 교육, 문화체험, 생활지원 등을 위한 경비 지원
19	51	생명존중 및 죽음연구소
20	57	숲속 오케스트라 창단 악기 구매 지원
21	59	시흥지역전도를 위해 사용되는 시흥주왕교회 재정 지원
22	64	극심한 재정 어려움을 겪고 있는 안양아멘교회 지원 건
23	65	엠마우스 영성훈련 프로젝트
24	69	영화 사이버교회
25	70	예아스 문화선교단 예체능대학교 설립지원
26	83	자비량목회 지원(휴게소 스팀세차 설치)
27	84	작은교회 목회자 교육프로그램
28	85	작은교회 활성화 캠페인 사업
29	86	장대현 대안학교 활용을 통한 통일사역자 양성 공모안
30	92	전세대 통합교육 유바디 프로젝트
31	98	조울증 환자를 위한 조우네 마음약국

No	품번	품명 및 1억 미만 내용
32	99	존 로스 하우스 건립 지원
33	108	참전상이군경을 위한 예배처와 돌봄을 위한 지원
34	110	철원 월촌교회 교육관 건축비 지원
35	112	청소년 자원봉사학교 운영 경비 지원
36	116	크리스천 키즈센터
37	119	탈북민을 위한 생명창대교회 후원 요청
38	123	패러다임 전환을 위한 교회진단도구개발
39	126	한국교회 명절 가정예배 지원 프로젝트
40	129	한벗교회 예사랑공동체 지원
41	132	15개 국어로 번역된 전도지 제작
42	134	CARE(케어) 프로젝트 제안서

〈표12〉 지원비용-아이디어 : 12건

No	품번	품명 및 아이디어 내용
1	30	도전성경 100구절 암송 프로젝트
2	35	만주를 중심으로 한 한글성경 번역에 관한 연구
3	56	소외된 전국의 목회자를 찾아가 토크쇼 및 후원모금
4	87	장애인 교역자 양성
5	88	장애학생을 위한 마을형 학교
6	89	재단법인 설립과 총회 주관의 회사 설립
7	90	전국목회자 의료 후원
8	93	전인치유센터 설립 제언
9	100	준비된 교회와 목회자 자립 지원
10	107	차세대 신앙교육을 위한 아동용 교리문답 앱 개발 및 유튜브 운영
11	124	편부모 학습프로그램
12	131	헌금사용에 대한 다양한 방양성 제시

3. 지원 대상에 따른 평가와 분석

지원 대상으로 크게 교회, 교회와 사회, 사회로 범주화하였다. 공모전 제목이 '교회발전을 위한 아이디어 공모'이었기 때문에 모든 공모 작품이 교회와 관련되어 있었다. 하지만 좀 더 의미 있는 평가와 분석을 위해 공모작 내용이 100% 교회를 위한 것이면 교회로, 50%정도 교회를 위한 것이면 교회와 사회로, 교회를 위한 내용이 50% 미만이라고 판단되면 사회로 분류하였다. 사회로 분류되었다고 해서 교회와 무관하지 않고 대부분 교회를 기반으로 한 사회 지원 영역임을 밝혀둔다. 이러한 기준에 의해 분류했을 때에 134건 중 교회 대상은 50건(표13), 교회와 사회 동시 대상은 31건(표14), 사회 대상은 53건(표15)이었다.

가. 교회

〈표13〉 지원 대상-교회 : 50건

No	품번	품명 및 지원 대상 교회 내용
1	2	개척 미자립목회자 성장훈련원 지원
2	3	경북 신도청 신도시 교회 건축 지원
3	7	교세자료조사 프로젝트(통합)
4	13	귀농 귀촌하는 그리스도인들의 정착을 돕는 사업
5	22	내포(충남)신도시 교회 세우기 지원
6	28	대구경북지역 농촌교회 목회자 중심 마을목회 준비학교 설립지원
7	29	도시와 농촌 동시 교회 개척
8	30	도전성경 100구절 암송 프로젝트
9	33	르호봇 쉼터 건축지원
10	35	만주를 중심으로 한 한글성경 번역에 관한 연구
11	36	목회자를 위한 전문 심리상담 및 치유사업
12	37	목회통계서비스 제안서

No	품번	품명 및 지원 대상 교회 내용
13	38	문경 새소망교회 건축비 지원
14	40	바나나를 통한 선교지 자립 사업
15	42	밥 먹는 공동체(전북 내주교회)
16	52	성인 교구개혁과 이를 위한 매뉴얼과 커리큘럼 제작
17	56	소외된 목회자 찾아가기 '유튜브 토크쇼'
18	59	시흥주왕교회 재정지원
19	61	아세아연합신학대학교 기숙사 건축 지원
20	64	안양아멘교회 재정지원 요청
21	65	엠마우스 영성훈련 프로젝트
22	68	영월 영락교회 건축 지원
23	71	예인교회 건축비 일부 지원
24	74	올마이티 바이블 웹툰 제작보급 지원
25	77	사역자를 위한 유튜브 제작 스튜디오 운영비 지원
26	82	자비량 목회를 위한 제빵 목공학교 지원
27	83	자비량목회 지원(휴게소 스팀세차 설치)
28	84	작은교회 목회자 교육프로그램
29	85	작은교회 활성화 캠페인 사업
30	87	장애인 전문 교역자 양성
31	89	재단법인 설립과 총회 주관의 회사 설립
32	90	전국목회자 의료 후원
33	92	전세대 통합교육 유바디 프로젝트
34	99	존 로스 하우스 건립 지원
35	100	준비된 목회자 자립 지원
36	101	지리산선교유적지보존과 선교사 역사발굴
37	104	진주노회 자립 프로젝트
38	106	집단지성기반의 사역콘텐츠 위즈덤 운영
39	107	차세대 신앙교육을 위한 아동교리 문답 앱 개발
40	108	참전상이군경을 위한 예배처와 돌봄을 위한 지원
41	110	철원 월촌교회 교육관 건축비 지원
42	113	총회 농촌선교센터 사업 지원 요청
43	114	추방 및 비자거부 선교사를 위한 멤버케어 시스템 구축
44	118	탈북민 국제 성경 통독 학교 건축
45	119	탈북민을 위한 생명창대교회 지원
46	123	패러다임 전환을 위한 교회진단도구개발
47	126	한국교회 명절 가정예배 지원 프로젝트
48	131	헌금 사용에 대한 다양한 방향성 제시
49	132	15개 국어로 번역된 전도지 제작
50	134	CARE(케어) 프로젝트 제안서

나. 교회와 사회

〈표14〉 지원 대상-교회와 사회 : 31건

No	품번	품명 및 지원 대상 교회와 사회 내용
1	1	시골교회 교인들,청소년, 세계선교를 위한 선교감악산 비전센터
2	4	경중발달장애 기독대안학교
3	5	고덕지구(평택) 종교부지 매입 지원
4	6	고려오페라단 활동 지원(함성 1919)
5	8	교회 간판 없는 교회를 위한 내부 리모델링 비용 지원
6	20	예배실을 겸한 문화센터로 교회와 지역사회를 위한 센터 건립 요청
7	23	노숙인 자립을 위한 양봉교육사업
8	24	노인선교와 미자립교회 전도 협력지원
9	44	봉화척곡교회 사택과 문화재 관리사무실 건축 지원
10	50	관광지 카페를 매입하여 관광객 대상의 열린 예배당으로 활용
11	53	세상에 부활을 알리자는 의도로 부활을 주제로 한 다큐멘터리 작품
12	55	세종시에 교회를 중심으로 한 공부방, 훈련원 등을 운영할 건물 지원
13	62	아프리카 복음선교회 탄자니아 교회, 병원, 학교, 지원 요청
14	66	열린 훈련센터 건립
15	67	열방제자교회 리모델링과 난민센터 지원
16	72	예천 상락교회 팬션형 숙소 건물 지원
17	73	온라인 컨텐츠 개발보급 사업(교회친구)
18	75	울릉독도 선교100주년 기념관 건립 지원
19	78	육아우울증과 다문화 섬김 사회적 기업을 위한 교회 건축 일부 지원
20	91	전남대 글로벌기독센터 건립 운영
21	95	제주 청소년 대안학교 설립을 위한 기금 요청
22	96	제주도 성시화운동 지원
23	102	지역교회 지역사회 발전위원회 운영
24	116	크리스천 키즈센터 지원
25	117	탄자니아 부코바 국제신학교 비전센터
26	121	통일선교를 위한 마을공장교회
27	122	특수아동을 위한 응급교회
28	127	한국교회 순교자 유가족 치유센터 운영
29	128	한국기독교 미디어센터 '리틀 송' 제안
30	130	하빛 글로리월드미션스쿨 지원
31	133	신자유주의 시대 종교공간의 재구성과 한국사회의 변동 연구프로젝트

다. 사회

〈표15〉 지원 대상-사회 : 53건

No	품번	품명 및 지원 대상 사회 내용
1	9	교회에서 할 수 있는 대안교육에 대한 제안(서울장신대 스터디 새부대)
2	10	국내 아프리카 이주민 선교(동두천)
3	11	굿워크-사랑하는 사회 만들기 청년창업-
4	12	굿플-청년 일자리 아이디어-
5	14	기독교 문화 전용극장(365일 극장운영)
6	15	기독교 사회혁신 컴퍼니 빌더
7	16	기독교 알림 포털 서비스
8	17	기독교 코칭센터와 MOU 체결 요청
9	18	기독교 문화 창작가 모임
10	19	기독교적 예술체험 전시
11	21	꽃피는 신상마을 게스트하우스
12	23	노숙인 자립을 위한 양봉교육사업
13	24	노인선교와 미자립교회 전도 협력지원
14	27	다음세대 교육지도자를 위한 드림컨설턴트
15	31	동네아동돌봄센터
16	32	드림공장 프로젝트
17	34	마을목회 프로젝트
18	39	미래교육의 새 패러다임 5차원 전면교육 기획안
19	41	박두진 시인 전집 출판
20	43	보나광덕공동체
21	45	부산해양선교회 지원
22	46	북한이탈주민사랑 협의회 재정 지원
23	47	북한이탈청소년을 위한 여명학교 교사 신축 지원
24	48	사회복지방송 SNTV 사업지원
25	49	산간 오지 등에 교회와 연계한 작은 도서관 건립
26	51	생명존중 및 죽음연구소
27	54	세계기독교 박물관 건축비 지원
28	57	숲속 오케스트라 창단 악기 구매 지원
29	58	쉐어 하우스(1인 가구용)
30	60	실버크로스 사역지원
31	63	안동도양교회 지역주민 문화활동 지원 시설 요청

32	69	영화 사이버교회
33	70	예아스 문화선교단 예체능대안학교 설립지원
34	76	원산봉수 서울선교센터
35	79	이안노바 예술융합 대안학교
36	80	이주민 세계선교센터 건립 지원
37	81	이주민선교를 위한 한국어 도우미 양성
38	86	장대현 대안학교 활용을 통한 통일사역자 양성 공모안
39	88	장애학생을 위한 마을형 학교
40	93	전인치유센터 설립 제언
41	94	제3세대 예수장이 마을 건립 프로젝트
42	97	제주 북촌리지역 아동센터와 도서관
43	98	조울증 환자를 위한 조우네 마음약국
44	103	지역행복지원센터 조직 운영 제안(기독교 NGO단체) 프로젝트
45	105	질그랭이 문화예술학교 운영
46	109	창작 그림책 출판 보급 지원
47	111	청년회복(부채 탕감) 프로젝트
48	112	청소년 자원봉사자학교
49	115	코젠플러스 지역에너지 사업 투자 요청
50	120	탈북 새터민 청소년 비전센터
51	124	편부모 지원 프로그램
52	125	필리핀 시니어 기술고등학교 설립
53	129	한벗교회 예사랑공동체 지원

Ⅲ. 선정 및 결론

　본 장에서는 수서교회 비전위원회가 공모작을 어떤 심사 기준과 선정 과정에 의해 최종 선발 했는가를 밝히고, 향후 보완 사항과 개선 방향을 다룬 후에 발전적 제언으로 마무리 하고자 한다.

1. 심사 기준과 선정 과정

　비전위원회가 제시한 심사 기준은 크게 네 가지였다. 첫째 공공성을 유지할 수 있으며 그것을 입증할 수 있는가? 둘째 지원 후 자체적으로 유지 보전될 수 있는가? 셋째 교회가 세상을 섬기는 모델이 될 수 있는가? 넷째 비전이 뚜렷하며 실효성이 있는가? 위의 4가지 기준에 맞게 선별하기 위해 6가지에 해당되는 경우를 탈락시켰다. 첫째 구체적인 사업 내용이 없는 공모작, 둘째 현재 진행하고 있는 사업의 비용을 요청하는 공모작, 셋째 공모전의 예산 규모에 맞지 않는 공모작, 넷째 사적 영역의 공모작, 다섯 째 개교회의 건축에 대한 공모작, 여섯째 예산 계획과 진행 계획이 구체적이지 않는 경우이다. 여기에 해당 되는 공모작은 제외하고 36건을 선택하였다. 그 중에서 연구 프로젝트에 해당되는 9건은 배제하고, 27건(표16)을 심사 후보작으로 확정하였다. 27건 중 프로젝트 사업은 8건, 건물 설립은 13건, 컨텐츠 제작은 6건이었다.

〈표16〉 1차 심사 후보작 : 27건

분야	건수	편번
프로젝트 사업	8건	13, 25, 28, 34, 83, 111, 121, 134
건물 설립	13건	10, 12, 32, 44, 47, 48, 55, 66, 95, 97, 113, 125, 128
컨텐츠 제작	6건	18, 39, 53, 73, 74, 98,

비전위원회는 27건의 후보작 중 무형자산은 존속에 대한 판단이 어려우므로 존속 여부를 판단할 수 있는 유형 자산을 지원하는 것으로 결정하였다. 또한 프로젝트 사업도 존속이 담보되지 않으니 배제해야 하는 것은 아닌지 논의했지만 해당 프로젝트를 진행하는 주체인 단체가 존속된다는 것으로 보고 프로젝트 사업은 심사에 포함시키기로 하였다. 비전위원회는 위원회가 제시한 4가지 심사 기준에 따라 5건(표17)을 선정하였다.

〈표17〉 2차 심사 후보작 : 5건

No	품번	품명 및 공모 내용
1	25	농어촌교회를 위한 귀농귀촌인 소규모 삶터 조성
2	47	북한 이탈청소년을 위한 여명학교 교사 신축
3	95	제주 청소년 대안학교 설립을 위한 기금
4	97	제주 북촌리지역 아동센터와 도서관
5	113	총회 농촌선교센터 사업 지원

그러나 97번은 심사 과정에서 개인의 소유로 밝혀져 후보에서 제외하였다. 이후 4건의 후보작(25번, 47번, 95번, 113번)에 대해 프리젠테이션과 질의응답으로 3차 심사를 진행하였다. 비전위원회는 47번과 113번을 선택하였고, 두 후보작에 대한 보완자료를 받은 후에 최종 심사를 실시하였다. 위원회는 47번과 113번 후보작에 대한 최종 심의를 걸쳐 47번 공모작인 "북한 이탈청소년을 위한 여명학교 교사 신축"을 지원하기로 하였다. 113번인 "총회 농촌선교센터"의 취지와 중요성에 대해서는 모든 위원들이 가치 있게 생각하여 최종까지 검토하였지만 센터가 현재 제 기능을 하고 있다고 보기에는 어렵다고 판단하였다. 지원 후에 개입하지 않는다는 것이 원칙이었기 때문에 그냥 믿고 지원한다는 것은 합리적인 방안이 아니라고 판단하였다. 47번 북한이탈 청소년을 위한 여명학교는 2004년부터 탈북청소년들을 교육해온 대안교육기관으로 최근 학교를 새로 지어 이전할 계획을 갖고 있었다. 학교가 임대해 사용하고 있는 건물을 오는 2021년 2월까지 비워줘야 하기 때문이었다. 수서교회의 공모금액은 학교강당 마련에 사용될 예정이다. 학교건물이 4층으로 지어질 예정인데 그 중에 4층을 "Holy Seed Hall"이라 이름하고 주일에는 교회로 사용하고 주중에는 학교 목적에 맞는 강당으로 사용된다. 한편 여명학교 신축에는 총 100억 원이 들어갈 예정이다. 교회가 학교 건물 일부로 들어가는 것이 교회를 지어준다는 취지가 명확히 드러나지 않는 것 같지만 수서교회를 드러내는 것이 목적이 아니라 의미 있는 곳에 잘 사용되는 것이 목적이므로 탈북민 목회자가 개척할 수 있는 토대를 제공하고 통일 이후 북한 선교를 준비하는 장이 된다는 면에서 의미가 있다고 판단하여 47번을 지원하기로 결정하였다.

학교 측은 교회의 십일조를 받게 된 만큼 더 큰 책임감을 느낀다면서 교회와 함께 통일선교에 더욱 힘쓰겠다는 뜻을 밝혔다.

2. 보완 사항 및 개선 방향

이번 10억 공모전은 광범위한 영역의 참여를 견인하기 위해 공모신청에 대한 구체적인 지침을 제공하지 않았다. 그 결과 지원 유형도 운영지원, 건축지원, 운영과 건축지원 등으로 나뉘었고, 지원 비용도 10억부터 1억 미만까지로 분포되었다. 또한 지원 대상도 교회인지 사회인지 교회와 사회인지 명확한 규정이 없었다. 의도한 대로 여러 분야에서 다양한 응모작이 출품되었다는 차원에서는 긍정적인 면이 있었지만 공모지원에 대한 정확한 방침이 없다보니 순수한 아이디어 차원의 공모작에서부터 공모액을 훨씬 넘는 공모작까지 너무도 광범위한 작품들이 출품되었다. 심지어는 단순 투자 성격의 제안서도 있었다.

따라서 차후에는 다음과 같은 보완 및 개선이 있어야 할 것으로 생각한다. 첫째, "10억 원을 가장 가치 있게 사용할 방법"이나 "한국교회를 섬기고, 교회를 세우는 가치 있는 방법"이란 광의적 의미의 공모 문안보다 공모 주제를 좀 더 분명하게 제한하는 것이 좋겠다고 생각한다. 둘째, 공모작을 출품할 때 공통적이고 통일된 서류를 제출할 수 있도록 "공모지원서" 양식을 제공해야 하는 것이 좋겠다고 생각된다. 셋째, 그러나 이번 공모를 통해 막연한 희망만 가지고 있지 않고 그 뜻을 구체적으로 표현할 기회를 제공할 수 있는 기회를 주었다는 것, 그래서 많은 개인과 기관들이 그들이 하고 싶고 꿈꾸던 일을 구체적으로 논의하고 제시하여 그들이 목적한 일에 한층 더 가까이 다가 갈 수 있도록 기여했다는데 그 의의가 크다고 생각한다.

3. 발전적 제언

이번 10억 공모전은 수서교회 예배당 건축의 모든 과정이 전적으로 하나님의 은혜였다는 신앙고백의 차원에서 출발하였다. 교우들은 새로운 예배당을 지으면서 전적인 하나님의 은혜를 처음부터 끝까지 체험했을 뿐 아니라 매 순간순간 마다 고백하고 간증하였다. 받은 은혜를 어떻게 감사를 드릴까 하다가 마음의 표현이 십일조가 아닐까 하여 10억 공모전을 생각하게 되었다. 이번 공모전을 통해 나타난 '아끼고 아껴서 아낌없이 주자'는 수서교회의 마음이 마중물이 되어 한국교회에 제2, 제3의 공모전이 이어지기를 소망하며 아래와 같이 세 가지 발전적 제언을 하고자 한다.

첫째, 이번 수서교회 비전위원회가 134건 중 한 건인 "북한 이탈 청소년을 위한 여명학교 교사 신축"을 지원하기로 했지만 나머지 133건의 아이디어 모두가 한국교회가 필요로 하는 소망의 내용들이라고 할 수 있다. 이렇게 내용을 공개하는 것은 잠재해 있는 소망들이 수면 위로 노출되기를 바라는 마음이며, 일단 제출된 것들이 더 좋은 아이디어를 생각해내는 이정표가 되었으면 한다.

둘째, 공모작 한편 한편 모두가 참여자들의 고통과 인내의 산물이며 고민하고 기도하면서 만든 작품이었을 것이다. 그러므로 사장

되지 않고 다른 교회와 뜻있는 분들과 연결이 되었으면 하는 바램으로 이 평가와 분석을 내어 놓게 되었다. 앞으로도 수서교회는 이런 일을 지속할 계획이다.

셋째, 가장 아쉬웠던 점은 받을 수 있는 준비가 되어 있지 않는 곳이 너무 많다는 것이었다. 재정적인 지원을 해주면 잘 해보겠다는 의지의 표현보다는 지원이 없는 상태에서도 자기 사업을 성실하고 투명하게 지속적으로 운영한 과정이 나타나 있어야만 한다. 그럴 때 믿고 지원할 수 있는 것이다. 앞으로 이 부분의 보강이 이루어지길 기대하며 이 보고서를 마친다.

부록-공모작 134건 목록(가나다순)

품번	공모 작품명	지원유형	지원비용	지원대상
1	감악산 비전센터	건축	2억	교회+사회
2	개척 미자립목회자 성장훈련원 지원	운영	1억 미만	교회(목회자)
3	경북 신도청 신도시 교회 건축 지원	건축	10억	교회(평신도)
4	경증발달장애 기독대안학교	건축+운영	10억	교회+사회
5	고덕지구(평택) 종교부지 매입 지원	건축	10억	교회+사회
6	고려오페라단 활동 지원(함성 1919)	운영	1억 미만	교회+사회
7	교세자료조사 프로젝트(통합)	운영	2억원	교회(교단)
8	교회 간판 없는 교회를 위한 내부 리모델링 비용 지원(서울남노회 예전교회)	건축	10억 미만	교회+사회
9	교회에서 할 수 있는 대안교육에 대한 제안(서울장신대 스터디 새부대)	운영	1억 미만	사회
10	국내 아프리카 이주민 선교(동두천)	건축	10억 규모	사회(이주민)
11	굿워크-사랑하는 사회 만들기 청년창업-	운영	1억 미만	사회(청년)
12	굿플-청년 일자리 아이디어-	건축+운영	10억 규모	사회(청년)
13	귀농 귀촌하는 그리스도인들의 정착을 돕는 사업(부지구입비)	운영	1억 이상	교회
14	기독교 문화 전용극장(365일 극장운영)	건축	10억 규모	사회
15	기독교 사회혁신 컴퍼니 빌더	건축+운영	5억	사회
16	기독교 알림 포털 서비스	운영	1억 미만	사회
17	기독교 코칭센터와 MOU 체결 요청	운영	1억 미만	사회
18	기독교 문화 창작가 모임	운영	1억 미만	사회
19	기독교적 예술체험 전시	운영	1억 미만	사회
20	기독문화센터 지원 요청	건축	10억 미만	교회+사회
21	꽃피는 신상마을 게스트하우스	건축	10억 미만	사회
22	내포(충남)신도시 교회 세우기 지원	건축	10억 규모	교회
23	노숙인 자립을 위한 양봉교육사업	운영	1천만 원	사회
24	노인선교와 미자립교회 전도 협력지원	운영	1억 미만	사회
25	농어촌 교회를 위한 귀농귀촌인 소규모 삶터 조성	운영	3억원	교회+사회
26	농어촌 미자립교회 달력보내기	운영	1천만 원	교회+사회
27	다음세대 교육지도자를 위한 드림컨설턴트	운영	6억원	사회
28	대구경북지역 농촌교회 목회자 중심 마을목회 준비학교 설립지원	운영	2억원	교회(목회자)

품번	공모 작품명	지원유형	지원비용	지원대상
29	도시와 농촌 동시 교회 개척	운영	10억	교회
30	도전성경 100구절 암송 프로젝트	운영	아이디어	교회(평신도)
31	동네아동돌봄센터	운영	6천만원	사회
32	드림공장 프로젝트	건축	1억 미만	사회
33	르호봇 쉼터 건축지원	건축	6억 7천 5백만원	교회(목회자)
34	마을목회 프로젝트	운영	4억원	사회
35	만주를 중심으로 한 한글성경 번역에 관한 연구	운영	아이디어	교회
36	목회자를 위한 전문 심리상담 및 치유사업	운영	2억 7천2백만원	교회(목회자)
37	목회통계서비스 제안서	운영	3억 8백만원	교회(목회자)
38	문경 새소망교회 건축비 지원	건축	3억 3천4백만원	교회
39	미래교육의 새 패러다임 5차원 전면교육 기획안	운영	5억원	사회
40	바나나를 통한 선교지 자립 사업	운영	1억 미만	교회(목회자)
41	박두진 시인 전집 출판	운영	1억 미만	사회
42	밥 먹는 공동체(전북 내주교회)	운영	1억 미만	교회
43	보나광덕공동체	건축	10억 규모	사회
44	봉화척곡교회 사택과 문화재 관리사무실 건축 지원	건축	10억 규모	교회+사회
45	부산해양선교회 지원	운영	1억 미만	사회(외국선원)
46	북한이탈주민사랑 협의회 재정 지원	운영	9천만원	사회
47	북한이탈청소년을 위한 여명학교 교사 신축 지원	건축	10억	사회
48	사회복지방송 SNTV 사업지원	건축	2억원	사회
49	산간 오지 등에 교회와 연계한 작은 도서관 건립	건축	10억 규모	사회
50	삼척열린교회 예배당 매입 지원	운영	10억 미만	교회+사회
51	생명존중 및 죽음연구소	운영	1억	사회
52	성인 교구개혁과 이를 위한 매뉴얼과 커리큘럼 제작	운영	1억 1330만원	교회
53	성탄특집 다큐멘터리 영화제작 '부활'	운영	3억원	교회+사회
54	세계기독교 박물관 건축비 지원	건축	10억	사회
55	세종크리스천 커뮤니티 센터 건립	건축	10억	교회+사회
56	소외된 목회자 찾아가기 '유튜브 토크쇼'	운영	아이디어	교회(목회자)
57	숲속 오케스트라 창단 악기 구매 지원	운영	7백만원	사회

품번	공모 작품명	지원유형	지원비용	지원대상
58	쉐어 하우스(1인 가구용)	운영	5억원	사회
59	시흥주왕교회 재정지원	운영	1억 미만	교회
60	실버크로스 사역지원	운영	10억	사회
61	아세아연합신학대학교 기숙사 건축비 지원	건축	65억 중 10억	교회(신학교)
62	아프리카 복음선교회 탄자니아 교회, 병원, 학교, 지원 요청	건축	10억 규모	교회+사회
63	안동도양교회 지역주민 문화활동 지원 시설 요청	건축	10억 규모	사회
64	안양아멘교회 재정지원 요청	운영	1억 규모	교회(목회자)
65	엠마우스 영성훈련 프로젝트	운영	1억 미만	교회
66	열린 훈련센터 건립	건축	10억 규모	교회+사회
67	열방제자교회 리모델링과 난민센터 지원	건축+운영	6억 7천만원	교회+사회
68	영월 영락교회 건축 지원	건축	10억원	교회
69	영화 사이버교회	운영	1억 미만	교회
70	예아스 문화선교단 예체능대안학교 설립지원	운영	1억 미만	사회
71	예인교회 건축비 일부 지원	건축	10억	교회
72	예천 상락교회 팬션형 숙소 건물 지원	건축	10억 규모	교회+사회
73	온라인 컨텐츠 개발보급 사업(교회친구)	운영	3억원	교회+사회
74	올마이티 바이블 웹툰 제작보급 지원	운영	10억 규모	교회
75	울릉도 선교100주년 기념관 건립 지원	건축	10억	교회+사회
76	원산봉수 서울선교센터	건축+운영	10억	사회
77	유튜브 스튜디오	운영	1억 6천 8백만원	교회(목회자)
78	육아우울증과 다문화 섬김 사회적 기업을 위한 교회 건축 일부 지원	건축	4억 5천만원	교회+사회
79	이안노바 예술융합 대안학교	운영	10억 미만	사회
80	이주민 세계선교센터 건립 지원	건축	6억3천만원	사회
81	이주민선교를 위한 한국어 도우미 양성	운영	2억5천만원	사회
82	자비량 목회를 위한 제빵 목공학교 지원	건축	4억원	교회(목회자)
83	자비량목회 지원(휴게소 스팀세차 설치)	운영	1억 미만	교회(목회자)
84	작은교회 목회자 교육프로그램	운영	1억 미만	교회(목회자)
85	작은교회 활성화 캠페인 사업	운영	1억 미만	교회
86	장대현 대안학교 활용을 통한 통일사역자 양성 공모안	운영	1억 미만	사회

품번	공모 작품명	지원유형	지원비용	지원대상
87	장애인 교역자 양성	운영	아이디어	교회
88	장애학생을 위한 마을형 학교	운영	아이디어	사회
89	재단법인 설립과 총회 주관의 회사 설립	운영	아이디어	교회
90	전국목회자 의료 후원	운영	아이디어	교회(목회자)
91	전남대 글로벌기독센터 건립 운영	건축	10억	교회+사회
92	전세대 통합교육 유바디 프로젝트	운영	1억 미만	교회(평신도)
93	전인치유센터 설립 제언	운영	아이디어	사회
94	제3세대 예수장이 마을 건립 프로젝트	건축+운영	10억	사회
95	제주 청소년 대안학교 설립을 위한 기금 요청	건축	10억 규모	교회+사회
96	제주도 성시화운동 지원	운영	10억 규모	교회+사회
97	제주 북촌리지역 아동센터와 도서관	건축	1억 4천만원	사회
98	조울증 환자를 위한 조우네 마음약국	운영	5천만원	사회
99	존 로스 하우스 건립 지원	운영	1억 미만	교회
100	준비된 목회자 자립 지원	운영	아이디어	교회(목회자)
101	지리산선교유적지보존과 선교사 역사발굴	운영	10억 규모	교회(목회자)
102	지역교회 지역사회 발전위원회 운영	운영	6억	교회+사회
103	지역행복지원센터 조직 운영 제안(기독교 NGO단체) 프로젝트	운영	10억 규모	사회
104	진주노회 자립 프로젝트	운영	5억	교회(목회자)
105	질그랭이 문화예술학교 운영	운영	5억원	사회
106	집단지성기반의 사역콘텐츠 위즈덤 운영	운영	1억4백만원	교회
107	차세대 신앙교육을 위한 아동교리 문답 앱 개발	운영	아이디어	교회
108	참전상이군경을 위한 예배처와 돌봄을 위한 지원	운영	1억 규모	교회
109	창작 그림책 출판 보급 지원	운영	10억원	사회
110	철원 월촌교회 교육관 건축비 지원	건축	1억원	교회
111	청년회복(부채 탕감) 프로젝트	운영	10억 규모	사회
112	청소년 자원봉사자학교	운영	1억 미만	사회
113	총회 농촌선교센터 사업 지원 요청	건축	10억 규모	교회
114	추방 및 비자거부 선교사를 위한 멤버케어 시스템 구축	운영	5억 규모	교회(목회자)
115	코젠플러스 지역에너지 사업 투자 요청	운영	10억	사회
116	크리스천 키즈센터 지인	운영	1억 미만	교회+사회

품번	공모 작품명	지원유형	지원비용	지원대상
117	탄자니아 부코바 국제신학교 비전센터	건축	10억	교회+사회
118	탈북민 국제 성경 통독 학교 건축	건축	4억원	교회
119	탈북민을 위한 생명창대교회 지원	운영	1억 미만	교회
120	탈북 새터민 청소년 비전센터	건축	10억 규모	사회
121	통일선교를 위한 마을공장교회	운영	1억 2250만원	교회+사회
122	특수아동을 위한 응급교회	운영	10억 규모	교회+사회
123	패러다임 전환을 위한 교회진단도구개발	운영	4850만원	교회(목회자)
124	편부모 지원 프로그램	운영	아이디어	사회
125	필리핀 시니어 기술고등학교 설립	건축	10억 규모	사회
126	한국교회 명절 가정예배 지원 프로젝트	운영	3700만원	교회
127	한국교회 순교자 유가족 치유센터 운영	운영	2억원	교회+사회
128	한국기독교 미디어센터 '리틀 송' 제안	건축	3억 규모	교회+사회
129	한벗교회 예사랑공동체 지원	운영	6800만원	사회
130	한빛 글로리월드미션스쿨 지원	건축+운영	10억 규모	교회+사회
131	헌금 사용에 대한 다양한 방향성 제시	운영	아이디어	교회
132	15개 국어로 번역된 전도지 제작	운영	1억 미만	교회
133	21세기 신자유주의 시대 종교공간의 재구성과 한국사회의 변동 연구프로젝트	운영	3억 규모	교회+사회
134	CARE(케어) 프로젝트 제안서	운영	4300만원	교회

※ 응모해 준 모든 분께 감사드리며 이 제안들이 하나님의 은혜 가운데 꼭 이루어지길 기도합니다.

부 · 록

- ◆ 1~6차 죽음세미나 광고
- ◆ 1~3차 죽음워크북세미나 광고
- ◆ 제1회~3회 논문현상공모 광고
- ◆ 10억/1억 공모전 광고
- ◆ 수서문화재단 & 이폴연구소 소개

1차 죽음세미나

- **날짜** : 2017년 11월 14일, 21일, 28일(화)
  오전 10시 ~ 오후 4시 30분
- **장소** : 수서교회(강남구 수서동 592)
- **대상** : 목회자 및 모든 성도들, 죽음에 관심이 있는 분들
- **회비** : 사전등록 5만원(당일 6만원/교재・식사제공)
- **사전등록일** : 11월 7일까지
- **계좌번호** : 농협 356-0672-7362-73 (이승연)
- **문의** : 이승연 팀장(☎ 010-5252-4798 epolsuso@gmail.com)
- **주최** : 수서문화재단 부설 EPOL(eternal perspective of life)연구소

날짜	죽음 바라보기 11.14(화)	죽음 느끼기 11.21(화)	죽음 풀어내기 11.28(화)
10:00-10:30	인사 및 오리엔테이션	움직임을 통한 소통 김상만 목사 (예술심리치료 전문강사)	상실과 미술치료 김상만 목사 (예술심리치료 전문강사)
10:30-12:30	영화를 통한 죽음만나기 윤상철 목사 (쉼힐링센터장)	연명법과 병원에서의 죽음 이해 장경희 연구원 (웰다잉융합 연구센터)	기독교 죽음의 이해 황명환 목사 (수서교회)
12:30-13:30	점심식사	점심식사	점심식사
13:30-15:00	왜 죽음을 알아야 하는가? 이승연 팀장 (EPOL연구소)	임종환자 어떻게 돌볼 것인가? 박남규 목사 (한국교회 호스피스 회장)	임종체험 진영훈 목사 (죽음・장례목회 전문강사)
15:00-16:30	나는 어떻게 기억되길 원하는가? 박재연 강사 (한국웰다잉교육원)	죽음의 신체적 과정이해 김문실 교수 (이대 명예교수)	죽음에 대한 Q & A 황명환 목사 외 강사

※ 세미나 이후 교회 5층 카페에서 자유로운 만남의 시간을 가지실 수 있습니다.(커피 제공)

2차 죽음세미나

- **날짜** : 2018년 3월 12일, 19일, 26일(월)
  오전 10시 ~ 오후 4시 30분
- **장소** : 수서교회(강남구 수서동 592)
- **대상** : 죽음에 관심이 있는 분들
- **회비** : 사전등록 5만원(당일 6만원/교재・식사제공)
- **사전등록일** : 3월 5일까지
- **계좌번호** : 농협 356-0672-7362-73 (이승연)
- **문의** : 이승연 팀장(☎ 010-5252-4798 epolsuso@gmail.com)
- **주최** : 수서문화재단 부설 EPOL(eternal perspective of life)연구소

날짜	죽음 바라보기 3.12(월)	죽음 느끼기 3.19(월)	죽음 풀어내기 3.26(월)
10:00-13:00	무신론적 죽음이해 황명환 목사 (이폴연구소장)	범신론적 죽음이해 황명환 목사 (이폴연구소장)	유신론적 & 기독교적 죽음이해 황명환 목사 (이폴연구소장)
	버킷리스트와 미술치료 김상만 목사 (예술심리치료 전문강사)	상속과 유언 전재중 변호사 (소명 대표)	호스피스의 이해 황애란 교수 (연세암병원 완화의료센터)
13:00-14:00	점심식사	점심식사	점심식사
14:00-16:30	한국인의 죽음이해 정상기 교수 (웰다잉 전문강사)	남은자의 돌봄 윤상철 목사 (쉼힐링센터장)	춤 테라피 김애자 목사 (춤테라피 전문강사)
	질의 & 응답 진행 : 이승연 팀장	질의 & 응답 진행 : 이승연 팀장	나의 죽음관 발표 이승연 팀장 (이폴연구소)

※ 세미나 이후 교회 5층 카페에서 자유로운 만남의 시간을 가지실 수 있습니다.(커피 제공)

3차 죽음세미나
- 죽음논문공모 당선자 시상 및 논문발표 -

- **날짜** : 2018년 11월 19일(월) 오전 10시 ~ 오후 3시 30분
- **장소** : 수서교회(강남구 수서동 592)
- **대상** : 죽음에 관심이 있는 분들
- **회비** : 사전등록 2만원(당일 3만원/교재·식사제공)
- **사전등록일** : 11월 17일(토)까지
- **계좌번호** : 농협 356-0672-7362-73 (이승연)
- **문의** : 이승연 팀장(☎ 010-5252-4798 epolsuso@gmail.com)
- **주최** : 수서문화재단 부설 EPOL(eternal perspective of life)연구소

- **심사위원장** : 황명환(이폴연구소장)
- **심사위원** : 곽혜원(21세기 교회와 신학포럼 대표), 노영상(백석대 교수)
  유영권(연세대 교수), 정종훈(연세대 교수)
- **최우수상(200만원)** : 최성수 "생명과 죽음의 통합과 상호효과"
- **우 수 상(100만원)** : 이정희 "하나님의 형상, 인간의 영혼과 죽음의 문제"
- **장 려 상 (50만원)** : 심수빈 "포스트휴먼 시대의 죽음에 대한 신학적 고찰"
  윤상철 "기독교인은 죽음문제를 어떻게 극복할 것인가"

시간	일정
10:00-10:15	개회예배(찬송 435장) & 논문공모 당선자 시상
10:15-10:45	강연제목: 과학은 죽음을 극복할 수 있는가? -기독교 죽음이해를 중심으로- 강사: 황명환 소장
10:45-11:00	코이노니아 & 다과
11:00-12:30	시상자 논문발표 & 논찬 발표1: 최성수 / 발표2: 윤상철 논찬: 노영상 교수
12:30-13:30	점심식사(교회 옆 건물 2층 행복한국수집)
13:30-15:00	시상자 논문발표 & 논찬 발표3: 이정희 / 발표4: 심수빈 논찬: 곽혜원 교수
15:00-15:30	질의 & 응답 / 단체 사진 촬영

※ 세미나 이후 교회 5층 카페에서 만남의 시간을 가지실 수 있습니다.(커피 제공)

4차 죽음세미나

- 날짜 : 2019년 3월 18(월), 19(화) 오전 10시 ~ 오후 4시 30분
- 장소 : 수서교회(강남구 수서동 592)
- 대상 : 죽음에 관심이 있는 분들
- 회비 : 사전등록 4만원(당일 5만원/교재・식사제공)
- 사전등록일 : 3월 13일까지
- 계좌번호 : 농협 356-0672-7362-73 (이승연)
- 문의 : 이승연 팀장(☎ 010-5252-4798 epolsuso@gmail.com)
- 주최 : 수서문화재단 부설 EPOL(eternal perspective of life)연구소

날짜	3.18(월)	3.19(화)
10:00-13:00 (3H)	**뉴에이지 죽음이해** 황명환 소장 (이폴연구소)	**기독교 죽음이해** 황명환 소장 (이폴연구소)
	주제 강연에 따른 **소그룹 워크숍1** 김상만 목사 (상담코칭 전문강사)	주제 강연에 따른 **소그룹 워크숍2** 김상만 목사 (상담코칭 전문강사)
13:00-14:00	점심식사	점심식사
14:00-16:30 (2H 30')	**춤과 치유** 김현진 센터장 (살래 표현예술치유센터)	**영화로 본 죽음이해** 백광훈 원장 (문화선교연구원)
	백세시대 심리학 이상억 교수 (장신대 목회상담학)	**죽음과 집단치유** 윤상철 목사 (쉼힐링센터장)

※ 세미나 이후 교회 5층 카페에서 자유로운 만남의 시간을 가지실 수 있습니다.(커피 제공)

5차 죽음세미나

◆ 일시 : 2019년 10월 28(월) ~ 29(화) 10:00 ~ 16:30
◆ 장소 : 수서교회 1예배실(B1F)
◆ 주최 : 수서문화재단 부설 EPOL(eternal perspective of life) 연구소

시 간	10.28(월)	10.29(화)
10:00~10:15	인사 및 개회기도	2회 죽음논문공모전 당선자 시상 10:00~10:30
10:15~11:15 (60분)	우리는 왜 죽음을 두려워하는가? 황명환 박사 (이폴연구소장)	논문발표1 (장려상 심영보) 죽음의 미학 - 죽음은 예술이다 - 10:30 ~ 11:15
11:15~11:30	Break Time 15분	Break Time 15분
11:30~13:00 (90분)	죽음을 앞둔 가족과의 대화 김도봉 박사 (샘병원 전인치유교육원 고문, 한국호스피스협회 사무총장)	논문발표2 (우수상 최성수) 죽음을 두려워할 이유와 두려워하지 않을 이유 11:15~12:00 '죽음인문학' '죽음인문학 워크북' 죽음교재 발간 총론 황명환 박사(이폴연구소장)
13:00~14:00 (60분)	봉평막국수 매생이굴국밥, 불고기뚝배기	행복한 잔치국수 황태국밥, 청국장, 반계탕
14:00~15:20 (80분)	환자들의 영적 돌봄 최형철 목사 (세브란스병원 원목)	논문발표3 (최우수상 박인조) 불멸을 통한 죽음의 두려움 극복에 대한 비판적 고찰 14:00~14:50 논찬1 : 곽혜원 교수 (21세기 교회와 신학포럼 대표) 14:50~15:20
15:20~15:30	Break Time 10분	Break Time 10분
15:30~16:30 (60분)	주제 강연에 따른 **소그룹 워크숍** 김상만 박사 (연세대 상담코칭학)	논찬2 : 곽혜원 교수 (21세기 교회와 신학포럼 대표) 15:30~16:00 질의 & 응답 이승연 팀장 (이폴연구소)

교회 5층 카페에서 자유로운 만남의 시간을 가지실 수 있습니다. (커피 제공)

※ 진행시간과 일정은 여러 사항에 따라 다소 변경 가능합니다.

6차 죽음세미나

제3회 죽음논문공모 당선자 시상 및 논문발표

◆ **일 시** : 2020년 10월 20(화) 10:00 ~15:30
◆ **장 소** : 수서교회 1예배실(B1F)
◆ **대 상** : 시상자 & 관계자만
◆ **문 의** : 이승연 팀장 (010-5252-4798/epolsuso@gmail.com)
◆ **주 최** : 수서문화재단 부설 EPOL(eternal perspective of life) 연구소

시 간	10.20(화)
10:00~10:20 (20분)	**개회인사** **3회 죽음논문공모 당선자 시상**
10:20~11:00 (40분)	**장려상 : 박인조 목사** 기독교 교육과정에 따른 신앙교육으로서의 죽음교육
	Break Time
11:20~12:00 (40분)	**장려상 : 이숙희 목사** 인간의 유한성과 죽음교육
12:00~13:00 (60분)	점심식사
13:00~13:40 (40분)	**우수상 : 박미경 목사** 죽음교육을 실천하는 교회의 교육목회 커리큘럼
13:40~14:30 (50분)	**최우수상 : 김영효 목사** 공적신앙을 위한 죽음준비교육
	Break Time
14:50~15:30 (40분)	**심사총평** 심사위원장 황명환 목사

교회 5층 카페에서 자유로운 만남의 시간을 가지실 수 있습니다.(커피 제공)

※ 진행시간과 일정은 여러 사항에 따라 다소 변경 가능합니다.

《죽음 인문학》 저자인 황명환 목사와 함께하는

죽음 워크북 세미나

죽음과 삶을 이해하는 12가지 이야기를 통해
목적과 방향이 담긴 삶을 살 수 있습니다
장년 교육, 노인대학, 호스피스, 죽음 관련 교육 담당 교역자 등
기독교적 죽음에 관심이 있는 모든 분들을 환영합니다

일시

1차 죽음 워크북 세미나
2019. 11. 26(화)
오전 10시~오후 4시

2차 죽음 워크북 세미나
2019. 12. 3(화)
오전 10시~오후 4시

장소　　수서교회
사전등록　2만 원(워크북, 식사 포함)
현장등록　3만 원(워크북, 식사 포함)
문의　　010-5252-4798(이승연 팀장), epolsuso@gmail.com
계좌번호　농협 356-0672-7362-73(이승연)
안내　　수서교회 홈페이지(susoch.com)
주최　　수서문화재단 부설 EPOL(Eternal Perspective Of Life) 연구소

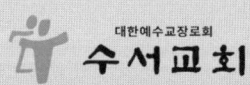

《죽음 인문학》 저자인 황명환 목사와 함께하는

죽음 워크북 세미나

하나님의 은혜와 목회자분들의 성원에 힘입어
1·2차 죽음 워크북 세미나가
풍성하고 의미 있게 치러졌습니다.
이후 많은 분들의 간절한 요청이 있어
3차 세미나를 추가 진행키로 하였습니다.
많은 분들이 참여하셔서
기독교적 죽음에 관한 깊고도 명쾌한 지혜와
지식을 얻어 가시길 바라며, 정중히 초청합니다.

일시   3차 **죽음 워크북 세미나**
2020. 1. 21.(화) 오전 10시~오후 5시

대상   목회자, 사역자, 장년 교육, 노인대학, 호스피스, 죽음 관련 교육 담당자,
기독교적 죽음과 삶에 관심이 있는 모든 평신도

장소 수서교회	**문의** 010-5252-4798(이승연 팀장), epolsuso@gmail.com
사전등록 3만원(워크북, 식사 포함)	**안내** 수서교회 홈페이지(susoch.com)
현장등록 4만원(워크북, 식사 포함)	**주최** 수서문화재단 부설 EPOL(Eternal Perspective Of Life) 연구소
계좌번호 농협 356-0672-7362-73(이승연)	

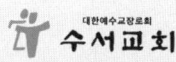

제1회 이폴연구소 논문공모

수서문화재단 부설 이폴연구소(Eternal Perspective of Life)에서는 죽음 관련 연구와 논문 발표의 장을 마련하여 죽음에 대한 관심과 연구 풍토를 고취하고, 축적된 연구결과가 사회 전반에 유익이 되게 하기 위하여 아래와 같이 논문 공모를 실시하오니 많은 참여 바랍니다.

1. **대상** : 죽음에 관심 있는 누구나
2. **주제** : 과학은 죽음을 극복할 수 있는가? (제목은 자유)
3. **분량** : A4 20매 내외
4. **규정** : 학술지, 잡지, 저서 등에 게재되지 않은 논문으로 연구자윤리 규정을 준수
    (위항에 의거한 학위 논문을 분량에 맞춰 제출 가능)
5. **기준** : 수서교회 홈페이지(www.susoch.com)
    수서문화재단 내 게시글
6. **접수** : **2018년 10월 15일(월)까지** E-mail 접수
    E-mail : epolsuso@gmail.com
7. **발표** : 2018년 11월 5일 수서교회 홈페이지 발표 및 개별통지
8. **심사위원** : 황명환(이폴연구소장), 유영권(연세대), 정종훈(연세대)
    곽혜원(21세기 교회와 신학포럼 대표), 노영상(백석대)
9. **시상** : 11월 19일(월) 논문발표 및 시상
    - 최우수상 1명 (상금 200만원)
    - 우수상 1명 (상금 100만원)
    - 장려상 2명 (상금 각 50만원)
10. **특전** : 시상자 논문을 책자로 발간
11. **문의** : 이폴연구소 이승연 팀장(010-5252-4798)

수서문화재단 부설 이폴연구소
소장 : 황명환 목사

제2회 이폴연구소 논문공모

수서문화재단 부설 이폴연구소(Eternal Perspective of Life)에서는 죽음 관련 연구와 논문 발표의 장을 마련하여 죽음에 대한 관심과 연구 풍토를 고취하고, 축적된 연구결과가 사회 전반에 유익이 되게 하기 위하여 아래와 같이 논문 공모를 실시하오니 많은 참여 바랍니다.

1. **주제** : 우리는 왜 죽음을 두려워 하는가? (제목은 자유)
2. **대상** : 죽음에 관심 있는 누구나
3. **분량** : A4 20매 내외
4. **규정** : 학술지, 잡지, 저서 등에 게재되지 않은 논문으로 연구자윤리 규정을 준수
   (위항에 의거한 학위 논문을 분량에 맞춰 제출 가능)
5. **기준** : 수서교회 홈페이지(www.susoch.com)
   수서문화재단 내 게시글
6. **접수** : **2019. 10월 10일(목)까지** E-mail 접수
   E-mail : epolsuso@gmail.com
7. **발표** : 2019년 10월 21일 수서교회 홈페이지 발표 및 개별통지
8. **심사위원** : 곽혜원(21세기 교회와 신학포럼 대표), 노영상(백석대),
   유영권(연세대), 정종훈(연세대), 황명환(이폴연구소장)
9. **시상** : 2019년 10월 28일(월) 논문발표 및 시상
   - 최우수상 1명 (상금 200만원)
   - 우수상 1명 (상금 100만원)
   - 장려상 2명 (상금 각 50만원)
10. **특전** : 시상자 논문을 책자로 발간
11. **문의** : 이폴연구소 이승연 팀장(010-5252-4798)

수서문화재단 부설 이폴연구소
소장 : 황명환 목사

제3회 이폴연구소 논문공모

수서문화재단 부설 이폴연구소(Eternal Perspective of Life)에서는 죽음 관련 연구와 논문 발표의 장을 마련하여 죽음에 대한 관심과 연구 풍토를 고취하고, 축적된 연구결과가 사회 전반에 유익이 되게 하기 위하여 아래와 같이 논문 공모를 실시하오니 많은 참여 바랍니다.

1. **주제** : 죽음교육의 필요성과 그 방법에 관하여 (제목은 자유)
2. **대상** : 죽음에 관심 있는 누구나
3. **분량** : A4 20매 내외
4. **규정** : 학술지, 잡지, 저서 등에 게재되지 않은 논문으로 연구자윤리 규정을 준수
   (위항에 의거한 학위 논문을 분량에 맞춰 제출 가능)
5. **기준** : 수서교회 홈페이지(www.susoch.com)
   수서문화재단 내 게시글
6. **접수** : 2020. 9월 19일(토)까지 E-mail 접수
   E-mail : epolsuso@gmail.com
7. **발표** : 2020년 10월 12일(월) 수서교회 홈페이지 발표 및 개별통지
8. **심사위원** : 곽혜원(21세기 교회와 신학포럼 대표), 노영상(백석대),
   유영권(연세대), 정종훈(연세대), 황명환(이폴연구소장)
9. **시상** : 2020년 10월 20일(화) 논문발표 및 시상
   - 최우수상 1명 (상금 200만원)
   - 우수상 1명 (상금 100만원)
   - 장려상 2명 (상금 각 50만원)
10. **특전** : 시상자 논문을 책자로 발간
11. **문의** : 이폴연구소 이승연 팀장(010-5252-4798)

수서문화재단 부설 이폴연구소
소장 : 황명환 목사

한국교회 발전을 위한 아이디어 공모전

2018. 12. 8.(토) ~ 2019. 2. 28.(목)

이 헌금을 꼭 필요한 곳에 적절히 사용할 방법은?

"우리 교회가 한국교회와 사회를 위해 어떻게 섬길 수 있을 것인가?"
"이 헌금을 꼭 필요한 곳에 적절히 사용할 방법은 무엇인가?"

수서교회는 2018년 7월 1일(주일) 봉헌예배를 드리며,
교회 건축비(약 100억)의 십일조(10억)에 해당하는 금액을 한국교회를 위하여
의미 있게 사용하기를 결의하고, 비전위원회를 구성했습니다.

수서교회는 이전에도 교회의 건축 및 토지 구입 시 비용의 십일조에 해당하는
금액을 선교 및 교회를 세우는데 사용했습니다. 2004년 중국 오상시 흥광교회,
2008년 캄보디아 쁘레익슬라잉 교회를 건축했습니다.
이번 공모전은 기존의 패러다임을 넘어서
한국교회에 새로운 모델을 제시하는데 그 목적이 있습니다.

공모를 통한 결과물을 통해 한국교회와 사회를 섬기는 방법에 대한 모델이
제시되고, 그 모델은 자체적으로 유지 보전될 수 있는 시스템을 포함해야 합니다.
이 결과물은 특정 교회나 단체에 예속되지 않는 공공적인 시스템으로
운영될 수 있도록 하는 목적이 있습니다. 일회성 이벤트보다는 지속적으로
진행될 수 있고, 재생산이 가능한 모델을 제시하고자 하는데 의의가 있습니다.
이 모델을 통해서 한국교회가 관심을 가지고,
함께 행동할 수 있는 방향을 제시할 수 있기를 기대합니다.

※ 자세한 내용은
수서교회 홈페이지
(www.susoch.com) 참조

| 주관 | 수서교회 비전위원회

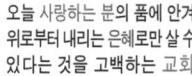

오늘 사랑하는 분의 품에 안겨
위로부터 내리는 은혜로만 살 수
있다는 것을 고백하는 교회

한국 자립대상교회 자립을 위한 1억 지원, 수익사업 공모

건강한 교회로의 미래자립을 위한 맞춤형 수익사업을 발굴지원하여 지속가능한
복음사역의 선순환 구조를 마련하고 한국교회의 생태계 복원을 위해 다음과 같이 공모합니다.

1. 공모 개요

- **공모목적** : 자립대상교회의 자립을 위한 수익사업 발굴지원
- **참여대상** : 대한예수교장로회(통합) 소속 자립대상교회
- **공모분야** : 교회(목회자)가 주도하는 수익사업
- **지원금액** : 최대 1억원
- **선정대상** : 1교회
- **지원기간** : 최대 3년
- **선정방법** : 수서교회 비전위원회 심사를 통해 최종 선정

2. 공모 내용

- **접수기간** : 2020년 9월 23일(수) ~ 29일(화)
- **공모방법** : 이메일(susovision10@daum.net) 접수
- **당선발표** : 2020년 12월 25일(금)
- **공모문의** : 이메일로만
- **공모신청서** : 수서교회 홈페이지(www.susoch.com)에서 다운로드

※ 별도의 설명회를 진행하지 않습니다.
※ 기타 자세한 사항은 공모신청서를 확인하여 주시고 궁금하신 점들은 메일을 통해 문의하시기 바랍니다.

수서문화재단

수서문화재단은 문화와 예술을 통해 지역사회의 발전에 기여하고, 구체적인 문화의 장소를 제공하며, 문화를 통하여 서로 만나고, 문화 역량을 극대화하여 아름다운 사회를 만들어 가기 위하여 다음의 사업을 합니다.

1. 수서지역의 문화 창달 및 발전을 위한 지원 사업
2. 수서 및 서울 동남부의 문화예술인의 발굴 및 지원
3. 문화예술의 육성과 신장 및 그 관련 산업의 지원
4. 미술관 또는 문화관의 설립운영
5. 기타 본 재단의 목적 실현에 필요한 사업

이사장 : 황명환
사무국장 : 문성윤
이사 : 김옥미, 이경득, 이방실, 이양경, 이효철, 정병렬, 최명룡
홈페이지 : www.susocf.com

이폴연구소

이폴연구소(Eternal Perceptive of Life : EPOL)는 성경말씀을 중심으로 신앙과 신학의 근간이 되는 기독교의 죽음과 영원한 생명에 대한 올바른 정립을 토대로 기독교인으로서의 건강한 삶을 살도록 죽음과 천국에 대한 연구와 교육을 통해 한국 교회와 사회발전에 기여하며 관련 단체들과 교류협력하고 회원들과의 유대감과 전문성을 높이는데 있습니다. 본회는 위에 언급한 목적을 달성하기 위해 다음과 같은 사업을 합니다.

1. 죽음과 천국에 관한 논문공모, 학술 연구 세미나, 심포지움 개최
2. 죽음과 천국에 대한 출판
3. 죽음과 천국을 위한 교육 세미나 및 임상사례 세미나 개최
4. 국내외 관련기관과 정보 및 지도력 교환
5. 죽음과 천국에 관련된 봉사 사업
6. 기타 본 회의 목적에 부합하는 사업

소장 : 황명환
팀장 : 이승연
심사위원 : 곽혜원, 노영상, 유영권, 정종훈
운영위원 : 김상만, 윤상철, 이승연
이메일 : epolsuso@gmail.com